NOUVEAU COURS

D'HISTOIRE ANCIENNE

CLASSE DE SIXIÈME

NOUVEAU COURS
D'HISTOIRE ANCIENNE

PEUPLES DE L'ORIENT

Selon les Programmes officiels arrêtés le 22 janvier 1885

Par M. GIRARD

Auteur du *Nouveau Cours d'Histoire de France* pour l'enseignement primaire

---

MÉDAILLE D'HONNEUR
DE LA SOCIÉTÉ NATIONALE D'INSTRUCTION ET D'ÉDUCATION POPULAIRE

Nouvelle Édition

DELHOMME ET BRIGUET, ÉDITEURS

LYON | PARIS
3, Avenue de l'Archevêché | Rue de l'Abbaye,

1890

RAPPORT

J'ai examiné avec attention l'ouvrage intitulé : *Histoire ancienne*, par M. Girard.

A une méthode claire, à une grande exactitude dans les récits, où aucun détail important n'a été omis, l'auteur joint une connaissance complète des dernières découvertes de nos savants, qui ont retrouvé dans le sol, ou parmi les ruines des cités disparues, les débris de l'industrie des peuples anciens, ou qui ont su lire dans les vieilles inscriptions des monuments les faits principaux de leur histoire.

Ses narrations sobres, mais intéressantes, font revivre à nos yeux non seulement les hommes d'autrefois, mais leurs religions, leurs mœurs, leurs coutumes.

Des gravures nombreuses, choisies avec un soin scrupuleux et intercalées dans le texte, donnent aux enfants une idée des monuments de l'antiquité et fixent dans leur mémoire les faits historiques.

Par une heureuse innovation, M. Girard résume en quelques lignes, l'histoire moderne des peuples qui n'ont pas disparu tout à fait, et ce n'est pas sans une agréable surprise qu'on se voit conduit, dans l'histoire des Égyptiens, par exemple, jusqu'à la défaite d'Arabi-

Pacha et dans celle des Chinois jusqu'à la mort de l'amiral Courbet.

Ce livre répond aux exigences des nouveaux programmes, et ne laisse de côté aucune des questions historiques dont l'enseignement est utile aux enfants.

L'histoire des Israélites, en particulier, y a reçu assez de développement pour que ceux qui n'ont pas fait une étude spéciale de ce peuple trouvent l'occasion de combler cette lacune ; du reste tout est dit d'une façon simple et attachante, dans une langue correcte, dans un style clair, précis et net.

Enfin, je puis affirmer que, outre ces mérites littéraires, cet ouvrage, irréprochable sous le rapport de la doctrine, est écrit avec une telle sévérité qu'aucune expression ne peut blesser la conscience même la plus délicate.

Nancy, le 1er juillet 1885.

E. MASSON,

Licencié ès-lettres, Professeur de troisième.

IMPRIMATUR

Nancy, le 2 juillet 1885.

P. Jambois, *vic. gén.*

CLASSE DE SIXIÈME

HISTOIRE ANCIENNE

PEUPLES DE L'ORIENT

PROGRAMME PRESCRIT LE 22 JANVIER 1885

Monde connu des anciens. — Description de l'ancienne Egypte. — Le Nil. — L'ancien empire. — Le moyen empire. — Invasion des Pasteurs. — Le nouvel empire. — Monuments, religion, mœurs et coutumes. — Les systèmes d'écriture. — Les découvertes de Champollion et de Mariette.

La région du Tigre et de l'Euphrate. — Chaldéens et Assyriens. — La dynastie des Sargonides. — Babylone et le nouvel empire chaldéen. — Monuments. — Religion, mœurs et coutumes.

Géographie de la Palestine. — Les Israélites en Egypte et dans la Terre promise. — Moïse. — Les Juges. — Le royaume de David et de Salomon. — Schisme des dix tribus. — Destruction des deux royaumes.

Géographie de la Phénicie. — Sidon et Tyr. — Le commerce maritime et terrestre, l'industrie, les colonies. — Fondation de Carthage. — L'Alphabet.

L'empire mède. — Le royaume de Lydie et les premières monnaies. — L'empire Perse. — Cyrus, Cambyse et Darius. — Organisation de l'empire de Darius. — Mœurs, coutumes. — Monuments des Perses.

TEMPS PRIMITIFS

CHAPITRE PREMIER
(1ʳᵉ et 2ᵉ Leçons)

LA CRÉATION

RÉSUMÉ. — I. Dieu ayant créé le monde dès le commencement mit six jours à l'organiser.
II. Le sixième jour Dieu créa l'homme et le mit dans le Paradis terrestre.
III. Là, le démon vint tenter nos premiers parents et les entraîna dans une révolte contre Dieu qui les chassa du Paradis et les condamna à la pénitence.
IV. Le premier enfant d'Adam et d'Ève s'appela Caïn ; il fut maudit de Dieu pour avoir tué son frère Abel. Sem, le troisième fils d'Adam et d'Ève, fut le deuxième patriarche.

I. — Création du monde.

1° Création de la matière. — C'est la Bible, le livre par excellence, qui raconte seule avec certitude l'histoire de la création.

Elle débute par ces magnifiques paroles : *Au commencement Dieu créa le ciel et la terre.* Ces mots exposent les vérités les plus fondamentales et réfutent d'avance une foule d'erreurs, l'*Athéisme* et le *Polythéisme* en proclamant Dieu créateur tout-puissant et unique, le *Matérialisme* en affirmant que le monde créé par Dieu n'est pas une matière éternelle, le *Panthéisme* en montrant le monde distinct de Dieu.

Après la création la terre resta informe et vide ; les ténèbres s'étendaient sur tous les éléments, et l'esprit de Dieu était porté sur les eaux. Moïse ne dit pas combien de temps a duré cet état de choses, seulement il laisse entendre que la création de la matière a précédé son organisation.

2° **Organisation de la matière.** — Après avoir créé la matière, Dieu l'organisa par six actes distincts que la Bible appelle jours, et que l'on peut considérer comme des époques indéterminées.

Le premier jour, Dieu dit : *Que la lumière soit !* et la lumière fut.

Le deuxième jour, il fit le firmament, auquel il donna le nom de ciel.

Le troisième jour, il rassembla en un même lieu les eaux qui couvraient la terre, et il donna à ce grand amas d'eau le nom de *mer* ; ensuite il commanda que la terre produisît des plantes et des arbres de toute espèce.

Le quatrième jour, il fit le soleil, la lune, et tous les astres du firmament.

Le cinquième jour, il créa les oiseaux et les poissons.

Le sixième jour, après avoir produit les animaux terrestres, il créa l'homme.

Le septième jour, Dieu se reposa, c'est à-dire cessa d'agir.

3° Ce septième jour fut appelé **sabbat** ou jour de repos ; ajouté aux six premiers, il forma la semaine ou division du temps en sept jours, que la loi du Sinaï consacra plus tard. La plupart des peuples anciens ayant adopté la semaine, on doit la regarder comme un débris de la révélation primitive et une preuve toujours actuelle de la véracité du récit de la Bible.

Du reste tout porte à croire, dit un savant moderne, que les Hébreux, comme les autres peuples, avaient trouvé le récit de la création qui est en tête de la Genèse, dans les traditions primitives de l'humanité, d'où sont sorties toutes les cosmogonies ou théories sur la formation du monde, cosmogonies qui ont conservé dans leurs fables les traits essentiels du récit divin.

4° **La création et les sciences actuelles.** — Si nous comparons les données scientifiques avec l'histoire biblique de la création, nous voyons que cette dernière concorde avec ces théories, autant qu'on est en droit de l'attendre. Nous découvrons, en effet, dans la Bible comme dans les sciences, les mêmes règnes, également distincts en eux-mêmes et ne tenant pas compte des variations historiques qu'ils ont pu subir ; la suite chronologique de leur apparition est exactement donnée par Moïse. Le *chaos primitif*, la terre couverte d'abord par les eaux, émergeant ensuite ; la fondation du règne organique, suivi du règne végétal puis du règne animal, qui a pour premiers représentants les animaux vivant dans l'eau, et après eux, les animaux terrestres ; l'homme apparaissant enfin le dernier de tous ; telle est bien la véritable succession des êtres ; telles sont bien les diverses périodes de l'histoire de la création, périodes désignées sous le nom de *jours bibliques*. Admirable harmonie entre la Bible et la science qui se rapproche de la Bible en proportion de ses progrès (1).

5° La Bible ne dit rien du temps qui s'est écoulé entre la création de la matière et son organisation ; nous ne pouvons donc pas savoir par elle, la date de la création du monde.

Les savants affirment que la terre est extrêmement ancienne : lorsque l'on songe, disent-ils, à la multitude des phénomènes dont elle a été le théâtre, seulement depuis que la vie y est apparue jusqu'à nos jours, on est à peine surpris de voir accumuler les millions d'années pour mesurer son âge.

L'astronomie révèle que les œuvres de Dieu ont l'immensité dans l'espace, la géologie nous apprend qu'elles ont l'immensité dans le temps : ainsi les sciences contribuent à la gloire de l'Etre éternel dont elles font éclater l'infinie puissance et la souveraine sagesse.

II. — Création d'Adam et d'Eve (4963).

1° **Création de l'homme.** — A la fin du sixième jour, le monde matériel était prêt pour recevoir l'Hom-

---

(1) Pfaff.

me, qui devait connaître, aimer et servir le Créateur, Dieu dit : *Faisons l'homme à notre image et à notre ressemblance ; qu'il étende sa domination sur les poissons des mers, les oiseaux du ciel et tous les animaux de la terre.*

C'est une chose inouïe, dans le langage de l'Ecriture, dit Bossuet, qu'un autre que Dieu ait parlé de lui-même au nombre pluriel, *Faisons*. Dieu même dans l'Ecriture, ne parle ainsi que deux ou trois fois et ce langage extraordinaire commence à paraître lorsqu'il s'agit de créer l'homme. Dieu s'était joué en créant le monde, mais il s'absorbe en quelque sorte tout entier dans la création d'Adam, parce qu'il voyait le Rédempteur des hommes.

Après avoir ainsi parlé, Dieu prit de la poussière de la terre, et de ses propres mains, en forma le corps de l'homme ; puis il lui envoya un souffle de vie qui est son âme dont le souffle marque la spiritualité, et dont la sensibilité et l'activité sont l'image constante mais réelle des perfections divines (1).

Dieu, qui avait créé les animaux selon leurs espèces, ne créa qu'un seul homme destiné à être le père de tous les autres et qu'il appela Adam.

2º **Création de la femme.** — Le Seigneur amena les animaux et les oiseaux du ciel devant l'homme, pour qu'il leur donnât un nom. Adam imposa un nom à tous les animaux, aux oiseaux du ciel et aux bêtes de la terre.

Or, il ne se trouvait point d'être semblable à lui et qui pût lui servir d'aide. C'est pourquoi, le Seigneur ayant dit : *Il n'est pas bon que l'homme soit seul,* lui envoya un profond sommeil pendant lequel il prit une de ses côtes qu'il remplaça par de la chair.

De cette côte enlevée à Adam, le Seigneur forma la femme et la présenta à Adam. Celui-ci s'écria : *Voilà l'os de mes os, et la chair de ma chair ; elle s'appellera femme ou Eve, parce qu'elle a été tirée de l'homme.*

Dieu créa la femme de cette façon afin d'établir l'unité dans l'espèce humaine, l'indissolubilité naturelle du mariage et la soumission de la femme à l'homme.

3º **L'unité de l'espèce humaine.** — Toute l'espèce

---

(1) Vigouroux : *La Bible et les découvertes modernes.*

humaine est issue d'un seul homme : *Adam*, et d'une seule femme : *Eve*.

Cette vérité si importante à cause des conséquences morales qui en découlent est violemment attaquée par les incrédules. Les uns, les transformistes, veulent que l'homme soit un singe perfectionné; d'autres, les polygénistes, prétendent qu'il existe des espèces humaines différentes les unes des autres, ayant une origine et des parents divers (1).

Les sciences naturelles ainsi que la raison démontrent *l'impossibilité* de la transformation du singe en homme. D'abord les géologues n'ont jamais trouvé d'ossements ou de crânes de l'homme-singe ; les plus anciens débris humains montrent toujours un homme semblable à ceux d'aujourd'hui.

De plus, la physiologie signale des différences essentielles entre le singe et l'homme. L'homme est organisé pour marcher, le singe pour grimper ; ensuite le crâne et le cerveau de l'homme atteignent un développement que celui du singe ne peut atteindre.

Au point de vue moral et intellectuel, la différence entre l'homme et le singe est encore plus radicale : l'homme raisonne ; le singe au contraire, pas plus que les autres animaux, ne va au-delà de son instinct. Depuis le commencement du monde, il n'a rien ajouté à ce que la nature lui a donné. Il est resté ce qu'il a toujours été. Enfin l'homme est religieux, le singe jamais.

4° Une autre erreur prétend compter **plusieurs espèces humaines**. Or, les différentes races se distinguent les unes des autres par des caractères non essentiels mais accessoires et provenant du climat ou du genre de vie ainsi que de l'hérédité. L'homme, blanc en Europe, noir en Afrique, jaune en Asie et rouge en Amérique, n'est que le même homme teint de la couleur du climat, a dit Buffon. La société et la manière de vivre, la nourriture, la servitude ou le commandement, la vie nomade ou sédentaire influent considérablement sur le physique de l'homme.

Du reste, tous les hommes se ressemblent au physi-

---

(1) Vigouroux : *La Bible et les découvertes modernes.*

que et au moral. Leur cerveau est le même partout quant au poids qui n'est pas la mesure de l'intelligence, et quant au crâne qui le renferme. On retrouve chez tous le même usage, les mêmes sentiments religieux et moraux ; tandis que chez les animaux les instincts sont aussi différents que les formes. La science affirme, avec la Bible, que le flot humain débordant comme une coupe trop pleine, s'est répandu de l'Asie sur le monde entier (1). Il a donc une source unique.

III. — Le Paradis terrestre et la chute de l'homme.

Dieu avait créé l'homme pour le bonheur ; mais comme l'homme est une intelligence libre, Dieu voulut qu'il méritât sa félicité par une épreuve.

1° **La désobéissance.** — Il plaça Adam et Eve dans un jardin délicieux appelé Paradis terrestre, et il leur dit : *Mangez de tous les fruits des arbres du Paradis, mais ne touchez pas à l'arbre de la science du bien et du mal, car dès que vous en mangerez vous serez soumis à la mort.*

Mais Lucifer, le chef des démons, qui en punition de son orgueil avait été précipité du ciel avec les mauvais anges, vint sous la forme d'un serpent et dit à la première femme : « *Non, vous ne mourrez pas ; Dieu vous a défendu de toucher à l'arbre de la science, parce qu'il sait qu'aussitôt que vous auriez goûté de ces fruits vos yeux seraient ouverts et que vous seriez comme des dieux, connaissant le bien et le mal.* »

Eve se laissa séduire à ces paroles. Elle cueillit de ces fruits et en donna à Adam, qui en mangea avec elle. Aussitôt leur conscience se réveilla et leurs yeux s'ouvrirent, mais d'une manière bien différente de ce qu'ils attendaient. Ils virent le bien qu'ils avaient perdu et le malheur où le crime les avait précipités ; effrayés de leur faute, ils se cachèrent.

2° **La punition.** — Mais le Seigneur appela Adam et

---

(1) De Crozals : *Histoire de la civilisation.*

lui dit : *Adam, où es-tu ?* — « J'ai entendu votre voix, Seigneur, repondit Adam, et j'ai eu peur. » — *Comment auriez-vous eu peur*, dit encore le Seigneur, *si vous n'aviez mangé du fruit de l'arbre que je vous avais interdit ?* Et le Seigneur maudit le serpent. *Je mettrai,* dit-il, *une inimitié entre toi et la femme, entre sa race et la tienne. Elle te brisera la tête, et tu tâcheras de la mordre au talon.*

Puis il dit à Adam : *La terre, pour toi, produira des*

Adam et Eve chassés du Paradis terrestre

épines et des ronces, et tu mangeras ton pain à la sueur de ton front, jusqu'à ce que tu retournes en la terre d'où tu as été tiré, car tu es poussière et tu retourneras en poussière. Le Seigneur les fit ensuite sortir du jardin des délices ; Adam et Eve se virent ainsi en un moment, avec toute leur postérité, déchus de l'état d'innocence, condamnés au travail, aux misères, aux maladies et à la mort.

3° **Le souvenir du Paradis terrestre.** — La tradition de tous les peuples a conservé le souvenir du Paradis terrestre, et des scènes qui s'y sont passées. On croit généralement que le paradis terrestre était situé en Arménie, dans les riches vallées arrosées par le Tigre et l'Euphrate et qui sont toujours les plus fertiles du monde. Les traditions anciennes parlent des arbres mystérieux du paradis terrestre, dont les noms d'*arbre de vie* et d'*arbre de la science* du bien et du mal leur ont été donnés, à cause du précepte divin dont ils furent l'objet, plutôt qu'en raison de qualités particulières.

4° En défendant à Adam de manger du fruit de ces arbres, Dieu suppose la **loi morale et la liberté**. Ce qui surprend le plus dans le récit de la chute, c'est de voir, dit Bossuet, un serpent qui parle et une femme qui l'écoute ; cette surprise se dissipe quand on voit dans le serpent, non pas un animal ordinaire mais le démon lui-même qui, par une permission divine, était entré dans le corps de ce reptile. Eve ne fut pas plus surprise d'entendre parler un serpent que de voir Dieu sous une forme réelle et sensible.

5° **La promesse.** — Après avoir condamné Adam et Eve et avec eux tous leurs enfants à un travail pénible, aux misères de la vie et à la mort, Dieu, par pitié et miséricorde, leur promit un Rédempteur en disant au démon : *Je mettrai une inimitié entre toi et la femme, entre ta race et la sienne, elle t'écrasera la tête et tu essayeras de la mordre au talon.*

Cette promesse, qui est en même temps une prophétie, a été réalisée par Jésus-Christ, fils de la femme par excellence, la Vierge Marie, et qui a brisé la force du démon par ses souffrances et par sa mort.

IV. — Les enfants d'Adam.

La Bible, après avoir raconté la chute d'Adam et d'Eve et leur expulsion du paradis terrestre, nous dit ce que firent leurs nombreux enfants. Trois seulement sont nommés : Caïn, Abel et Seth.

1° **Caïn et Abel.** — L'année même qu'Adam et Eve furent chassés du paradis terrestre, ils eurent un fils qu'ils appelèrent *Caïn*, c'est-à-dire homme reçu de Dieu. Plus tard, ils eurent un second fils qu'ils appelèrent *Abel*, c'est-à-dire vanité.

RÉCIT. — Le premier fratricide.

Caïn fut laboureur, Abel pasteur de brebis, inaugurant ainsi à l'origine du monde les deux arts essentiels de l'humanité, la culture de la terre et le soin des animaux domestiques. Un jour Caïn offrit au Seigneur des produits de la terre, Abel les premiers-nés de ses troupeaux et la graisse de ses brebis ; le Seigneur jeta un regard favorable sur Abel et sur ses présents, mais n'agréa pas l'offrande de Caïn qui était faite sans foi et sans piété. Caïn en éprouva un ressentiment amer. Un jour il dit à Abel, son frère : *Sortons ensemble*. Lorsqu'ils furent dans la campagne, Caïn se précipita sur lui et le tua. Ainsi, dit M. Pélissier, le premier homme qui mourut sur la terre périt de mort violente, et nous voyons dès le commencement de l'humanité apparaître le parti du mal et le parti du bien. Dieu fit entendre sa voix vengeresse. *Qu'as-tu fait de ton frère ?* demanda-t-il au meurtrier ; *le sang d'Abel crie contre toi ; tu seras maudit et tu seras errant par toute la terre.*

Caïn, torturé par le remords et désespérant de la miséricorde divine, s'enfuit dans la terre de Nod ou de l'exil, à l'orient de l'Eden. Il fut marqué d'un signe de malédiction qui le faisait reconnaître comme fratricide. Il devint le père d'une race nombreuse, méchante comme lui, et qui fut appelée la race des *enfants des hommes*, en opposition à celle de Seth, le troisième fils d'Adam, laquelle s'appela la race des *enfants de Dieu*.

Caïn bâtit la première ville, à laquelle il donna le nom de son fils Hénoch qui fut l'ancêtre de Tubalcaïn. Celui-ci étendit le premier le fer et l'airain sous le marteau et en fabriqua divers instruments. Sa sœur Noéma commença à filer le lin et à tisser la toile. Avant le déluge, dit Cuvier, les hommes étaient donc nombreux et habiles. Nous en avons la preuve par ce qui reste de leurs monuments, de leurs haches et de leurs outils en silex, en pierre, en bronze ou en fer.

2º Les Patriarches. — On cite avant le déluge dix patriarches ou chefs de familles :

	né en	mort en		né en	mort en
1. Adam,	4063	4033.	6. Jared,	4504	3542.
2. Seth,	4834	3934.	7. Hénoch,	4342	3978.
3. Enos,	4729	3824.	8. Mathusalem,	4277	3308.
4. Caïnan,	4639	3729.	9. Lamech,	4090	3313.
5. Malaléel,	4569	3674.	10. Noé,	3908	2958.

On voit ainsi avec quelle facilité la tradition put se conserver jusqu'aux fils de Noé, puisque celui-ci est le contemporain d'Enos qui avait lui-même vécu près de deux siècles et demi avec Adam.

Cette *longévité*, qui est une des choses les plus étonnantes de l'histoire du monde avant le déluge, est attestée par les historiens profanes, et proclamée par tous les souvenirs humains. D'ailleurs, on trouve encore aujourd'hui des vies humaines, qui atteignent le double et le triple de la durée fixée par la physiologie; qui pourrait affirmer qu'avant le déluge les hommes n'arrivaient pas à un âge dix fois plus avancé? Les naturalistes constatent qu'à mesure que le temps précipite son cours, les produits de la nature diminuent de vigueur et de puissance, et on a la preuve que toutes les races primitives d'animaux étaient colossales et capables d'une longue vie; pourquoi l'homme ne serait-il pas soumis aux mêmes lois?

3° **Corruption générale.** — Les enfants de Caïn furent méchants comme leur père; ceux de Seth demeurèrent longtemps bons, mais dans la suite ils s'unirent aux enfants de Caïn. De cette union sortirent les Géants dont toutes les traditions antiques nous ont conservé le souvenir. Ces géants furent fameux par leurs crimes comme par leur taille gigantesque. C'est pourquoi Dieu s'écria: *Mon esprit ne demeurera plus avec l'homme, parce qu'il est chair. Les jours qui lui restent à vivre, ne dépasseront plus cent vingt ans.* Le déluge allait les châtier.

QUESTIONNAIRE. — Comment Dieu a-t-il créé le monde? — A quelle époque? — Racontez l'œuvre des six jours. — Quel jour l'homme fut-il créé? — Où fut-il placé après sa création? — Racontez sa révolte contre Dieu. — Qu'est-ce que Caïn? — Abel? — Pourquoi Caïn fut-il maudit? — Qu'étaient-ce que les patriarches? — Nommez-les.

CHAPITRE II

(3ᵉ et 4ᵒ Leçons)

LE DÉLUGE ET LA DISPERSION DES PEUPLES

RÉSUMÉ. — I. Les hommes ayant oublié Dieu furent punis par le Déluge, excepté Noé qui fut chargé par Dieu de construire une arche où il s'enferma avec ses enfants et les êtres qui ne devaient pas périr. Après le déluge Noé offrit un sacrifice d'actions de grâces à Dieu. Cham, un de ses fils, lui ayant manqué de respect, fut maudit.

II. Avant de se disperser, les hommes élevèrent la Tour de Babel. Les trois fils de Noé, Sem, Cham et Japhet, sont les chefs des trois races qui peuplent la terre.

III. Toutes les découvertes de la science confirment le récit de la Bible qui nous montre les premiers hommes civilisés et pratiquant comme religion le monothéisme pur.

I. — Le déluge (3308)

1ᵒ **Noé et la construction de l'arche.** — Au milieu de la corruption qui régnait sur la terre, il se trouva un homme juste et fidèle à Dieu, il s'appelait Noé. Dieu lui ordonna de construire une arche ou vaisseau, dont il lui donna le plan et les dimensions.

Noé travailla cent ans à cette construction merveilleuse, qui eut à peu près 150 mètres de longueur, 25 de largeur, 15 de hauteur. Elle ressemblait à une vaste maison de forme oblongue, construite en bois de cyprès, léger et dur : ce bois était enduit de bitume à l'extérieur et à l'intérieur contre l'invasion de l'eau. L'Arche était divisée en petits compartiments formant trois étages. Le jour y pénétrait par une grande ouverture.

Quand l'arche fut terminée, Dieu ordonna à Noé d'y entrer avec ses fils, Sem, Cham et Japhet, ainsi que leurs femmes. Noé prit aussi avec lui sept couples d'animaux purs et deux couples d'animaux impurs avec les provisions pour les nourrir.

2º **Le déluge.** — Après que Noé eut fait tout ce que Dieu lui avait commandé, des torrents de pluie tombèrent sur la terre pendant quarante jours et quarante nuits. Bientôt les fleuves débordèrent, leurs eaux se répandirent sur toute la terre, en s'élevant de quinze coudées au-dessus des plus hautes montagnes. Les hommes et les animaux périrent, excepté ceux qui étaient dans l'arche.

La terre resta sous les eaux pendant cinquante jours; Noé ne sortit de l'arche qu'une année après y être entré. L'arche s'étant arrêtée sur le mont Arrarat en Arménie, Noé lâcha d'abord un corbeau qui ne revint pas, puis une colombe qui, ne trouvant que l'eau, revint vers l'arche. Après sept jours, Noé lâcha de nouveau la colombe qui revint le soir tenant un rameau d'olivier dans son bec. Les eaux s'étaient retirées.

Noé quitta l'arche et s'empressa d'élever un autel au Seigneur et de lui offrir un sacrifice pour le remercier. Dieu bénit Noé et sa famille et lui promit de ne plus punir les hommes par le déluge. L'arc-en-ciel fut désigné comme gage des promesses de Dieu.

3º **Le souvenir du déluge.** — La tradition du déluge universel, dit Bossuet, se trouve par toute la terre. Les Chaldéens racontent ce grand événement presque de la même façon que la Bible, comme les Perses, les Hindous et les Chinois, en y mêlant leurs fables sur la formation du monde, de même que les Américains. La géologie, à son tour, atteste l'existence du déluge en montrant dans les vallées et sur les montagnes, de nombreuses traces d'inondations.

Une opinion très respectable croit que ce déluge a été universel, en ce sens que seule la terre habitée a été inondée, ce qui anéantit les difficultés faites contre le récit de la Bible. Ainsi Noé n'aurait pas rassemblé dans l'arche tous les animaux existants; il n'a pris que ceux qu'il connaissait.

Le déluge étant envoyé pour punir les hommes, les animaux vivant dans d'autres régions que l'homme ont dû échapper à ce châtiment, et l'arche contenir facilement ceux que Noé y a placés.

4° **Les fils de Noé**. — Noé se mit à cultiver la terre avec ses trois fils. Ayant planté de la vigne, comme il ne connaissait pas la force du vin, la première fois qu'il en but, il fut surpris par l'ivresse. Son second fils, Cham, se moqua de son père. Noé, en s'éveillant, apprit la conduite de ses fils à son égard, et dit : *Maudit soit Chanaan ; que Sem et Japhet soient bénis !*

II. — La dispersion des peuples (2907).

1° **La tour de Babel**. — Les enfants de Noé se fixèrent près du Tigre et de l'Euphrate, bientôt leurs

Tour de Babel.

familles devinrent si nombreuses qu'ils durent se disperser. Mais auparavant ils voulurent construire ensemble, une immense tour au milieu d'une grande ville, afin de s'y réfugier dans le cas d'un nouveau déluge. Dieu punit leur orgueil en confondant leur langue ; c'est-à-dire que tout à coup il leur fit parler à tous un langage différent, suivant la race à laquelle ils appartenaient. Alors, ne s'entendant plus les uns les autres, ils furent obligés d'abandonner leur œuvre qui fut appelée *Tour de Babel* ou de la confusion. Ils se dispersèrent dans les différentes contrées de la terre.

La tour de Babel n'est pas un simple souvenir; ses débris existent encore sous le nom de Birs Nemrod ou tour de Nemrod près de l'emplacement de Babylone. Ils se composent de briques cuites au feu. La maçonnerie qui reste est très belle et porte des traces d'un feu violent. Les peuples ont conservé la tradition de cette tour, tous se disent originaires d'une contrée voisine de la tour de Babel et descendants des mêmes ancêtres.

2° **Les races primitives.** — La Bible fait des trois fils de Noé, *Sem*, *Cham* et *Japhet* les chefs des trois groupes de peuples qui se partagèrent la terre. Les recherches de l'anthropologie ou histoire naturelle de l'homme, celles de la linguistique ou étude comparée des langues et celles de l'histoire confirment l'exactitude du texte biblique.

Tableau des enfants de NOÉ et de leurs descendants.

JAPHET.	CHAM.	SEM.
1. *Gomer*, père des Gomariens, ou Cimmériens et Celtes.	1. *Chus*, père des Arabes occidentaux et des Éthiopiens.	1. *Elam*, père des Elamites ou Perses.
2. *Magog*, père des Scythes.	2. *Misraïm*, père des Egyptiens.	2. *Assur*, père des Assyriens.
3. *Madaï*, père des Mèdes.	3. *Phuth*, père des autres peuples de l'Afrique.	3. *Arphaxad*, l'un des ancêtres d'Abraham.
4. *Javan*, père des Ioniens ou Grecs.	4. *Chanaan*, père de onze fils répandus dans la Phénicie, la Palestine et l'Arabie Pétrée.	4. *Lud*, père des Lydiens.
5. *Thubal*, père des Ibériens.		5. *Aram*, père des Araméens ou Syriens.
6. *Mosoch*, père d'une tribu à l'est de la mer Noire, les Colchidiens.		
7. *Thyras*, père des Thraces.		

3° Le peuple **chinois** ne figure pas dans ce tableau

ethnographique tracé par la Bible ; mais de savantes recherches viennent de démontrer que le Céleste-Empire a été peuplé par des émigrations indiennes formées elles-mêmes de colonies asiatiques et peut-être européennes.

Les *Aryas*, descendants de Japhet, qui ont donné leur nom à une province de Perse, l'Arie, sont en effet les pères des Hindous, des Perses, des Mèdes, des Germains, des Grecs, des Celtes et des Slaves. Les langues de ces peuples : le persan, le grec, le latin, l'allemand et

Types de la race jaune, noire, rouge et blanche.

la langue indienne, sont toutes de la même famille. On le constate par leurs analogies grammaticales et par la ressemblance des racines dans leurs mots essentiels.

4° **Races humaines.** — On divise aussi quelquefois l'espèce humaine, qui est une par son origine, en quatre variétés principales ou races désignées par leur couleur. Ce sont : la *race noire* occupant l'Afrique australe et le centre de l'Océanie ; la *race rouge* habitant exclusivement l'Amérique ; la *race jaune* qui est en Chine, en Indo-Chine, au Japon et en Malaisie ; enfin, la *race blanche* qui peuple l'Inde et l'Europe. L'histoire ne s'occupe guère que de cette dernière race.

III. — La Bible. — La Religion et la Famille primitives.

1º La Bible. — Le seul livre qui nous raconte avec certitude l'histoire des premiers âges du monde s'appelle la Bible. Les premiers chapitres de la Bible ont été écrits par Moïse, écrivain sacré, qui a écrit sous l'inspiration de Dieu, et d'après les traditions conservées par les patriarches dont il fut presque contemporain. Moïse est un historien sûr et qui mérite toute croyance. Ce qu'il dit est la vérité ; les découvertes de toutes les sciences n'ont fait jusqu'aujourd'hui, que confirmer son récit.

2º La Religion primitive. — La croyance en un seul Dieu créateur, maître et souverain Seigneur de l'univers, l'attente d'un Rédempteur, les sacrifices et par conséquent le devoir de la prière qui adore, remercie et demande pardon : telle est la nature de la religion primitive.

3º La famille primitive. — Dès l'origine du monde, la famille fut constituée. Dieu lui-même l'établit en disant : *Il n'est pas bon que l'homme soit seul ; faisons-lui une aide*. La famille ou le mariage est un et indissoluble : *L'homme*, dit Dieu, *quittera son père et sa mère et s'attachera à sa femme, et ils seront deux en un seul corps*.

Les deux conséquences capitales qui ressortent de cette histoire, c'est que l'homme a commencé, non par l'état sauvage, mais par une civilisation remarquable ; c'est qu'un monothéisme pur a veillé sur le berceau du genre humain (1).

IV. — Les trois âges de la pierre, du bronze et du fer.

Nous devons mentionner ici les découvertes et les opinions de la science moderne par rapport aux premiers hommes.

(1) Cardinal Pitra.

En fouillant la terre, M. Boucher de Perthes a trouvé, dans les terrains que la géologie appelle *quaternaires*, des ossements humains mêlés à des ossements d'animaux dont l'espèce a disparu. Les savants en ont conclu à l'existence de l'homme avant la formation de la dernière croûte terrestre. Ils donnent à cet homme le nom d'*homme préhistorique* et prétendent qu'il a

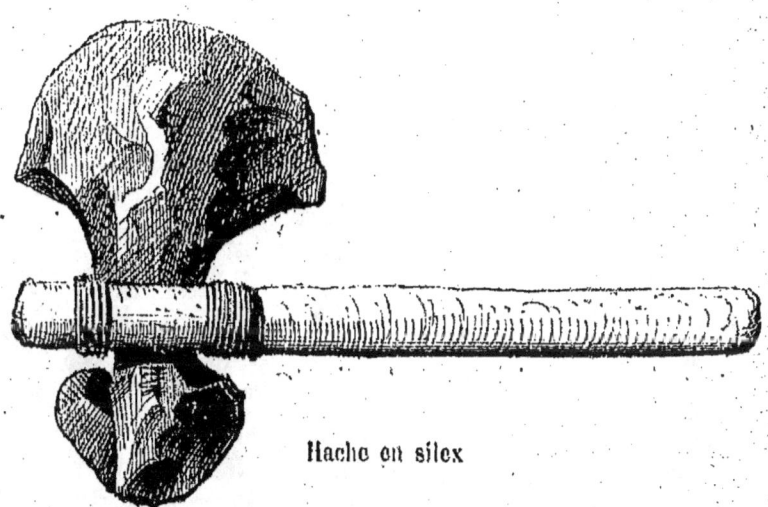

Hache en silex

passé par trois âges ou périodes, que quelques-uns appellent l'*âge de la pierre*, l'*âge du bronze* et l'*âge du fer*, avant d'arriver à l'âge historique.

Chacun de ces âges tire son nom de la nature des instruments, ustensiles et armes dont l'homme se servait alors. Ainsi dans l'*âge de la pierre*, l'homme se servait de pierres grossières, taillées en forme de couteaux ou de haches, ou de pointes de flèches; plus tard, il eut des instruments en os, en bois de *renne* et en ivoire qui furent remplacés à leur tour par des objets de *pierre polie*.

Dans l'*âge du bronze*, l'homme se servit du feu qu'il avait fait jaillir des silex pour fondre des minerais de cuivre et d'étain ; ce qui lui donna l'alliage connu sous le nom de bronze qui remplaça la pierre et l'os ou le bois.

Enfin dans l'*âge du fer*, les instruments de l'homme

se composèrent des minerais de fer fondus, puis travaillés au marteau. La découverte du fer rendit l'homme capable de travailler le bois et de se construire des habitations.

Les *habitations* de l'homme préhistorique, appelé aussi troglodyte, furent d'abord, dans certains pays, les cavernes et les trous de rochers. Avec l'âge du bronze, il commença à se construire des cabanes en

Habitations lacustres.

bois qu'il élevait parfois sur pilotis au milieu des lacs, afin de se mettre à l'abri des attaques des animaux, et qu'on appelle, pour cette raison, habitations *Lacustres*.

On a découvert au fond des lacs de la Savoie et de la Suisse, une quantité d'instruments de pierre, de bronze et de fer qui ont permis aux imaginations de nos savants de reconstruire d'antiques cités lacustres. Le musée archéologique de Saint-Germain-en-Laye, près de Paris, renferme une grande collection d'armes et d'instruments de ces époques. Sur toute la face du globe, en Asie, dans l'Inde, en Russie, en Afrique, on trouve des *Mégalithes* ou grandes pierres, monuments d'une race primitive universelle. En Amérique, des tertres gigantesques ou *Munds*, tantôt isolés, tantôt réunis par groupe, reproduisent par leurs contours des figures d'animaux.

QUESTIONNAIRE. — Qu'est-ce que le déluge universel ? — Qu'est-ce que Noé ? — Comment fut-il sauvé ? — Pourquoi a-t-il maudit son fils Cham ? — Qu'est-ce que la tour de Babel ? — Quels sont les trois chefs des races humaines ? — Qu'est-ce que la Bible ? — Quelles sont les deux conséquences qu'on peut tirer de l'histoire des temps primitifs ? — Qu'entendez-vous par l'âge de pierre, l'âge de bronze et l'âge de fer ? — Qu'est-ce que les habitations lacustres ?

CHAPITRE III

(5º Leçon)

MONDE CONNU DES ANCIENS

RÉSUMÉ. — Limites. — Mers. — Fleuves. — Montagnes et villes principales.

I. — Limites du monde ancien.

Les anciens ne connaissaient ni l'Amérique ni l'Océanie. Pour eux, le monde s'étendait au nord jusqu'à l'embouchure de l'Elbe, au sud jusqu'à l'Atlas, à l'est jusqu'à l'Indus, à l'ouest jusqu'à l'Océan Atlantique.

En *Europe*, les principales contrées étaient la Bretagne, la Gaule, l'Espagne, l'Italie, l'Illyrie, la Rhétie qui comprenait le Tyrol et la Suisse orientale, le Norique ou Styrie, la Pannonie (Autriche), la Dacie (Roumanie), la Masie (Bulgarie), la Thrace (Roumilie), la Macédoine et la Grèce. La Germanie à l'est du Rhin et au nord du Danube, la Sarmatie et la Scythie, qui sont aujourd'hui la Russie et la Pologne, étaient peu connues des anciens. Les îles Shetland, ou peut-être l'Islande, étaient connues sous le nom de Thulé.

En *Asie*, les anciens connaissaient l'Asie-Mineure, la Syrie, la Palestine et l'Arabie du nord au sud ; l'Arménie, la Mésopotamie, l'Assyrie, la Babylonie, la Médie, la Perse, la Bactriane, l'Inde et le pays des Sères ou Chinois.

Dans l'*Afrique* actuelle, les contrées connues se nommaient : Ethiopie, aujourd'hui Nubie et Abyssinie, Egypte, Cyrénaïque, aujourd'hui pays de Baska ; Afrique, aujourd'hui Tunisie ; Numidie, aujourd'hui Algérie ; Mauritanie ou Maroc.

II. — Les mers.

En *Europe*, les mers connues des anciens étaient la mer Germanique ou mer du nord et la mer des Suèves ou mer Baltique ; au midi, la Méditerranée ou mer intérieure, dont ils faisaient le centre du monde et qu'ils divisaient en six parties : 1° La mer intérieure proprement dite ; 2° la mer Adriatique ; 3° la mer Egée ou Archipel ; 4° la Propontide (mer de Marmara) ; 5° le Pont-Euxin (mer Noire) ; 6° la Palus Méotide (mer d'Azof).

En *Asie*, les golfes du grand océan indien étaient surtout connus des anciens, qui les désignaient sous les noms de mer Rouge, Arabicus Sinus, entre l'Egypte et l'Arabie ; golfe Persique, Persicus Sinus, entre l'Arabie et la Perse ; mer Erythrée ou golfe d'Oman, entre l'Arabie et l'Inde ; golfe du Gange, aujourd'hui golfe du Bengale ; Magnus Sinus, aujourd'hui golfe de Siam ; très grand golfe (Maximus Sinus), aujourd'hui mer de Chine. Les mers intérieures étaient la mer

Caspienne, le lac Oxien ou mer d'Aral et la mer Morte en Palestine.

En *Afrique*, les anciens ne connaissaient que la Méditerranée et l'Océan Atlantique.

III. — Les fleuves.

En *Europe*, les anciens connaissaient comme fleuves : la Tamise en Angleterre ; le Rhin, le Wéser, l'Elbe en Germanie ; la Seine, la Loire, la Garonne, le Rhône en Gaule ; le Minhio, le Tage, le Guadalquivir et l'Ebre en Espagne ; le Tibre et le Pô en Italie ; l'Ister ou Danube dans l'Europe centrale ; le Borysthène ou Dniéper et le Tanaïs ou Don en Sarmatie.

En *Asie*, les fleuves les plus célèbres étaient, en suivant d'abord les côtes du Pont-Euxin, puis de la mer Egée, de la mer Intérieure, et enfin de l'océan Erythrée, l'Halys qui arrose la Phrygie, la Paphlagonie et la Cappadoce, le Granique qui arrose la Mysie, le Scamandre qui arrose la Troade, le Méandre, célèbre par ses détours multipliés entre la Lydie et la Carie, le Cydnus dans la Cilicie, le Jourdain dans la Palestine, le Tigre et l'Euphrate qui arrosent l'Asie centrale, l'Indus (aujourd'hui Suid), et le Gange qui arrosent les Indes. Au nord, l'Oxus qui se jette dans la mer Caspienne, et l'Araxe qui se jette dans le lac Oxien.

En *Afrique*, les anciens ne connaissaient comme fleuve que le Nil.

IV. — Les montagnes.

En *Europe*, les montagnes connues des anciens étaient les Pyrénées, les Cévennes, les Alpes, le Jura, les Vosges en Gaule ; les Apennins en Italie ; le Pinde et ses ramifications en Grèce ; et le Caucase entre l'Europe et l'Asie.

Dans l'*Asie*, les chaînes de montagnes les plus connues étaient : le Taurus et l'Anti-Taurus, avec leurs ramifications, dans le sud de l'Asie-Mineure et dans la Syrie ; le Liban et l'Anti-Liban dans la Phénicie, dont une ramification se termine par le mont Horeb et le mont Sinaï, en Arabie ; les monts Carduques, dans l'Arménie, auxquels se rattache le mont Ararat ; les monts Paropamisus ou Caucase indien, au sud de la Bactriane, s'étendant depuis le mont Caucase jusqu'aux limites septentrionales de l'Inde et divisant la Scythie en deux parties bien distinctes ; les monts Imaüs, limites de l'immense plateau qui occupe toute l'Asie centrale. C'est à cette chaîne qu'appartiennent les plus hautes montagnes du monde connu des anciens, les monts Emodes (l'Himalaya).

En *Afrique*, la chaîne de montagnes la plus célèbre dans l'antiquité est celle de l'Atlas, qui s'étend de l'est à l'ouest de l'Afrique. Il est aussi question dans les géographes anciens des monts de la Lune où l'on croyait les sources du Nil.

V. — Villes principales du monde ancien.

En *Europe* : Gadès (Cadix), Carthago Nova (Carthagène), Sagonte en l'Espagne.

Marseille, Arles, Vienne, Narbonne, Toulouse, Bordeaux, Lyon, Genabum (Orléans), Lutèce (Paris), Trèves, Mayence, Cologne en la Gaule.

Rome, Ravenne, Milan, Vérone et Aquilée pour l'Italie.

Athènes, Sparte, Thèbes pour la Grèce.

Bysance (Constantinople), pour la Thrace.

Milet, Smyrne, Éphèse, Sardes, en l'Asie-Mineure.

Antioche et Jérusalem, en Syrie et en Palestine.

Dans la vallée de l'Euphrate et du Tigre, Babylone et Ninive ; plus tard : Séleucie et Ctésiphon.

A l'est du Tigre : Ecbatane, Persépolis et Bactres.

En *Egypte* : Memphis et Thèbes, Alexandrie, Saïs pour l'Egypte.

Cyrène, Leptis, Carthage, Cirta (Constantine), Tingis (Tanger) en Afrique.

QUESTIONNAIRE. — Les connaissances géographiques des anciens étaient-elles très étendues ? — Quelles étaient les limites du monde connu des anciens ? — Dites quelles étaient les principales contrées de l'Europe, de l'Asie, de l'Afrique ancienne. — Quelles étaient les mers ? — Nommez les fleuves. — Quelles étaient les principales montagnes du monde ancien ? — Quelles étaient les villes les plus célèbres ?

LES PREMIERS PEUPLES

PRÉLIMINAIRES

Jusqu'à la dispersion des peuples, le genre humain ne forma qu'une seule famille. Après la dispersion, cette famille se divisa, et ses rameaux devinrent des peuples. C'est en Orient que nous trouvons les premiers peuples constitués et qui se nomment les Égyptiens, les Assyriens et les Babyloniens, les Perses et les Mèdes, les Phéniciens. Au milieu de ces peuples livrés à l'idolâtrie la plus dégradante, le peuple hébreu fut choisi de Dieu, pour conserver la vraie religion et donner au monde le Messie.

Après la venue de Jésus-Christ, le peuple juif fut lui-même dispersé parmi les nations, que l'Eglise catholique est chargée de guider jusqu'à la fin du monde. A l'origine, deux civilisations brillèrent simultanément dans les deux magnifiques et fertiles vallées de l'Euphrate et du Nil, celle de l'Egypte qui fut comme l'éducatrice du genre humain et celle de l'empire d'Assyrie.

Les Egyptiens.

PROGRAMME DU 22 JANVIER 1885

Description de l'ancienne Egypte. — Le Nil. — L'ancien empire. — Le moyen empire. — Invasion des Pasteurs. — Le nouvel empire. — Monuments, religion, mœurs et coutumes. — Les systèmes d'écriture. — Les découvertes de Champollion et de Mariette.

CHAPITRE I

(6° Leçon)

GÉOGRAPHIE DE L'EGYPTE

RÉSUMÉ. — I. Il est utile de connaître la géographie de l'Egypte pour bien comprendre son histoire. L'Egypte est une contrée de l'Afrique.

II. L'Egypte est traversée dans sa longueur par le Nil que l'on a divisé en Nil supérieur, Nil moyen et Nil inférieur.

III. Les productions de l'Egypte sont très variées grâce aux inondations du Nil.

IV. Le climat de l'Egypte dépend du Nil ainsi que les saisons qui sont au nombre de deux.

I. — Position de l'Egypte.

L'Egypte est une contrée de l'est de l'Afrique. Elle a pour limites : au nord, la Méditerranée; à l'ouest, le désert de Lybie; au sud, les montagnes de la Nubie; à l'est, le golfe arabique ou mer Rouge.

L'Egypte est une vallée longue de deux cent quarante lieues; la largeur de la vallée ne dépasse pas quatre ou cinq lieues, sauf vers l'extrémité inférieure où elle atteint une largeur de deux cents lieues.

Cette vallée est resserrée par les montagnes arabiques à l'est, et à l'ouest par les montagnes lybiques. C'est au milieu de cette vallée que le Nil coule du sud au nord.

II. — Le Nil.

Ce fleuve a plus de seize cents lieues depuis la contrée de l'Equateur où l'on vient de découvrir ses sources dans les grands lacs, jusqu'à la Méditerranée où il se jette après avoir franchi quatre cataractes. Le cours du Nil se partage en trois parties : le *Haut-Nil* ou l'Ethiopie, contrée où le fleuve se forme et reçoit tous ses affluents; le *Nil-Moyen* qui va jusqu'à la cataracte de Syène ; le *Nil-Inférieur*, qui va jusqu'à la Méditerranée.

Avant d'arriver à la mer, le fleuve se partage en plusieurs branches dont les deux principales, celle de Rosette et celle de Damiette, forment un triangle semblable à la quatrième lettre de l'alphabet grec Δ (delta) qui a donné son nom à cette contrée. Le Nil moyen est coupé par des cataractes qui entravaient autrefois la navigation pour remonter le fleuve; aujourd'hui, avec la vapeur on les franchit facilement.

Avant d'entrer en Egypte, le Nil se divise en deux cours d'eau : le *Nil-Blanc* dont on cherche toujours la source, et qui doit son nom à la couleur blanche qu'il prend en traversant des terres argileuses ; le *Nil-Bleu* qui prend sa source en Abyssinie, et qui est ainsi appelé à cause de la limpidité de ses eaux.

III. — Productions de l'Egypte.

1° **L'inondation**. — Sans le Nil, l'Egypte ne serait qu'un désert aride et inhabitable; c'est le fleuve qui a couvert les sables du désert d'un limon épais et fécond qui forme une terre noire. Chaque année, à la suite des pluies abondantes qui tombent en Ethiopie d'avril en septembre, la crue du Nil augmente de sept à huit mètres et parfois même de dix mètres. Vers la fin de juin, le fleuve se gonfle tout à coup jusqu'à la fin de septembre; il diminue pendant les mois d'octobre et de novembre et reprend son cours ordinaire au mois de janvier.

2° **Le limon**. — Pendant l'inondation, l'eau épaisse et fangeuse pénètre dans les canaux qui sillonnent la vallée en tous sens et se répand sur les champs. Quand elle se retire, elle laisse sur le sol une *boue grasse* qui se durcit et forme une terre végétale d'une fécondité extraordinaire. Il faut que la crue soit de sept mètres

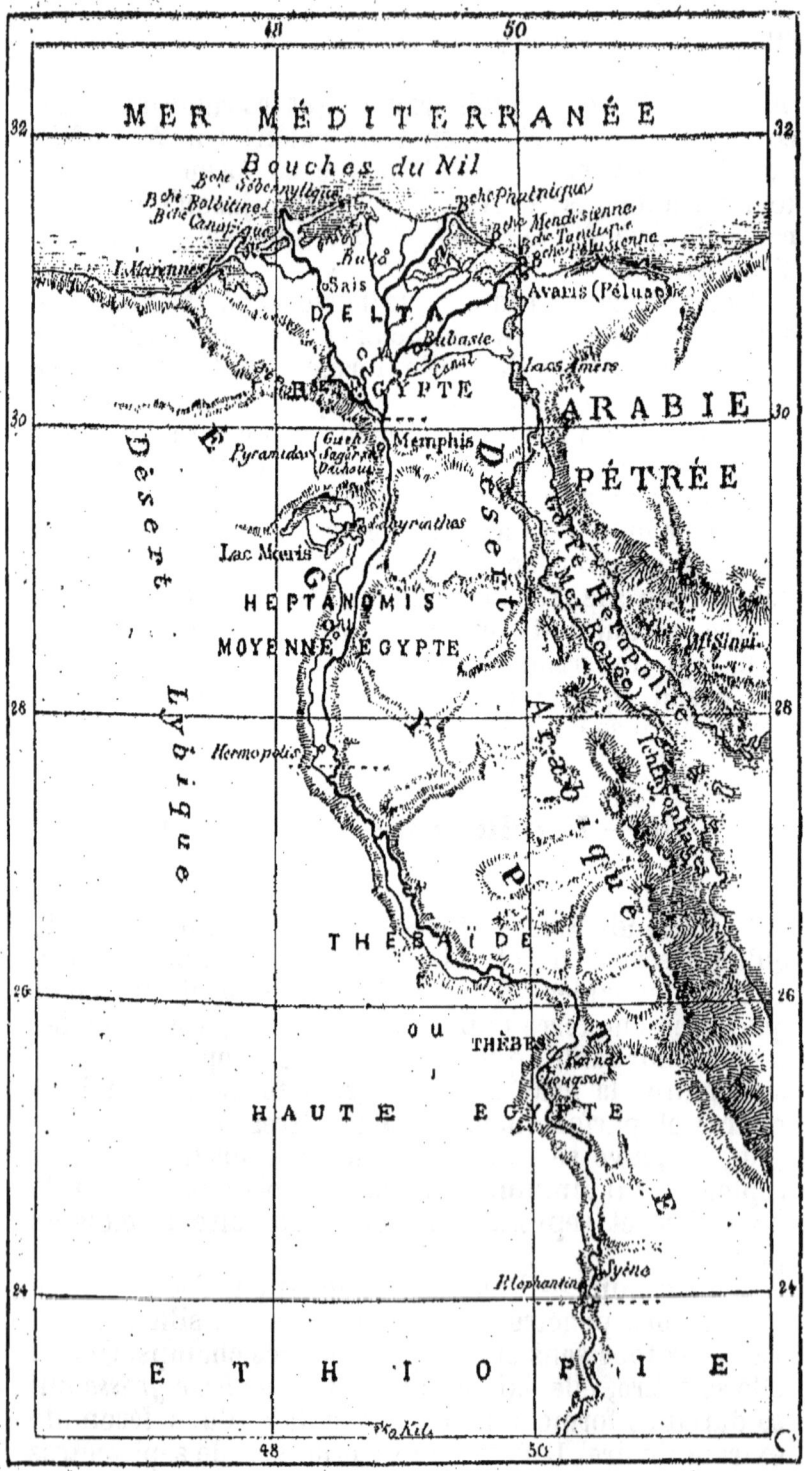

ou de sept mètres et demi pour que l'eau couvre toute la terre labourable et que la récolte soit bonne. Si elle n'arrive pas à sept mètres, une partie du sol seulement est arrosée et peut être ensemencée. Quand la crue dépasse huit mètres, elle est nuisible parce que les eaux restant trop longtemps dans la plaine, on ne peut cultiver la terre au moment voulu et le limon trop abondant devient pestilentiel.

3° **Plantes**. — Les Egyptiens jettent la *semence* sur cet engrais et quelques semaines après tout germe, croît, pousse et mûrit. Le blé, l'orge, le seigle, le millet, le maïs, les légumes surtout, le lin, le chanvre, le sézame dont les graines donnent une espèce d'huile à brûler, y viennent en abondance. Autrefois la vigne était aussi cultivée, ainsi que deux plantes aquatiques, le lotus, dont on faisait une pâtisserie très recherchée, et le papyrus, espèce de roseau qui fournissait une matière ligneuse avec laquelle on fabriquait le papier qui en a reçu son nom. Avec ses tiges on faisait des chaussures ; entrelacées et enduites de goudron, elles formaient des barques ; on tirait de l'intérieur de la tige une espèce de moëlle qui servait de mèches pour les flambeaux ; enfin la partie inférieure fournissait un aliment aromatique et sucré.

4° **Animaux**. — Une partie du sol arrosé par le Nil restait en pâturages où paissaient des troupeaux innombrables de bœufs, de chèvres et d'ânes. Les oies, les canards et les ibis couvraient le Nil. L'ibis est un oiseau de la grosseur d'une poule avec de longues pattes et un long bec, qui détruit les lézards, les serpents, les grenouilles et autres petits reptiles qui fourmillent autour du Nil. Les poissons y sont aussi très nombreux. Malheureusement, le crocodile et l'hippopotame rendaient le pays dangereux pour l'homme. Aujourd'hui ces animaux sont refoulés au-delà des cataractes, comme le lion, le léopard, et l'hyène qui ont été chassés dans le désert.

L'*Ichneumon* est aussi un animal spécial à l'Egypte. C'est une sorte de rat d'eau d'une longueur de cinquante centimètres qui se plaît au bord des rivières. Les Egyptiens qui l'apprivoisaient facilement l'employaient à la destruction des souris.

IV. — Climat et saisons.

Le Nil ne donne pas seulement le sol et les productions de l'Egypte ; il en détermine aussi le climat et les saisons. Si ce fleuve ne rafraîchissait pas l'atmosphère et le sol, l'Egypte, avec son soleil ardent et sans pluie, serait un désert. La pluie y est extrêmement rare, et le ciel presque toujours pur et sans nuage.

Il n'y a que *trois saisons* de quatre mois en Egypte : la saison de l'inondation pendant les mois de juillet, août, septembre, octobre ; la saison des semailles et de la culture pendant les mois de novembre, décembre, janvier et février ; la saison des récoltes pendant les mois de mars, avril, mai, juin ; époque de la sécheresse.

Un auteur arabe peint en trois mots les saisons de l'année égyptienne : *d'abord mer d'eau douce, puis tapis de fleurs, océan d'épis, enfin campagne poudreuse et si crevassée*, qu'il est parfois dangereux de la traverser à cheval. Après la moisson principale du mois de mars, les Egyptiens en provoquent une deuxième, et même, en certains endroits, une troisième, par l'eau des canaux et les arrosages.

V. — Divisions politiques et historiques de l'Egypte.

L'Egypte ancienne se divisait en trois parties : la Basse-Egypte ou Delta, capitale Thaïs ; l'Egypte-Moyenne ou Heptanomide, capitale Memphis, et la Haute-Egypte ou Thébaïde, actuellement Saïd, avec Thèbes ou ville aux cent portes pour capitale, Teutyrée, Lycopolis, Syène, Éléphantines, Philes et Thi pour villes principales.

L'histoire de l'Egypte depuis son origine jusqu'à sa conquête par les Romains, comprend cinq époques.

1° *L'ancien empire* qui comprend les dix premières dynasties.

2° *Le moyen empire* qui comprend les six dynasties suivantes avec l'invasion des Hycksos.

3° *Le nouvel empire* qui s'étend de la xviii° dynastie à la conquête de l'Egypte par les Perses.

4° Sous la domination des *Perses*, cinq dynasties régnèrent en Egypte.

5° Avec les Grecs régna la xxxii° dynastie qui est celle des Lagides ou Ptolémées qui laissèrent les Romains s'emparer de l'Egypte trente ans avant Jésus-Christ.

QUESTIONNAIRE — Quelle est la position géographique de l'Egypte ? — Qu'est-ce que le Nil ? — Comment peut-on le diviser ? — Quelles sont les productions de l'Egypte et de quoi dépendent-elles ? — Faites connaître le climat et les saisons de l'Egypte. — Comment peut-on diviser l'Egypte au point de vue politique ?

CHAPITRE II

(7° Leçon)

LE PREMIER EMPIRE OU L'ANCIEN EMPIRE

RÉSUMÉ. — I. Les Egyptiens sont des descendants de Cham le second fils de Noé.

II. Le premier empire Egyptien qui nous est peu connu dans ses détails est célèbre par les constructions des Pyramides et du Sphinx.

III. A la fin du premier empire Egyptien, la sixième dynastie est surtout célèbre par la Reine Nitocris et Pepi 1er. Dès cette époque la civilisation Egyptienne était très avancée.

I. — Origine des Egyptiens.

Aucun savant ne croit plus aujourd'hui à l'antiquité fabuleuse que se donnaient les Egyptiens. On sait maintenant qu'ils sont des descendants de Cham, fils de Noé. Après la confusion des langues, ils pénétrèrent dans la vallée du Nil par l'isthme de Suez et finirent par remonter jusqu'à l'Éthiopie.

Dans l'origine, leur régime était patriarcal ou sacerdotal, le père de famille était en même temps prêtre et roi. Plus tard des chefs militaires s'emparèrent du pouvoir et partagèrent l'autorité avec les prêtres. Enfin un seul chef fut reconnu roi.

II. — Les dix premières dynasties.

La première période des temps historiques de l'Egypte, que l'on désigne ordinairement sous le nom de *premier empire* ou ancien empire, comprend l'histoire des premiers rois ou pharaons.

1° **Les premiers pharaons.** — Le premier roi fut Ménès, fondateur de Memphis sur la rive gauche du Nil, à la tête du Delta. Les trois premières dynasties sont à peu près inconnues; les plus célèbres sont la quatrième et la sixième. Sous la quatrième se bâtirent les Pyramides. Sous la cinquième les monuments privés se multiplièrent, ce qui prouve une période de calme. L'Egypte formait alors une aristocratie patriarcale.

2° **Les trois grandes pyramides et le Sphinx.** — Khéops, Khéphren et Nykérinos passent pour les constructeurs des pyramides de Gyseh qu'ils firent élever pour leur servir de tombeau, et empêcher l'irruption des sables du désert. La plus haute, celle de Khéops, a cent trente-sept mètres de hauteur, celle de Khéphren cent trente-cinq, et celle de Nykérinos, soixante-six. Hérodote dit qu'il fallut trente ans et cent mille hommes qu'on changeait tous les trois mois pour construire la plus grande pyramide qui se compose de deux cent douze assises de pierres formant à l'extérieur un escalier jusqu'à la plate-forme qui a cinq mètres de côté. Les murs des salles et des corridors de cette pyramide sont recouverts de marbre.

Près des pyramides se voit encore un énorme rocher taillé en forme de *sphinx*, dont le corps est enseveli dans le sable, et dont la tête dégradée s'élève à vingt mètres au-dessus du sol. Près de là, un temple de granit rose et d'albâtre orientale et un certain nombre de statues viennent d'être découverts par M. Mariette.

III. — Fin de l'ancien empire.

1° La sixième dynastie offre **deux souverains célèbres** : la reine *Nitocris* qui monta sur le trône après

Pyramides.

l'assassinat de son frère. Elle fit périr les meurtriers de ce frère dans une galerie où pénétra secrètement l'eau du Nil pendant qu'ils assistaient à un banquet. Elle-même se précipita ensuite dans une salle remplie de cendres pour échapper à la vengeance de ses ennemis.

*Pepi I*er repoussa une invasion qui menaçait l'Égypte ; il franchit les cataractes de Syène, construisit une route de Kench au port de Kosseïr sur la mer Rouge et fit creuser des puits dans le désert sur les bords de cette route.

2° On ne sait pas ce qui se passa sous les **quatre dernières dynasties** de l'ancien empire. Les monuments laissent une lacune de cinq cents ans. Une révolution a dû bouleverser le gouvernement de cet ancien empire et ruiner ses institutions.

3° Sous l'ancien empire, la **paix** fut profonde en Egypte ; le gouvernement et l'administration très avancés ; tous les arts, en particulier l'architecture, la sculpture, produisirent des œuvres admirables ; l'agriculture fut florissante, et la science très cultivée. L'année solaire fut établie, ainsi que le calendrier. Sur un tombeau retrouvé à Gizeh, on lit une inscription d'un *gouverneur de la maison des livres*, ce qui suppose des livres et par conséquent une littérature dont il ne nous reste aucune trace, sinon un fragment d'un livre de philosophie de deux auteurs, vivants sous la troisième et la cinquième dynastie. Dès cette époque, l'Egypte avait donc une civilisation que les siècles postérieurs purent à peine égaler.

Le moyen empire paraît après la onzième dynastie, et à la suite d'une révolution de cinq siècles. Sa capitale n'est plus Memphis, mais Thèbes dans la Haute-Egypte, qui fournit les onzième, douzième et treizième dynasties.

QUESTIONNAIRE. — Qu'appelle-t-on le premier empire Egyptien ? — Quelle est l'origine des Egyptiens ? — Qu'est-ce que les Pharaons ? — Dites ce que vous savez des grandes Pyramides et du Sphinx. — Que sait-on de la fin du premier empire Egyptien ? — Quelle était la civilisation ?

CHAPITRE III

(8ᵉ Leçon)

LE MOYEN EMPIRE

RÉSUMÉ. — I. Le moyen empire commence avec la XIIᵉ Dynastie qui gouverne glorieusement l'Egypte et laisse comme monuments principaux le temple de Karnak, le lac Mœris et le Labyrinthe.

II. A la fin de la XIII° dynastie les Hycksos ou pasteurs envahirent l'Egypte et y restèrent pendant cinq siècles, c'est-à-dire jusqu'à la fin du moyen empire.

I. — La XII° Dynastie.

1° Les rois de cette dernière dynastie rendirent à l'Egypte son ancienne splendeur. Ils furent des **conquérants** et soumirent toute la vallée du Nil, y compris

Salle de Karnak.

l'Ethiopie, jusqu'à la quatrième cataracte. Des inscriptions, trouvées sur les rochers du Sinaï, et sur une colonne dans la Nubie, prouvent que ces pays furent aussi conquis à cette époque par les Egyptiens.

2° A l'intérieur, leur gloire ne fut pas moindre. Un

des premiers rois de la XII⁰ dynastie fit construire à Thèbes le magnifique temple de Karnak.

De grands travaux s'exécutèrent pour répartir aussi également que possible les eaux du Nil sur le sol. Partout des digues, des réservoirs, des canaux, des écluses furent construits.

Le roi Amenemhat III fit creuser sur une surface de dix millions de mètres carrés, au sud de Memphis, sur la rive gauche du Nil, un *grand réservoir* pour contenir le surplus des eaux du fleuve quand l'inondation était trop forte, et afin de suppléer au manque d'eau en cas d'aridité. Ce réservoir est célèbre sous le nom de *Lac Mœris*. De nos jours, un ingénieur en a retrouvé les traces dans l'oasis d'El-Sagoum. Au milieu du lac s'élevaient deux colonnes portant deux statues colossales dont les restes viennent aussi d'être découverts.

Tout près du lac Mœris, le même roi éleva un temple composé de douze palais communiquant ensemble et renfermant trois mille chambres dont une moitié était sur terre, et l'autre dessous. Ce temple renfermait le tombeau de quelques rois et ceux des crocodiles sacrés. Les Grecs donnèrent à ce temple le nom de *Labyrinthe*, parce qu'il était extrêmement difficile à ceux qui s'y engageaient d'en sortir.

II. — Les Hyksos.

1.° **L'invasion.** — Vers la fin de la XIII⁰ dynastie qui régnait toujours à Thèbes, s'éleva dans le Delta ou Basse-Égypte la XIV⁰ dynastie qui disputa le pouvoir à la XIII⁰ ; cette lutte permit à des tribus errantes d'Arabes, de Syriens et de Chananéens de pénétrer par l'isthme de Suez dans la vallée du Nil qu'ils ravagèrent depuis Memphis jusqu'à Thèbes.

Les chefs de cette invasion, connus sous le nom d'*Hyksos* ou *rois pasteurs*, se fixèrent à Memphis et forcèrent les rois de Thèbes de la XV⁰ et XVI⁰ dynastie à leur payer tribut. Un camp retranché de deux cent quarante mille hommes établi à Avaris à l'Est du Delta empêcha d'autres étrangers de pénétrer en Égypte. Les

Hyksos imitèrent leurs prédécesseurs dans leurs mœurs et dans leurs constructions. Ils constituèrent même une dynastie régulière, la dix-septième.

2° La ville de **Tanis**, dans le Delta, fut le centre de leur civilisation, c'est là que fut trouvé le grand Sphinx en granit rose qui est au Louvre. Agapi II, le dernier roi pasteur, accueillit les *Hébreux* et leur livra la terre de Gessen, c'est lui qui donna à *Joseph* sa grande autorité.

3° Cependant les Égyptiens, réfugiés à Thèbes, se fortifièrent; ils essayèrent de s'affranchir des Hyksos. Après une lutte longue et douloureuse, les Hyksos, au nombre de deux cent quarante mille, furent **expulsés** d'Égypte par Amasis qui les repoussa jusqu'en Syrie. La domination des Hyksos dura cinq cents ans.

Plus tard, sous le *nouvel empire*, les Pharaons, craignant de voir les Hyksos s'unir aux Hébreux prodigieusement multipliés dans le Delta, opprimèrent ceux-ci afin de les affaiblir.

On compte trois cent trente-trois rois de Ménès à Mœris. Ils forment dix-sept dynasties et le commencement d'une dix-huitième, qui règnent simultanément à Thèbes, This, Éléphantine, Memphis, Héraclée, Diospolis, Xoïs et Tanis. Voici l'ordre de ces dynasties :

1re dynastie,	Tanite Thébaine.		11e dynastie,	Thébaine.	
2e	—	Tanite Thébaine.	12e	—	Thébaine.
3e	—	Memphite.	13e	—	Thébaine.
4e	—	Memphite.	14e	—	Xoïte.
5e	—	Éléphantine.	15e	—	Thébaine.
6e	—	Memphite.	16e	—	Thébaine.
7e	—	Memphite.			(Pharaonne.
8e	—	Memphite.	17e	—	Thébaine.
9e	—	Héliopolite.			(Pasteurs.
10e	—	Héliopolite.	18e	—	Thébaine.

QUESTIONNAIRE. — Qu'appelle-t-on le moyen empire d'Égypte ? — Quels sont les monuments les plus remarquables de cette époque ? — Qu'est-ce que le temple de Karnak ? — Le lac Mœris ? — Le Labyrinthe ? — Qu'est-ce que les Hyksos ? — Combien de temps restèrent-ils en Égypte ? — Par qui furent-ils chassés ?

CHAPITRE IV

(9ᵉ et 10ᵉ Leçons)

LE NOUVEL EMPIRE
(1800-1450 av. J.-C.)

RÉSUMÉ. — I. Avec le nouvel empire commencèrent les conquêtes. Les rois plus célèbres au point de vue militaire furent Amasis qui chassa les Hycksos et Touthmès III. Aménophis III profita de la paix pour multiplier les monuments. Sóthos Iᵉʳ et Rhamsès II ou Sésostris furent aussi de grands guerriers.

II. Après la XXᵉ dynastie l'histoire de l'Egypte est obscure, on sait cependant qu'une dynastie Ethiopienne dont le chef était Sabacon s'imposa à l'Egypte entre le XIIᵉ et le VIIIᵉ siècle avant Jésus-Christ.

III. Après l'expulsion des Ethiopiens l'Egypte fut gouvernée par douze petits chefs qui formèrent la Dodécarchie ; l'un d'eux, Psammetik, supplanta ses collègues et fonda la XXVIᵉ dynastie. Il laissa les étrangers s'établir en Egypte. Nékao, son fils et successeur, est célèbre par ses guerres et ses entreprises. Son fils Psammetik fut remplacé par Amasis, un de ses généraux qui insulta les Perses.

IV. Cambyse, roi de Perse, fit alors la conquête de l'Egypte qu'il traita cruellement.

I. — Les conquêtes.

1° Dynasties guerrières. — Sous le *Nouvel-Empire*, l'Egypte, délivrée des Hycksos, releva ses ruines. Il y eut en ce moment dans toute l'Egypte comme une fièvre de constructions. L'Egypte ne se contenta plus de se défendre ; elle devint conquérante ; trois dynasties, la XVIIIᵉ, la XIXᵉ et la XXᵉ firent ces conquêtes et méritèrent le nom de *dynasties guerrières*.

Les plus grands rois de cette dynastie furent : *Amasis*, qui chassa les Hyksos et fit la guerre dans la Palestine et dans la Nubie ; *Aménophis Iᵉʳ* qui pénétra en Syrie, et presque dans le Soudan ; *Touthmès Iᵉʳ* qui soumit l'Assyrie ; sa fille *Hatasou* régna pendant la minorité de son frère *Touthmès III* le Grand, le plus célèbre des rois de la XVIII° dynastie.

2° **Touthmès III.** — L'histoire de ce prince est inscrite sur les murs du palais de Karnak. Il fit la guerre aux Chananéens, aux Syriens, ainsi qu'aux Chaldéo-Assyriens. Son empire s'étendit en Asie jusqu'à l'Euphrate et le Tigre, Babylone et Ninive. Les Phéniciens et les peuples du Liban lui payèrent en tribut du vin, du miel, du blé, des bestiaux et des métaux. L'Éthiopie lui envoyait l'ivoire, l'or, les bois précieux, les peaux de lions et de panthères.

Sa flotte prit les îles de Crète et de Chypre et celles

Statue de Memnon.

de la mer Égée. Des garnisons et quelques fonctionnaires égyptiens gardèrent ces conquêtes, en laissant à chaque peuple sa nationalité et en leur demandant seulement un impôt de troupes et d'ouvriers ou mercenaires pour multiplier les monuments dans la vallée du Nil ainsi que dans tous les pays conquis.

3° **Les successeurs de Touthmès** conservèrent ses conquêtes et favorisèrent les arts. *Aménophis III* construisit à Louqsor un magnifique temple dont il nous reste deux statues qui le représentent. L'une de ces statues fut appelée *Memnon* par les Grecs. Un tremblement de terre brisa la partie supérieure de cette statue et mit à découvert les veines de granit dont elle est formée, la rosée de la nuit pénétra dans les fissures de la pierre, et aux premiers rayons du soleil, cette pierre faisait entendre un crépitement qui disparut après que Septime Sévère eut réparé le monument. Les anciens ne pouvant s'expliquer ce phénomène disaient que Memnon saluait chaque matin par ce bruit étrange l'*Aurore*, sa mère.

Aménophis IV voulut opérer une réforme religieuse, il amena une révolution et un changement de dynastie.

4° **La XIXᵉ dynastie.** — *Sethos Iᵉʳ*, ou Seti Iᵉʳ, fut le chef de la XIXᵉ dynastie qui régna pendant le xvıᵉ siècle avant Jésus-Christ. Sethos Iᵉʳ affermit les anciennes conquêtes ; il pénétra jusqu'en Arménie, mais ne put triompher des Kétas qui formaient une confédération au nord de la Syrie. Il dut traiter avec eux et fixer la limite de l'Egypte à la vallée de l'Oronte.

Les monuments élevés par ce prince sont très remarquables. C'est lui qui bâtit le *temple d'Osiris* (soleil) à Abydos, et la *salle Hypostyle* ou salle soutenue par des colonnes dans le palais de Karnak. Cette salle, dont la superficie est quatre fois plus grande que celle de Notre-Dame de Paris, ce qui donne cent trois mètres de longueur, sur cinquante de large, renferme cent trente-quatre colonnes, dont douze ont plus de vingt mètres de hauteur et dix mètres de circonférence. Elles sont couvertes de bas-reliefs et d'hiéroglyphes qui racontent l'histoire de Séthos.

Ce prince fit aussi construire à Thèbes le palais de Kournak. On lui attribue un canal du Nil à la mer Rouge et un puits artésien dans le désert du midi de l'Egypte.

5° **Rhamsès II ou Sésostris.** — Le successeur de Séthos Iᵉʳ fut *Sésostris* ou mieux *Rhamsès II*. Les historiens grecs ont exagéré la gloire de ce prince en lui attribuant les conquêtes de ses prédécesseurs. Il fut néanmoins un illustre guerrier comme l'attestent des colonnes trouvées près de Beyrouth, et un poème gravé sur les murs de Karnak.

Il aurait possédé sept cent mille fantassins, vingt-quatre mille cavaliers, vingt-six mille chars de guerre et quatre cents vaisseaux, ce qui lui aurait permis de soumettre la Lybie, l'Ethiopie, les îles et les côtes de la mer Rouge, d'où il passa en Asie pour conquérir l'Arabie jusqu'au Gange. Arrêté par ce fleuve, il serait remonté vers le Nord pour soumettre la Scythie et l'Asie-Mineure d'où la famine l'aurait forcé à revenir en Egypte.

Si ses expéditions sont peu probables, les monuments et les travaux de Sésostris sont réels. *Il est presque*

Ramesseum (salle du colosse).

impossible, dit M. Mariette, *de rencontrer en Egypte une ruine, une butte antique, sans y lire le nom de Rhamsès II.* Il éleva ou acheva le grand temple de Phtah à Memphis, le temple du Colosse, les obélisques de Louqsor dont l'un s'élève sur la place de la Concorde à Paris ; le Ramesseum à Thèbes, les grandes constructions qu'on voit à Karnak, les deux temples d'Ipsamboul creusés dans le roc ; la façade de l'un est décorée de huit cariatides hautes de douze mètres, celle de l'autre, le Spéos de Phra, s'annonce par quatre colonnes hautes de vingt mètres taillées dans la montagne de granit (1).

(1) Duruy.

Sésostris fut un prince despote et débauché ; il accabla les Hébreux de corvées pour la construction des villes et des chaussées, qui permettaient aux habitants de communiquer entre eux pendant l'inondation. On a trouvé dans les ruines de la ville de Rhamsès des briques qui contiennent, comme le dit la Bible, un mélange de paille coupée. Rhamsès II régna pendant soixante ans, vers 1400 avant Jésus-Christ.

C'est sous son successeur, *Aménophis*, que les Hébreux, conduits par Moïse, s'enfuirent dans le désert en traversant la mer Rouge où fut engloutie l'élite de l'armée égyptienne.

Peu après s'éteignit la XIX° dynastie. *Rhamsès III* fut le prince le plus remarquable de la XX° dynastie. Il repoussa trois invasions, une des Libyens, une autre des Chétasémins ou nations pélasgiques et une troisième des peuples qui ont précédé les Philistins. Après lui, quatorze rois, portant le nom de Rhamsès, perdirent toutes les conquêtes précédentes.

II. — **Dynastie Éthiopienne.**

1° **Histoire obscure.** — Depuis cette époque jusqu'au règne de Psammétik de la XXVI° dynastie, l'histoire de l'Egypte est obscure et incertaine. Les prêtres de Thèbes voulurent imposer leur autorité au pays, la Basse-Egypte leur résista. Ils furent obligés de se retirer en Éthiopie. En même temps, les Juifs s'établissaient avec David et Salomon entre la mer Rouge et l'Euphrate.

Sésac soutint Jéroboam contre le fils de Salomon, Roboam, et rançonna les royaumes de Juda et d'Israël.

Après lui, vingt petits chefs se partagèrent l'Egypte et se rendirent indépendants les uns des autres. C'est à ce moment (du XII° au VIII° siècle avant Jésus-Christ), que les Éthiopiens et les Assyriens s'en emparèrent. Un roi de Napata, en Nubie, descendit le Nil avec une formidable armée, prit Thèbes et Memphis et constitua un royaume éthiopien. *Sabacon* brûla comme rebelle un prince de la Basse-Egypte, révolté contre l'autorité des Éthiopiens. Il prit le trône et le titre des anciens rois d'Egypte ; avec lui commence la dynastie éthiopienne.

2° **Défaite de Sabacon.** — Après un règne de vingt ans, il voulut soumettre les Assyriens et secourir les Israélites, mais il fut complètement battu et obligé de se réfugier en Ethiopie. Après la retraite des Ethiopiens, les Assyriens sous la conduite de Sennachérib marchèrent sur l'Egypte et l'envahirent. Ce malheureux pays fut disputé par ces deux peuples qui le ravagèrent et ruinèrent la ville de Thèbes.

III. — La XXVI° dynastie et Psammétik.

1° **Dodécarchie.** — Vers le septième siècle avant l'ère chrétienne et après que les Ethiopiens et les Assyriens furent expulsés du territoire de l'Egypte, le pays resta aux mains de vingt petits rois. Les douze du Delta formèrent une confédération appelée par les Grecs *dodécarchie* ou gouvernement des douze. L'un d'eux, Psammétik, prit à sa solde des mercenaires grecs et arabes, attaqua les autres rois, les battit à Momemphis et mit fin à la dodécarchie. Il s'empara de tout le pays. Psammétik releva l'Egypte de ses ruines ; l'industrie, les monuments, les arts, les œuvres littéraires se multiplièrent. Le premier des rois égyptiens, il ouvrit aux autres nations des entrepôts de marchandises. Cette réforme économique fut très importante.

Il fortifia les frontières, il confia les principaux emplois militaires aux mercenaires grecs, ses propres soldats irrités se retirèrent en Ethiopie au nombre de deux cent mille, en s'écriant : *Tant que nous aurons des armes, nous aurons une patrie*. Malgré cette perte, la dynastie de Psammétik se maintint sur le trône pendant quarante-sept ans.

2° **Néchao**, le fils de Psammétik, travailla à l'achèvement du canal du Nil à la mer Rouge. On dit qu'il fit faire le tour de l'Afrique par une flotte phénicienne en partant du golfe Arabique et en revenant par les colonnes d'Hercule ou détroit de Gibraltar. Il gagna sur les Juifs la bataille de Mageddo ; mais il fut vaincu par

Nabuchodonosor, à Circésium, en Mésopotamie, sur l'Euphrate.

3° Son fils **Psammétik II** ne régna que six ans, il commença son règne par la guerre contre les Sidoniens, les Tyriens et les Cypriotes. Il échoua dans une expédition contre les Grecs. Ses soldats mécontents proclamèrent roi un de leurs généraux Ahmès ou Amasis. Apriès marcha contre le rebelle, mais il fut battu près de Momemphis, et peu après étranglé.

4° **Ahmès ou Amasis**, fils de voleur, n'avait pas d'autorité sur les grands de sa cour. Il s'imposa par un stratagème ingénieux. Il fit fondre un vase d'or dans lequel chacun avait l'habitude de se laver les pieds. De cet or, on fit la statue d'un dieu que tout le monde adora bientôt avec empressement. Alors il dit à ses courtisans : *Cette statue que vous vénérez provient d'un vase destiné aux usages ordinaires. De même j'ai été dans une condition très humble, et je suis maintenant roi ; je mérite donc les honneurs qui sont dûs aux rois.*

Amasis gouverna avec sagesse. Avec lui l'Egypte fut aussi florissante que jamais. Il donna aux Grecs le port de Naucratis. Il érigea plusieurs temples admirables, celui de Neith à Saïs, celui d'Isis à Memphis et la chambre monolithe d'Eléphantine. Il ne fit point la guerre ; il obligea seulement les Cypriotes à lui payer tribut ; il entretint des relations amicales avec toutes les nations voisines.

Redoutant la puissance des peuples de l'Orient qui s'avançaient vers l'Occident, il envoya à Cyrus roi de Perse, pour le flatter, le meilleur médecin de l'Egypte. Celui-ci ne put revenir dans son pays, il s'imagina qu'Amasis l'avait exilé ; pour se venger il engagea Cambyse, fils de Cyrus, à demander à Amasis sa fille en mariage, sachant que celui-ci refuserait. En effet, Amasis, au lieu de donner sa fille en mariage, envoya à Cambyse sous le nom et le costume de sa propre fille, celle d'Apriès, de la race de Psammétik. Sa ruse découverte, Cambyse entra dans une grande colère et résolut de conquérir l'Egypte.

IV. — Conquête de l'Egypte par les Perses.

1° Défaite de Psamménil. — Amasis mourut sur ces entrefaites, son fils *Psamménil* lui succéda sur le trône d'Egypte. Cambyse marcha contre lui à la tête d'une puissante armée, et après avoir forcé un roi arabe de lui fournir des chameaux pour porter l'eau nécessaire à ses chevaux, il arriva devant *Péluse* qui défendait l'Egypte du côté de l'est. Pour s'emparer plus facilement de cette ville forte, il fit précéder ses soldats d'un grand nombre de chats et autres animaux considérés comme sacrés par les Egyptiens. Ceux-ci n'osant tuer ces animaux, les soldats de Cambyse entrèrent à leur suite dans Péluse.

Cependant Psamménil s'était avancé avec son armée à la rencontre de Cambyse ; il s'arrêta près de *Memphis*. La bataille fut acharnée et sanglante, les Egyptiens abandonnèrent le terrain et s'enfuirent à Memphis où ils s'enfermèrent. Cambyse leur envoya un héraut pour leur demander de se rendre, mais les habitants furieux massacrèrent le héraut. Cambyse exaspéré fit le siège de la ville dont il s'empara.

Il vengea la mort de son héraut en faisant mourir un grand nombre de nobles Egyptiens au nombre desquels se trouva le fils du roi. Psamménil lui-même fut pris et traité d'abord avec respect, mais il se révolta et fut mis à mort (524 avant J.-C.). L'Egypte devint une province persane.

2° Autres conquêtes de Cambyse. — Cambyse échoua dans les expéditions qu'il entreprit ensuite contre les *Carthaginois*, les habitants de *l'oasis d'Ammon* et les *Ethiopiens*. Les Carthaginois ne furent pas inquiétés parce que les Phéniciens refusèrent d'aider Cambyse à combattre leurs frères. La seconde campagne échoua parce que les cinquante mille soldats de Cambyse furent engloutis dans les sables. Dans la troisième, Cambyse ne prit pas assez d'approvisionnements, ses soldats furent réduits à une horrible famine.

Au retour de cette campagne, Cambyse vit les Egyptiens en fêtes parce qu'ils venaient de trouver un nouveau bœuf Apis. Il s'imagina qu'ils se réjouissaient de son insuccès ; furieux, il fit mettre à mort les magistrats de Thèbes. Il voulut ensuite voir ce dieu dont on célébrait la venue et n'apercevant qu'un bœuf, il le perça de son épée. Il persécuta les prêtres, mais il dut abandonner l'Egypte pour aller dans son pays étouffer une révolte des Mages. Il mourut en route.

QUESTIONNAIRE. — Quels sont les rois d'Egypte les plus célèbres par leurs conquêtes ? — Racontez les guerres entreprises par Amasis, Touthmès III, Séthos et Rhamsès II. — Qu'est-ce que la dynastie Éthiopienne ? — Qu'appelle-t-on Dodécarchie ? — Par qui la Dodécarchie fut-elle détruite ? — Qu'est-ce que Néchao, Psammétik II, et Amasis ? — Comment les Perses furent-ils amenés à faire la conquête de l'Egypte ? — Racontez la campagne de Cambyse en Egypte.

CHAPITRE V
(11e Leçon)

L'ÉGYPTE SOUS LES DOMINATIONS ÉTRANGÈRES

RÉSUMÉ. — I. Les premiers étrangers qui dominèrent en Egypte sont les Perses. Ils y restèrent presque deux siècles et en furent chassés par les Grecs.
II. Alexandre pénétra en Egypte en 332 avant Jésus-Christ. Après lui, un de ses généraux, Ptolémée, fonda la dynastie des Lagides qui régnèrent jusqu'à la conquête des Romains (30 av. J.-C.).
III. L'Egypte, devenue province romaine, resta sous le joug des Romains jusqu'à l'arrivée des Arabes (688).
IV. Depuis cette époque jusqu'aujourd'hui, les maîtres de l'Egypte furent mahométans, Arabes comme Turcs.

I. — L'Egypte sous les Perses (525-332).

Darius Ier, deuxième successeur de Cambyse le vainqueur des Egyptiens, plaça l'Egypte dans la quatrième satrapie en lui conservant sa division en nômes. Les Perses inquiétèrent les Egyptiens dans leur religion et leurs usages. Ils excitèrent chez eux une haine implacable qui fit explosion à la fin du règne de Darius (486) environ un siècle après l'entrée des Perses en Egypte. Cette révolte fut réprimée par *Xerxès*, fils et successeur de Darius.

Une seconde révolte eut lieu sous le règne d'Artaxerxès longue-main, après quelque résistance cette insurrection fut encore réprimée (461-456), mais les Egyptiens triomphèrent dans une troisième révolte.

Darius II Nothus perdit l'Egypte qui put se donner huit rois indigènes de 414 à 354.

Ochus, roi de Perse, reconquit l'Egypte et y rétablit la souveraineté Persane, mais vingt ans plus tard, en 332, les Egyptiens appelèrent à leur secours Alexandre le Grand qui chassa les Perses pour les remplacer par les Grecs ses compatriotes et jeta les fondements d'ALEXANDRIE.

II. — L'Egypte sous la domination Grecque (332-30 avant J.-C.)

Après sa mort, comme Alexandre n'avait d'héritier qu'un fils en bas-âge et un frère imbécile, ses généraux se disputèrent son empire. Après la bataille d'*Ipsus* en Phrygie (301), ils fondèrent quatre royaumes. Celui d'Egypte échut à *Ptolémée* Soter, fils de Lagus. Il se rendit indépendant et commença une dynastie dite des *Lagides* qui donna à l'Egypte treize rois. Elle finit avec la reine Cléopâtre après trois siècles de durée.

1º **Ptolémée Iᵉʳ Soter (sauveur) (323-285)** se fixa à Alexandrie, y fonda le Muséum et la fameuse bibliothèque qui renferma sept cent mille rouleaux ou volumes. Il remplit sa capitale de somptueux monuments, il commença la tour du *Phare* en marbre blanc pour éclairer les navires. Alexandrie devint alors le centre du commerce du monde et l'asile des lettres et des sciences, elle compta jusqu'à neuf cent mille habitants.

Le génie grec pénétra en Egypte, et la langue grecque

fut seule admise. Ptolémée Soter réunit à son royaume la Cyrénaïque, l'île de Chypre et la Phénicie. C'est lui qui disait : *Un roi ne doit pas être riche pour lui-même, mais pour enrichir ses sujets.*

2° **Ptolémée II**, surnommé ironiquement *Philadelphe* ou l'ami de ses frères en ayant fait mourir deux, régna pacifiquement pendant trente-neuf ans. Protecteur des Lettres et des Sciences, il termina la tour du phare sur laquelle on entretint continuellement un grand feu, il fit traduire les Livres Saints par soixante-douze interprètes Juifs Héllénistes à qui l'on doit la fameuse *version dite des Septante*. Il mit en communication la mer Rouge avec la Méditerranée en déblayant le canal creusé autrefois par Néchao, du Nil à la mer Rouge. Sa cour devint le refuge et l'asile des savants et des poètes grecs dont le plus connu est *Théocrite*. Nous avons de lui trente idylles et vingt-trois épigrammes. Ptolémée fit deux guerres, l'une contre son frère Magas gouverneur de Syrène et l'autre contre le roi de Syrie.

3° **Ptolémée III** (247-222) fils du précédent, fit la guerre à Séleucus II, roi de Syrie, pour venger sa sœur Bérénice qui avait été égorgée par Laodice sa rivale, il pénétra jusqu'en Bactriane d'où il rapporta plusieurs milliers d'images des dieux égyptiens enlevés autrefois par Cambyse, ce qui lui mérita le surnom d'*Evergète* ou bienfaisant. Il fut l'ami d'Aratus de Grèce et accueillit le roi Cléomène vaincu par les Macédoniens.

A partir de la mort de Ptolémée Evergète, l'histoire de l'Egypte est confuse et horrible, ses rois se livrent à la débauche et à la scélératesse.

4° **Ptolémée IV, Philopator** (221-204), mérita le surnom ironique d'ami de son père, parce qu'il fut soupçonné de l'avoir empoisonné. Par la victoire de Raphia qu'il remporta sur Antiochus le Grand, il devint maître de la Palestine, de la Célésyrie, mais il fit mettre à mort Cléomène que son père avait accueilli chez lui, il tua son frère et sa sœur qui était en même temps sa femme. Ses débauches le firent mourir.

5° **Ptolémée V Epiphane**, son fils (205-181), perfide et cruel comme son père, fut mis par ses courtisans sous la tutelle des Romains qui ne cessèrent plus de se mêler aux affaires de l'Egypte jusqu'à ce qu'elle devînt province romaine. Il mourut empoisonné.

6° **Ptolémée VI, Philomètor** (181-144), ou ami de sa mère qu'il détestait, n'avait que cinq ans à la mort de son père, sa mère fut régente. Il fut retenu pendant quatre ans prisonnier du roi de Syrie. Quand il revint en Egypte, il dut partager son royaume avec son frère qui l'avait administré pendant son absence.

7° **Ptolémée VII, dit Physcon ou le Ventru**, faillit de nouveau voir le royaume pris par Antiochus Épiphane qui mit le siège devant Alexandrie. Grâce à l'intervention de l'envoyé romain Popilius Lénas, Ptolémée fut délivré. Cet ambassadeur Romain se présenta devant Antiochus avec le message du Sénat. Antiochus après l'avoir lu répondit qu'il en délibérerait avec ses généraux. Mais Popilius indigné traça avec une baguette un cercle sur le sable autour d'Antiochus et lui dit : *Il faut que vous répondiez au Sénat avant de sortir de ce cercle*. Le roi, surpris de cette fierté, promit qu'il se conformerait aux désirs du Sénat. Il se retira en Syrie.

Les deux frères Ptolémée, aidés de Popilius, organisèrent le partage du pays, mais leur accord ne fut pas long. Ptolémée parvint à chasser son frère de ses Etats. Celui-ci reprit le dessus, et Physcon fut fait prisonnier. On croyait que le vainqueur se vengerait en faisant mourir son frère, mais il lui pardonna et lui rendit sa part du royaume. A la mort de Philomètor, Physcon régna seul, il se livra à toutes espèces de désordres que la mort seule arrêta.

8° **Ptolémée VIII** (117-107), surnommé *Lathyre* ou pois chiche, à peine monté sur le trône, fut chassé par une émeute excitée par sa mère. Son exil dura dix-sept ans pendant lesquels son frère, **Ptolémée IX Alexandre**, gouverna le royaume. Ce prince fit mourir sa mère et viola le tombeau d'Alexandre le Grand. Une émeute éclata et Ptolémée Alexandre fut chassé par son frère Lathyre revenu d'exil. Celui-ci régna encore sept ans.

9° **Ptolémée X**, fils de Ptolémée IX et neveu de Lathyre, succéda à son oncle. Il épousa Bérénice sa cousine. Mais il fut bientôt obligé de quitter l'Egypte pour aller régner à Tyr.

10° **Ptolémée XI Aulète** ou joueur de flûte (80-52),

fils de Lathyre, voulut monter sur le trône, mais les Romains s'en prétendirent héritiers en vertu d'un testament. En tout cas, comme ils étaient les plus forts, ils s'opposèrent aux prétentions d'Aulète.

Aulète acheta, moyennant la somme de six cents talents, la protection de César et de Pompée alors tout-puissants à Rome. Il fut reconnu allié du peuple Romain. Mais pour s'acquitter de sa dette, Aulète écrasa ses sujets d'impôts. Une révolte éclata et il dut quitter l'Egypte. Rétabli ensuite par une armée romaine, il exila tous les gens riches du parti opposé au sien et s'empara de leurs richesses. C'est en ce moment qu'un soldat romain ayant tué un chat, le peuple, dans sa colère, malgré la défense du roi et les menaces des Romains, massacra celui qui avait outragé un dieu.

11° Ptolémée XII Denis et Cléopâtre (52-48). — Aulète laissa le trône à ses deux enfants Ptolémée et Cléopâtre qui devaient régner ensemble sous la protection du romain Pompée. Le frère et la sœur se brouillèrent bientôt. Cléopâtre fut chassée. C'est alors que Pompée, vaincu par César, son rival, à Pharsale, se réfugia en Egypte. Ptolémée, son pupille, excité par deux ministres scélérats, fit assassiner Pompée pour flatter César. Celui-ci s'indigna de cette barbarie, il se déclara pour Cléopâtre qu'il replaça sur le trône. Ptolémée voulut résister par les armes, il fut vaincu par César et périt dans le Nil.

12° Ptolémée XIII l'enfant (48-44). — César voulut que Cléopâtre régnât conjointement avec son plus jeune frère Ptolémée XIII l'enfant. Quatre ans après, celui-ci mourut empoisonné, Cléopâtre régna seule. Après la mort de César son protecteur, elle s'attacha au parti d'Antoine et domina si complètement celui-ci que pour épouser Cléopâtre il osa répudier Octavie sœur de César Auguste. Ce mariage amena les armées Romaines en Egypte. Antoine fut vaincu à Actium par Octave.

Cléopâtre s'empressa de trahir Antoine qui se tua et de flatter Octave qui restait sans rival, mais elle échoua dans cette horrible perfidie. Craignant alors d'être conduite à Rome pour servir au triomphe du vainqueur, elle se fit piquer par un aspic qu'on lui avait apporté dans une corbeille de figues, et mourut empoisonnée. Après la mort de Cléopâtre, Octave réduisit l'Egypte en province Romaine, 30 ans avant J.-C.

Le nouveau royaume d'Egypte, depuis la mort d'Alexandre, avait duré deux cent treize ans. La chute de cet empire fut causée par l'incapacité et les débauches des Ptolémée, par la séparation maintenue entre les Egyptiens et les Grecs qui furent seuls appelés aux fonctions publiques, par les guerres civiles amenées par la succession au trône, enfin par l'intervention chaque jour plus puissante des Romains.

III. — L'Egypte, province romaine.
(30 ans av. J.-C. 534 ap. J.-C.)

L'Egypte, devenue province romaine, reçut un préfet pour gouverneur. Elle mérita le titre de *second grenier de Rome*. Son histoire se confond avec celle de l'Empire romain. Au VIe siècle après J.-C., l'Egypte fut un des diocèses de la Préfecture d'Orient. Ce diocèse comprenait six provinces, l'Egypte, capitale Alexandrie, la Syrie première ou supérieure, capitale Cirène, la Syrie deuxième ou inférieure, capitale Paratonime, l'Augustamnique, capitale Péluse, l'Arcadie Egyptienne ou Heptamonide, et la Thébaïde, capitale *Thèbes*.

Dès le premier siècle, le Christianisme fut porté en Egypte par l'Evangéliste saint Marc. Alexandrie fut témoin des luttes violentes entre le paganisme et le Catholicisme. Les grands Docteurs chrétiens de l'Egypte sont Origène, Clément d'Alexandrie et saint Athanase. Les hérésies firent beaucoup de victimes parmi les Egyptiens. En particulier l'Arianisme et le Gnosticisme s'y développèrent prodigieusement. L'Egypte fit partie de l'Empire romain d'Occident jusqu'en 364. A partir de cette époque, elle fut comprise dans l'Empire d'Orient jusqu'à l'arrivée des Arabes (638).

IV. — L'Egypte sous les Arabes et sous les Turcs.

1° **Les Arabes** sous le commandement d'Amrou, lieutenant du kalife Omar, envahirent l'Egypte en 638. L'islamisme remplaça la religion catholique. Les Arabes protégèrent les arts, les lettres et le commerce, mais ils écrasèrent d'impôts les Egyptiens qui se révoltèrent et secouèrent le joug des kalifes Abassides de Bagdad en 869. L'arabe Touloun qui avait dirigé cette révolte fonda une dynastie qui ne dura que jusqu'en 905. Quatre ans après, Obeidollah commença la dynastie nouvelle des kalifes Fatimites. C'est alors que fut fondée la ville du Caire.

2° **Turcs ottomans.** — Le kalifat des Fatimites fut détruit en 1171 par Saladin, fils d'Ayoub, chef d'une dynastie nouvelle remplacée en 1254 par les Mamelucks qui fondèrent deux dynasties, celle des Baharites ou Marins et celle des Bordjites ou Circassiens. En 1517, les Mamelucks furent assujettis par les *Turcs ottomans*, Selim Iᵉʳ le sultan ottoman les vainquit près d'Alep, près de Gaza et près du Caire, et subjugua l'Egypte.

Depuis ce temps, l'Egypte est restée sous la dépendance de la Porte sauf au moment de l'expédition de Bonaparte qui s'empara de cette contrée. Les Turcs unis aux Anglais la lui enlevèrent, depuis lors elle est gouvernée par un *Pacha* nommé par le Sultan.

a) En 1806, le Pacha Mehemet-Ali extermina les Mamelucks et gouverna l'Egypte comme un souverain indépendant jusqu'en 1849. Heureux dans ses guerres contre son suzerain, il joignit à son royaume d'Egypte une grande partie de la Nubie, la Syrie, Chypre et Candie. En 1841, un traité conclu par la médiation de l'Angleterre, de la Russie et de l'Autriche, régla les rapports de l'Egypte avec la Turquie et réduisit ses Etats à l'Afrique.

D'après ce traité, la vice-royauté de l'Egypte appartient à la descendance mâle de Mehemet-Ali, par ordre de primogéniture, les traités passés par la Porte avec les autres puissances font loi pour l'Egypte qui a les mêmes lois administratives que la Turquie. Les impôts sont levés au nom et avec l'autorisation du Sultan. Les monnaies doivent être frappées au même titre et d'après les mêmes décisions que les monnaies turques, etc.

b) Mehemet-Ali a eu pour successeurs ses petits-fils Abbas-Pacha 1849-54, Saïd-Pacha, fils d'Ibrahim-Pacha 1854-63, Ismaïl-Pacha, neveu de Saïd, 1863-79, et Tewfik-Pacha de 1879-... De tous les descendants de Mehemet-Ali, *Ismaïl-Pacha* est celui dont le règne présente le plus d'événements remarquables.

Il obtint en 1866 du sultan Abd-ul-Azis l'hérédité directe pour ses descendants mâles, en 1867 le titre de *Khédive* ou souverain de l'Egypte, en 1872 le droit d'augmenter à son gré ses armées de terre et de mer et de contracter des emprunts, enfin en 1873 le droit de conclure des traités de commerce et de régler lui-même l'administration de ses Etats.

Ismaïl-Pacha a vu doubler la superficie et la population de la vice-royauté d'Egypte qui comprend aujourd'hui quatorze provinces ou Moudirliks dont sept dans la basse Egypte, trois dans la moyenne Egypte et quatre dans la haute Egypte. La Nubie comprend les deux gouvernements de Maraka et de Berber.

Le Soudan est divisé en deux gouvernements, celui de Khartoum et celui des côtes de la mer Rouge. Ismaïl-Pacha a eu l'honneur de présider, le 17 novembre 1869, l'inauguration solennelle du *canal de Suez*. Il est le fondateur du Musée de Boulak dont Mariette-Pacha est l'organisateur. Malheureusement son administration financière étant désastreuse, il fut destitué par la Porte comme incapable et prodigue, la vice-royauté fut donnée à son fils *Tewfik-Pacha* (8 août 1879).

3° L'Egypte actuelle. — Depuis, la situation de l'Egypte n'a pas changé. Les nations européennes essayèrent, dans l'intérêt de leurs sujets commerçants et porteurs d'obligations du canal de Suez, d'organiser les finances égyptiennes, mais le parti militaire et national, sous la conduite d'un chef audacieux et barbare, Arabi-Pacha, se révolta. La France et l'Angleterre envoyèrent une escadre devant Alexandrie, pour secourir Tewfik-Pacha.

Le 4 juin 1882, les musulmans d'Alexandrie massacrèrent et pillèrent les Européens en résidence dans cette ville. Aussitôt une conférence européenne fut convoquée, le Sultan ayant fait trop attendre son adhésion, l'amiral Seymour bombarda le port d'Alexandrie, occupa la ville et délivra Tewfik prisonnier d'Arabi (11 juillet).

La flotte française se retira et l'Angleterre marcha seule contre Arabi, qu'elle prit avec ses troupes au Caire après un combat à Tell-el-Kébir. L'armée égyptienne fut licenciée. Arabi, condamné à mort, a été gracié, mais banni à perpétuité. Depuis cette époque, Tewfik règne sous le protectorat des Anglais dont il est devenu le vassal.

QUESTIONNAIRE. — Combien de temps les Perses dominèrent-ils en Egypte ? — Par qui furent-ils expulsés ? — Qu'est-ce que les Ptolémées ? — Dites ce que vous savez sur cette dynastie. — Comment les Romains s'emparèrent-ils de l'Egypte ? — Faites connaître l'Egypte comme province Romaine. — Quels furent les maîtres de l'Egypte depuis les Romains jusqu'aujourd'hui ?

TABLEAU CHRONOLOGIQUE DE L'EGYPTE

Dans les temps antédiluviens, déjà treize dynasties humaines successives, d'après M. Lesueur ; du déluge à Moïse, cinq autres dynasties. Le premier roi de la XVIIIe dynastie, Amosis, chasse les rois pasteurs ou Hycsos. — Sortie des Hébreux sous la XVIIIe ou sous la XIXe dynastie. — Règne de Sésostris entre le xvII^e et le xvI^e siècle. — Plusieurs dynasties paraissent avoir été simultanées ; cependant la plupart, de la XIe à la XXIe, résident à Thèbes.

La XXIe commence vers	1109
La XXIIe vers	970
La XXIIIe vers	850
La XXIVe vers	762
La XXVe vers	741

Elle donne trois rois éthiopiens. — Après le prêtre de Vulcain, Séthos, gouvernement des douze rois :

PSAMMITICUS, qui est l'un de ces douze princes, vers	670

règne seul et commence, en 650, l'époque glorieuse de la XXVIe dynastie, dont les rois sont, après Psammiticus :

NÉCHAO ou NÉCHOS	616
PSAMMIS	600
APRIÈS	594
AMASIS commence la XXVIIe	569

Psamménit, son fils 526
　Conquête par le Perse Cambyse 525
Fréquentes révoltes; essai de gouvernement national avec Inaros (460);
indépendance pendant soixante-dix ans (414-344).
　Conquête par Alexandre (332). Dynastie gréco-macédonienne des
Lagides, qui résident à Alexandrie :
Ptolémée Ier, Soter, fils de Lagus, gouverneur depuis 323
　　roi depuis 306
Ptolémée II, Philadelphe 285
Ptolémée III, Évergète 247
Ptolémée IV, Philopator 222
Ptolémée V, Épiphane 205
Ptolémée VI, Philométor 181
Ptolémée VII, Évergète ou Physcon 146
Ptolémée VIII, Soter ou Lathyros 117
Ptolémée IX, Alexandre Ier 107
Ptolémée VIII, Soter, de nouveau 88
Ptolémée X, Alexandre II 81
Ptolémée XI, Dionysios ou Aulète 81
Ptolémée XII et Cléopâtre 51
Ptolémée XIII et Cléopâtre 48

A la mort de Cléopâtre (30), province romaine.
　Conquête par les Arabes musulmans (640). Domination : 1° des califes électifs de la Mecque, des califes héréditaires de Damas et de Bagdad ; 2° des fatimites d'Afrique depuis 909 ; ils changent leur titre de Mahadis en celui de califes (969); résidence, le Caire ; 3° des sultans ayoubites, dont le premier est Saladin (1173); 4° des mamelucks bahrites, révoltés dès 1250, dont la dynastie commence avec Ibogh (1254) ; 5° des Turcs ottomans, par la conquête qu'en fait le sultan de Constantinople, Sélim Ier (1517). Province ottomane, elle forme un pachalik ou vice-royauté rendue héréditaire dans la famille de Méhémet-Ali, mort en 1849, un peu après son fils Ibrahim.

CHAPITRE VI

(12° et 13° Leçons)

RELIGION, GOUVERNEMENT, MOEURS, LETTRES, SCIENCES ET ARTS DES ÉGYPTIENS

RÉSUMÉ. — I. La religion des Égyptiens consista d'abord dans l'adoration d'un seul Dieu, elle se changea ensuite en une idolâtrie grossière. Le culte des morts chez les Égyptiens est très remarquable.
II. Le gouvernement fut toujours une monarchie absolue et hérédi-

taire. La société était partagée en trois classes, les prêtres, les guerriers et le peuple. La justice en Egypte était rendue d'une façon presque parfaite.

III. Les mœurs égyptiennes étaient douces et simples, la littérature très cultivée ainsi que les sciences et les arts. L'agriculture surtout fut très honorée et le commerce égyptien important.

IV. Les monuments égyptiens sont remarquables par leur grandeur et leur nombre.

I. — Religion.

Ce qui frappe le plus dans le peuple égyptien, c'est son caractère religieux. *Les Égyptiens*, dit Hérodote, *sont excessivement religieux et plus que le reste des hommes*. Les Égyptiens, dit aussi M. Pélissier, voyaient Dieu partout ; ils vivaient en lui et par lui. Chaque mois et chaque jour du mois étaient consacrés à une divinité

1° **Dieu.** — *a*) Dieu unique. — La religion primitive de l'Egypte fut la croyance au *Dieu unique* qui existe par essence, dit une inscription égyptienne, qui vit en substance, créateur du ciel et de la terre, le seul Dieu vivant en vérité. Dans la suite, cette croyance à un seul Dieu s'altéra, et les Egyptiens, comme les autres peuples de l'antiquité, devinrent idolâtres. Nul peuple ne dégrada autant l'idée de la divinité et on peut dire que l'Egypte fut la terre classique des superstitions. Les prêtres et les savants avaient une religion et un culte pur et élevé, mais le peuple fut grossièrement idolâtre.

b) Idolâtrie. — Le soleil adoré sous les noms d'*Ammon* et d'*Osiris* à Phtah fut la plus haute divinité. *Isis* ou la lune, son épouse, et *Horus*, le soleil levant, leur fils, venaient après. Toutes les divinités égyptiennes furent groupées par triades ou séries de trois, descendant les unes des autres et formant une hiérarchie. Les prêtres voyant le peuple porté à l'idolâtrie lui persuadèrent que Dieu, qui avait au commencement vécu en personne avec les hommes pour les instruire, était toujours présent au milieu d'eux, mais caché dans les corps afin de ne pas être reconnu.

Les Égyptiens s'empressèrent alors d'adorer la divinité dans les animaux qui les entouraient ou qui leur étaient le plus utiles, et dans les plantes qui les nourrissaient; le Nil lui-même était déifié ; le crocodile, le bœuf, le chien, l'ichneumon, le bouc, l'hippopotame, l'épervier, l'ibis, et d'autres animaux eurent des temples, un culte et des prêtres: *tout était dieu, excepté Dieu lui-même.*

c) Le Bœuf Apis. — Le plus célèbre de ces cultes fut celui du *bœuf Apis* à Memphis. On croyait que l'âme d'Osiris animait cet animal. Il fallait que ce bœuf fût noir avec une marque blanche triangulaire sur le front; la figure d'un aigle sur le dos, et sous la langue celle d'un scarabée.

Dès que ce bœuf merveilleux avait été découvert, toute l'Egypte se livrait à des transports de joie ; on le menait au palais ou temple qui lui était consacré. S'il arrivait à sa vingt-cinquième année, les prêtres le noyaient solennellement dans le Nil ; on l'embaumait ensuite, et on le pleurait jusqu'à ce que son successeur fût trouvé.

Tout retard dans la découverte du nouveau bœuf Apis était considéré comme un signe de la colère d'Osiris.

Le cadavre du bœuf Apis était déposé dans les caveaux somptueux d'un temple appelé le *Sérapium* qui vient d'être découvert à Memphis par M. Mariette.

Les cérémonies consistaient en prières, en sacrifices d'animaux et quelquefois d'hommes, et en offrandes de parfums. Aujourd'hui, la religion d'Etat en Egypte est le mahométisme ; les autres cultes sont tolérés.

2° **Culte des morts.** — *a*) La croyance à l'immortalité de l'âme et à la résurrection des corps excita de tout temps chez les Egyptiens un grand zèle pour le culte des morts. La mort, pour eux, n'était qu'un changement de vie. « Après la mort, le corps, disaient-ils, devient inerte, mais son *double*, c'est-à-dire un second exemplaire de lui et qui le représente trait pour trait, lui survit. »

Cette survivance du double dépendait de la conservation du corps. C'est pourquoi il ne fallait rien négliger pour préserver de la corruption et de la destruction ; d'où nécessité de l'embaumement et des sépultures magnifiques et solides, nommées Hypogées ou souterrains. On a retrouvé, et nous possédons dans les musées des corps embaumés conservés intacts, auxquels on donne le nom de *momies*.

b) Les embaumeurs formaient une classe inférieure dans l'ordre des prêtres. Le mode d'embaumement différait selon la dépense que voulaient faire les parents du défunt. Le procédé le moins dispendieux consistait à purifier l'intérieur du cadavre avec des drogues à vil

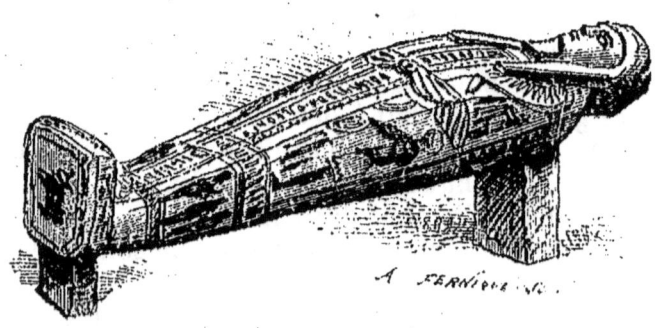

Momie.

prix, à dessécher le corps à l'aide du natron, à l'envelopper ensuite d'une toile grossière et à le déposer dans une nécropole publique.

Pour les riches, l'opération se compliquait. On extrayait d'abord le cerveau par les narines au moyen d'un crochet et l'on remplissait les cavités cérébrales par une injection de bitume. On remplaçait les yeux par des yeux en émail, les cavités de l'abdomen et de l'estomac vidées, soigneusement lavées, étaient remplies de myrrhe, de laudanum et autres parfums auxquels on mêlait des bijoux et des figurines religieuses.

On plongeait le corps ainsi préparé pendant soixante-dix jours dans le natron qui en dévorait la chair et les muscles au point qu'il ne restait plus que la peau noircie collée sur les os. Enfin on enveloppait le cadavre dans la toile la plus fine. La quantité d'étoffe employée pour un seul cadavre était énorme. M. Mariette a retrouvé une riche momie dont les bandelettes mesuraient cinq mille mètres.

c) Quand les momies étaient complètement préparées, on les plaçait dans un sarcophage en bois de sycomore ou en granit. Les personnes de distinction étaient renfermées dans trois ou quatre cercueils emboîtés l'un dans l'autre. On déposait un exemplaire du livre des morts ou Rituel funèbre et autres objets symboliques dans chaque tombeau.

d) Après l'embaumement avait lieu le jugement public qui contribua puissamment en Egypte à maintenir les mœurs pures. Quarante-deux juges examinaient la vie du mort, même celle des rois qui ne pouvaient recevoir les honneurs funèbres qu'après ce jugement. Si l'accusateur public prouvait que la conduite du mort avait été mauvaise, on condamnait sa mémoire ; si on rendait un jugement favorable, on faisait publiquement son éloge.

e) Ce jugement figurait celui que subissait l'âme en paraissant devant Dieu, qui pesait les âmes. L'âme juste entrait aussitôt dans le séjour du bonheur, l'âme coupable au contraire revenait sur la terre dans le corps d'un animal pour se purifier et se rendre digne de la récompense céleste. C'est l'erreur de la métempsycose.

II. — Gouvernement et organisation sociale.

1° **Le gouvernement.** — Le gouvernement égyptien ne varia jamais et fut toujours une monarchie théocratique absolue en principe. Aux rois considérés comme des dieux, les sujets obéissaient aveuglément. Néanmoins, le pouvoir royal était limité en fait : 1° par la puissance des prêtres qui imposaient aux monarques leurs ordres, comme des ordres divins, réglant leur vie heure par heure ; 2° par le jugement auquel on soumettait publiquement chaque roi après sa mort. Si le peuple, après avoir entendu les accusateurs, trouvait le roi coupable, il le privait de la sépulture, son nom était effacé de tous les monuments.

La monarchie égyptienne fut héréditaire et compta vingt-six dynasties. Quand une dynastie s'éteignait, les prêtres choisissaient un roi parmi les guerriers. Ce roi passait aussitôt et par le fait dans la tribu sacerdotale. Il était le chef direct des armées, administrait le pays par des fonctionnaires. Le revenu annuel des Pharaons, avec les tributs levés sur les peuplades voisines, se montait à six ou sept millions de notre monnaie.

2° **Organisation sociale.** — Les Egyptiens étaient divisés en *castes* ou corporations non exclusives les unes des autres puisque les membres d'une même famille pouvaient entrer dans des castes différentes.

Les *prêtres*, les *guerriers* et le *peuple* formaient les trois castes. Le peuple comprenait les artisans, commerçants et laboureurs et les pasteurs qui se divisèrent encore en *bouviers* et en *porchers* ou *impurs*. Plus tard les marins et les interprètes formèrent deux autres castes. Les deux tiers du sol appartenaient à la caste sacerdotale et à celle des guerriers, le reste était la propriété du roi. Les agriculteurs semblables aux serfs cultivaient la terre moyennant une redevance minime.

Les guerriers ne payaient pas d'impôts ; ils devaient défendre les frontières ; il n'y avait pas de cavalerie chez les Egyptiens ; on la remplaçait par des chars armés.

Les prêtres durent leur puissance à la crainte et au respect qu'ils inspiraient comme ministres des dieux ; à leurs grandes richesses ; au privilège de s'instruire dans toutes les sciences divines et humaines qu'ils avaient bien soin de dérober au public ; à l'influence que donne l'exercice des fonctions publiques, des finances, de la justice et de l'administration. Ils se divisaient en plusieurs classes selon leurs ministères.

Le territoire égyptien fut partagé en trente-six districts ou nômes par Sésostris ; vingt-six situés dans l'Egypte méridionale qui se nommait alors le Maris, et dix dans l'Egypte septentrionale ou Isahet. Un gouverneur, aidé de plusieurs fonctionnaires, administrait chaque nôme.

3º La justice. — La justice se rendait par les tribunaux dont les dix juges étaient choisis dans les collèges sacerdotaux de Thèbes, de Memphis et d'Héliopolis, ville de la Basse-Egypte. On traitait les affaires par écrit pour éviter les entraînements de l'éloquence. Le roi jugeait les affaires politiques. Le président du tribunal portait suspendu à son cou une petite statue représentant la vérité qu'il tournait vers la partie qui gagnait la cause.

Les lois égyptiennes étaient remarquables par leur sagesse. *L'Egypte*, dit Bossuet, *était la source de toute bonne police*. C'est en Egypte que les sages de la Grèce, Lycurgue et Solon, allèrent étudier la législation dont ils rapportèrent l'esprit dans leur pays.

Aucun ouvrage ne donne la *législation* complète des Egyptiens, on trouve seulement dans les historiens l'exposé de quelques lois particulières.

Le meurtre d'un esclave était puni de mort; on condamnait les parents qui avaient tué leur enfant à tenir embrassé le cadavre de cet enfant pendant trois jours et trois nuits.

Le parjure et la calomnie étaient aussi punis de mort. Quiconque ne portait pas secours à son semblable en danger de mort passait pour un assassin. Les faussaires et les faux monnayeurs étaient condamnés à avoir les mains coupées.

Les dettes n'entraînaient pas la perte de la liberté; ceux qui empruntaient de l'argent donnaient comme gage la momie de leur père; si, avant leur mort, ils n'avaient pas dégagé cette momie, ils perdaient toute considération.

Le vol et le pillage étaient très fréquents chez les Egyptiens; pour y remédier, Amasis ordonna que chaque Egyptien devait justifier de ses moyens de subsistance; les voleurs pouvaient être tués en flagrant délit et l'Etat rendait aux victimes d'un vol la moitié de la valeur des objets dérobés.

Un roi absolu, participant à tous les honneurs de la divinité, deux classes dirigeantes, les guerriers et les prêtres, se transmettant leurs fonctions par hérédité, une sorte de tiers-état, jouissant de la vie civile mais sans droits politiques, et de nombreux esclaves sur lesquels retombait tout le poids de la société, telle était l'organisation politique de l'Egypte (1).

III. — Mœurs, lettres, sciences et arts.

1° **Mœurs.** — Les Egyptiens avaient les mœurs douces et simples. Chez eux, la vie humaine, même celle des esclaves, et la vieillesse étaient très respectées. Ils punissaient de mort le parjure ; et le calomniateur, de la peine méritée par le crime dont il accusait sa victime.

Les excès dans la nourriture et la boisson étaient très rares ; ils prenaient comme aliments ordinaires le pain, les poissons, les légumes, les volailles ; leurs vêtements étaient de lin et de laine. Ils aimaient la musique, le jeu, les fêtes.

2° **Lettres.** — Les lettres étaient en honneur chez les Egyptiens ; les contes, les poésies, les romans et les récits d'imagination qu'on a retrouvés en sont la preuve. Ils avaient de grandes bibliothèques, ce qui suppose une littérature. Il ne nous reste de cette littérature que quelques fragments d'une histoire de l'Egypte écrite par le prêtre égyptien Manéthon, sous Ptolémée Philadelphe. La liste qu'il donne des rois concorde avec les documents trouvés depuis par les savants en Egypte.

Il est vrai qu'on prétend parfois que les premières dynasties, indiquées par le prêtre égyptien, sont plutôt des dynasties simultanées que successives. Platon dit que les Egyptiens possédaient de vieux poèmes en l'honneur d'Isis. D'autres racontaient les travaux de Sésostris. On ne trouve en Egypte aucun vestige de théâtre.

3° **L'Ecriture** se divisait en *hiéroglyphes* pour les monuments et inscriptions ; en *hiératique* à l'usage du papyrus, et en *démotique* ou vulgaire.

---

(1) Gaffarel, *Histoire ancienne.*

a) L'Écriture hiéroglyphique figure des animaux, des plantes ou autres objets naturels. Ces caractères sont à peu près au nombre de neuf cents. Ils expriment ordinairement l'idée rappelée par l'objet décrit. Par exemple la justice est représentée par des plumes d'autruche que les anciens croyaient toutes de même grandeur, l'écriture par un encrier ou un roseau taillé, la force par un lion, l'immortalité par un serpent qui se mord la queue. Cette écriture, qui couvre tous les monuments, était connue de toutes les classes.

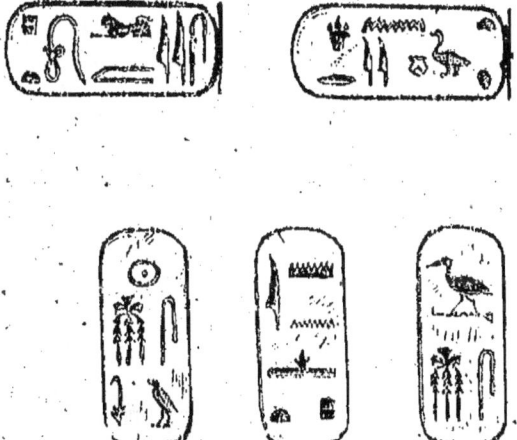

Caractères hiéroglyphiques.

b) L'Écriture hiératique ou consacrée est une abréviation de la précédente. Au lieu d'un épervier ou d'un lion, on ne dessinait que la tête ou les membres inférieurs de l'animal. Cette écriture est doublement difficile à déchiffrer, on s'en servait pour écrire sur le papyrus en lignes horizontales se lisant de droite à gauche.

c) L'Écriture démotique ou populaire est encore un abrégé de la précédente. On se contentait de figurer la première lettre du signe hiératique. Cette écriture fut la plus répandue, parce qu'elle est la plus pratique et la plus expéditive et celle qui ressemble le plus à la nôtre (1).

(1) Gaffarel.

d) C'est M. Champollion (mort en 1832), qui, le premier, parvint à déchiffrer la valeur des signes ou hiéroglyphes. Il fit cette découverte au moyen de la célèbre inscription trouvée à Rosette en 1799, pendant l'occupation française par le lieutenant Bouchard. Cette inscription se trouve sur une pierre en basalte égyptien ou granit noir; la pierre a dix pieds de haut sur trois et demi de large; elle se trouve actuellement au musée de Londres. On voit sur une de ses faces une inscription en trois colonnes. Chaque colonne contient le même texte, mais en caractères différents : ainsi, l'une porte une *écriture hiéroglyphique*, l'autre une *écriture démotique* (1), la dernière une *écriture grecque*. Champollion parvint, en 1824, à fixer la valeur et le sens de l'écriture hiéroglyphique en la comparant au texte grec. L'illustre savant préparait un grand ouvrage sur une mission scientifique qu'il venait de faire en Égypte, en 1828, au nom du gouvernement français, quand il fut frappé par la mort. Peu d'hommes ont rendu à l'érudition des services égaux aux siens.

Parmi les savants qui, après lui, ont fouillé ou fouillent encore la vallée du Nil, on distingue les Français *Maspero, Ch. Lenormant, Em. de Rougé, Mariette* et *Chabas;* les Allemands *Lepsius* et *Brugsch;* les Anglais *Goodwin* et *Lepage-Renouf.* Ils ont perfectionné l'œuvre de Champollion, à tel point que bientôt on traduira les hiéroglyphes avec autant de facilité que les livres grecs et latins (2).

e) Mariette. — Nous devons une mention spéciale à M. Mariette. Né à Boulogne-sur-Mer en 1821, il fut, après ses études, nommé régent du Collège de sa ville natale. L'examen d'un cercueil de momie au Musée de Boulogne piqua sa curiosité et le porta à l'étude des hiéroglyphes. En 1848, il fut chargé au Musée du Louvre de classer les documents égyptiens. Quelques années plus tard, il était envoyé en Égypte par le gouvernement français pour recueillir de nouveaux documents. En 1851, après des travaux gigantesques, il découvrit le *Sérapium* ou demeure funèbre d'Apis. Il envoya au

---

(1) C.-J. Mathieu.
(2) De Crozals, *Histoire de la Civilisation.*

Louvre plusieurs milliers d'objets enlevés à ce Sérapium. D'autres fouilles furent continuées sur tous les points de l'Egypte avec le même succès.

Mariette ne s'est pas contenté de diriger ces fouilles, ses travaux d'interprétation spécialement sur la religion des Egyptiens lui assurent un rang distingué parmi les historiens et les penseurs de notre siècle.

C'est à lui aussi que nous devons le *Musée de Boulaq* près du Caire, où l'on peut suivre de salle en salle et presque dynastie par dynastie l'histoire monumentale de l'Egypte.

/) Après la mort de Mariette, le Musée de Boulaq fut confié à des mains françaises. M. Maspero, continuateur de M. Rougé, le dirige aujourd'hui.

Une école française d'archéologie vient d'être créée au Caire. Les savants qui en sortiront continueront l'œuvre de nos grands initiateurs.

Les autres collections d'antiquités égyptiennes sont : le musée de Turin fondé en 1823, le musée égyptien du Louvre, fondé en 1826, qui s'enrichit tous les jours, la bibliothèque nationale qui renferme la salle des ancêtres, et le musée égyptien de Londres qui est fort riche.

4° **Sciences**. — La science des Egyptiens était très remarquable.

Leur *géométrie* s'appliqua à la mesure des terres, à la coupe des pierres et au calcul des volumes solides.

L'astronomie fut étudiée par eux avec ardeur et succès ; le calendrier égyptien divisait, comme le nôtre, l'année en douze mois de trente jours, avec cinq jours complémentaires. Tous leurs monuments s'orientaient. Chacune des quatre faces des pyramides est tournée vers un des points cardinaux ; la grande pyramide se trouve sous le trentième parallèle qui partage en deux parties égales l'hémisphère septentrional.

Néanmoins, la *chronologie* égyptienne est très difficile à établir parce que les Egyptiens avaient l'habitude de compter les événements par les années du roi régnant sans s'inquiéter à quelle date ils se rapportaient dans la suite des temps.

La *mécanique* dut être très développée en Egypte pour parvenir à élever les masses de pierre qui se trouvent dans les monuments. Une inscription dit que l'érection d'un obélisque de trente mètres de hauteur et pesant trois cent soixante-quatorze mille kilogrammes, depuis le jour de son extraction de la carrière, n'a duré que sept mois.

5° **Arts**. — Les arts des Egyptiens furent poussés au même degré de perfection que les sciences et les lettres.

En *peinture*, les Egyptiens ne connaissaient pas la perspective, mais leur coloris est aussi vif aujourd'hui qu'il y a plusieurs siècles.

Leur *sculpture* a de même un caractère spécial à cause des matériaux très durs qu'ils employaient, comme le granit, le basalte et le porphyre ; leurs statues sont raides et sans inflexions.

L'art du *tissage* et de la *teinture* des étoffes était très développé en Egypte.

Les Egyptiens savaient travailler les *métaux*, l'or, l'argent, le bronze ; fabriquer la porcelaine, la faïence, le verre, l'émail et le mastic pour les mosaïques. Les bijoux, les armes de guerre de l'Egypte prouvent l'habileté de ses artistes. Aujourd'hui et depuis cinquante ans, l'industrie manufacturière est très active dans les usines de Boulak.

L'agriculture très honorée en Egypte était, comme nous l'avons vu, l'occupation du plus grand nombre. Le *commerce* de l'Egypte fut un des plus importants de l'antiquité à cause de ses communications faciles avec l'Inde par la mer Rouge, et avec le reste du monde par le Nil et la mer Méditerranée. L'Egypte exporte les cotons, les grains, l'ivoire, la poudre d'or, la gomme, les peaux, l'opium et le natron ou sulfate de soude.

La *médecine* des Egyptiens fut célèbre dans l'antiquité. Les maladies d'yeux ont toujours été fréquentes dans la vallée du Nil à cause du sable fin et brûlant que le vent soulève sans cesse ; or les maladies font les médecins ; l'Egypte possédait ceux qui guérissaient le mieux ces sortes de maladies. Il y avait des médecins spéciaux pour les différentes parties du corps humains. La *chirurgie* n'existait pas, parce que la religion défendait de faire des incisions dans le corps.

IV. — Les monuments.

Les ouvrages des Égyptiens, dit Bossuet, *étaient faits pour tenir contre le temps; l'Égypte savait donner le caractère d'immortalité à ses œuvres.* Les monuments égyptiens forment deux groupes principaux dans la Thébaïde. Sur la rive droite du Nil se trouvent les mo-

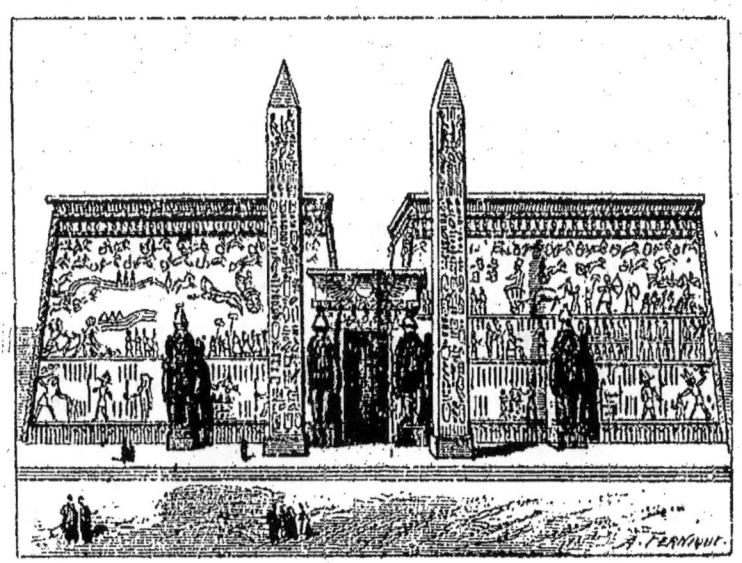

Temple de Louqsor.

numents de Karnak et de Louqsor réunis par une longue allée de sphinx. Sur la rive gauche, on voit ceux de Gournak et de Medenet-Kabou.

Les principaux monuments égyptiens sont les *temples*, les *pyramides*, les *sphinx*, les *palais*, les *statues*, les *grottes funéraires*, les *pylones*, les *portes*, le lac *Mœris* et le *labyrinthe*. L'architecture égyptienne a pour traits saillants les dimensions colossales et le symbolisme.

1° On voit encore à Karnak les ruines du **temple** de Ammon, immense assemblage de constructions, de cours, de Pylones qui a été élevé par les rois d'Egypte depuis la XII° dynastie jusqu'aux Ptolémées.

2° Les **Pyramides** sont des monuments de pierre destinés à la sépulture des princes qui les avaient fait construire. Outre les trois grandes pyramides dont nous avons parlé, d'autres localités en possèdent de plus petites. Ce genre de sépultures royales a été en usage jusque sous la XII° dynastie. Les pyramides sont d'un art achevé et peuvent compter parmi les œuvres les plus étonnantes du génie humain (1).

3° Les **obélisques** sont des pyramides quadrangulaires, étroites, hautes de vingt à quarante mètres, et terminées en pointe. La plupart de ces monuments sont des monolithes, c'est-à-dire d'une seule pierre. Les obélisques étaient placés un peu en avant des temples et dans les avenues des sphinx ; ils sont couverts du sommet à la base de caractères hiéroglyphiques.

4° Les **sphynx** ou statues symboliques représentaient soit des lions à tête humaine, soit des corps humains à tête de lion.

5° Les **palais** étaient les demeures des rois. La ville de Thèbes est la plus remarquable sous ce rapport. Sur la rive droite du Nil on voit encore les palais d'Aménophis III et de Ramsès II. Les ruines de Karnak sont près de Louqsor.

6° Les **statues** égyptiennes sont colossales comme tout le reste. On voit sous le *Rameséum* un colosse en granit de dix-sept mètres de haut. Le pied seul a quatre mètres de long. La statue de Memnon représentant Aménophis III, les mains étendues sur ses genoux, a dix-neuf mètres de haut.

7° Les **grottes funéraires** sont des sépultures qui remplissaient la vallée du Nil. Les plus remarquables sont celles des environs de Memphis, celles de Beni-Hassan et celle de Kourmah, nécropole des habitants de Thèbes. Ces grottes sont décorées de magnifiques

---

(1) Van den Berg, *Histoire ancienne*.

sculptures représentant des scènes de la vie ordinaire telles que chasses, luttes, danses. Le 6 juillet 1881, M. Émile Brugsch, le subordonné de M. Maspero, successeur de M. Mariette comme directeur français du Musée de Boulacq, a découvert une grotte funéraire remplie d'énormes sarcophages et de boîtes de momies dont trente-six de rois, de reines, de princes, et des derniers rois grands-prêtres.

8° Les **Pylones** sont de grands portails couverts d'inscriptions. M. Mariette en a découvert plusieurs dans les ruines de Karnak, qui lui ont permis de combler beaucoup de lacunes de la géographie ancienne.

9° Les **Portes** de Thèbes étaient au nombre de cent. Les anciens prétendaient que par chacune d'elles, dix mille combattants et deux cents chariots pouvaient passer ensemble.

Nous avons parlé plus haut du lac Mœris et du Labyrinthe.

Par sa civilisation extraordinaire, l'Égypte, institutrice des Arabes, des Perses, des Grecs et même des Romains qui lui empruntèrent ses institutions et ses lois, fut la nourrice du peuple hébreu. Mais parce qu'elle fut infidèle à Dieu par son idolâtrie, elle fut

Boîte de momie.

condamnée à disparaître comme nation par le prophète Ezéchiel qui s'était écrié : *Égypte, tu n'auras plus de souverain national!* prophétie qui se réalise encore aujourd'hui depuis vingt siècles.

QUESTIONNAIRE. — Faites connaître la religion des Egyptiens, sous le rapport de la croyance en Dieu et du culte des morts. — Quelle fut la forme du gouvernement Egyptien ? — Quelles étaient les classes de la société ? — Qui est-ce qui rendait la justice ? — Faites connaître les mœurs, la littérature, les sciences, les arts Egyptiens. — Indiquer les principaux monuments des Egyptiens.

Assyriens et Babyloniens.

PROGRAMME

La région du Tigre et de l'Euphrate. — Chaldéens et Assyriens. — La dynastie des Sargonides. — Babylone et le nouvel empire Chaldéen. — Monuments, religion, mœurs et coutumes.

Pendant que Mesraïm peuplait l'Egypte, Nemrod, fils de Chus ou Kousk, un des fils de Cham, et Assur, fils de Sem, fondaient un empire qui s'étendit dans le pays situé entre l'Arménie et la mer Caspienne d'un côté, l'Arabie et le golfe Persique de l'autre. Deux fleuves : le Tigre et l'Euphrate, descendent du mont Taurus dans les montagnes de l'Arménie, se réunissent en un seul chenal appelé Shat-el-Arab, et après un cours de trois à quatre cents lieues se jettent dans le golfe Persique. Le magnifique bassin formé par ces deux fleuves se nommait *Sennaar* ou grande plaine de *Mésopotamie*, c'est-à-dire pays au milieu des fleuves; il se termine vers le golfe Persique par un delta qui augmente d'une lieue sur la mer, chaque soixante-dix ans. Nemrod, célèbre par son ardeur pour la chasse, bâtit sur l'Euphrate auprès de la tour inachevée de Babel, une ville qu'il nomma BABYLONE ou ville de la racine des langues. En même temps, Assur commençait sur la rive gauche du Tigre une ville qui reçut plus tard le nom de NINIVE, du roi Ninus qui l'embellit considérablement. Tout le pays prit dès lors le nom d'Assyrie.

L'histoire des Assyriens se divise ordinairement ainsi :

1° **Premier empire** d'Assyrie, capitale *Ninive* (1900-750 avant J.-C.);

2° **Second empire** d'Assyrie, capitale *Ninive* (759-625 avant J.-C.);

3° **Troisième empire** d'Assyrie, capitale *Babylone* (625-538 avant J.-C.).

CHAPITRE I

(14° Leçon)

PREMIER EMPIRE D'ASSYRIE, CAPITALE NINIVE

(1900-759 av. J.-C.)

RÉSUMÉ. — I. Le premier empire assyrien fut fondé par Teglath Phalasar, roi de Ninive.

II. Cet empire devint surtout glorieux avec Sémiramis qui embellit Babylone. Le voluptueux Sardanapale le laissa périr.

I. — Fondation du premier empire Assyrien.

1° Babylone et Ninive furent d'abord les capitales de petits **États indépendants**, tantôt en guerre, tantôt ligués entre eux, jusque vers 1314 avant Jésus-Christ. Les Chaldéens dominèrent ensuite ces deux villes et tout le bassin du Tigre et de l'Euphrate. Les Pharaons les dépossédèrent au XVII° siècle avant Jésus-Christ. Plus tard, Téglath-Phalasar, roi de Ninive, voyant l'autorité des Égyptiens diminuer, s'empara des rives de l'Euphrate et de Babylone dont les rois durent lui payer tribut. Le premier empire assyrien était fondé. Les rois assyriens de Ninive devinrent si puissants que les Pharaons n'osèrent plus leur demander de tribut, mais se glorifièrent de les avoir pour alliés.

2° *Téglath-Phalasar I*er (1100), un des plus célèbres de ces rois de **Ninive**, soumit les contrées qui avoisinent la mer Caspienne et le Pont-Euxin. Il attaqua les Syriens ou Kétas et Héthéens et parvint jusqu'à la Méditerranée. Une révolte à Babylone le rappela dans ses Etats et lui fit perdre ses conquêtes.

Après un siècle et demi d'affaiblissement, *Sardanapale III* reprit tous les pays conquis par Téglath-Phalasar en y ajoutant la Médie et la Phénicie. Sa statue, qui est à Londres, le représente debout tenant d'une main une faulx, de l'autre une massue, avec une inscription donnant la liste de ses conquêtes.

II. — Gloire et chute du premier empire Assyrien. — Sémiramis.

1° **Salmanasar V**, son fils, attaqua les rois d'Israël Achab et Jéhu et les battit. Il fit trente et une guerres. Tout le territoire qui s'étend de la Perse au Pont-Euxin et de l'Oxus au pays des Philistins lui appartint.

2° **Belochus III**, son petit-fils, est connu parce qu'il épousa *Sémiramis* dont les historiens grecs ont entouré la naissance et la vie de fables.

RÉCIT. — Sémiramis.

Une déesse, après l'avoir mise au monde, l'avait exposée dans le désert où deux colombes l'avaient protégée et nourrie. Des bergers la trouvèrent et l'élevèrent comme leur enfant. Un officier du roi l'épousa et la mena au siège de Bactres qu'elle fit prendre, elle devint l'épouse du roi et embellit Babylone.

L'*Euphrate*, qui traversait la ville, fut contenu par des quais magnifiques construits en briques ; on mit des *portes d'airain* vis-à-vis de toutes les rues qui coupaient le fleuve, un pont fort large réunissait les deux principales parties de la ville. Aux deux extrémités du pont, deux palais communiquaient ensemble par une voûte construite sous le lit du fleuve dont le cours avait été détourné pour l'exécution de ce grand travail, comme pour les travaux du quai et du pont.

Le *vieux palais* des rois de Babylone, situé au côté oriental du fleuve, avait près de deux lieues de tour. Près de là, le *temple de Bel* se composait de huit étages se rapetissant jusqu'au dernier et d'une hauteur extraordinaire. Le *nouveau palais*, situé vis-à-vis de l'autre, sur la rive occidentale, avait plus de trois lieues de circuit. Une triple enceinte de *murailles* séparées l'une de l'autre par un espace assez considérable l'environnait. Ces murailles, aussi bien que celles de l'autre palais, étaient couvertes d'une infinité de sculptures qui représentaient toutes sortes d'animaux.

C'est dans ce dernier palais qu'on trouvait les *jardins*

Jardins suspendus.

suspendus si renommés chez les anciens. Ils formaient un carré dont chaque côté avait quatre cents pieds. Ils s'élevaient sur de larges terrasses en forme d'amphithéâtre, dont la plus haute égalait les murs de la ville. On montait d'une terrasse à l'autre par un escalier de dix pieds. La masse entière s'appuyait sur de grandes voûtes bâties l'une sur l'autre et fortifiées d'une muraille de vingt-deux pieds d'épaisseur qui l'entourait de toutes parts.

Sur le sommet de ces voûtes, de grandes pierres plates de seize pieds de long et quatre de large supportaient une couche de roseaux enduits de bitume, sur laquelle deux rangées de briques se liaient ensemble avec du mortier. Sur des plaques de plomb, on avait déposé la terre du jardin. Cette terre était si profonde que les plus grands arbres pouvaient y prendre racine. Les terrasses étaient couvertes de toutes sortes de plantes et de fleurs, propres à embellir un lieu de plaisance. Sur la plus haute, une pompe qui ne paraissait point, tirait en haut l'eau de la rivière et arrosait tout le jardin. On avait ménagé dans l'espace qui séparait les voûtes de grandes et magnifiques salles parfaitement éclairées et d'une vue très agréable.

Sémiramis, après avoir entrepris de longues *guerres* contre les Indiens qui la battirent, revint à Babylone où son fils Ninyas la força de quitter le trône.

3° Le premier empire d'Assyrie se soutint jusqu'au règne de **Sardanapale**, prince voluptueux qui poussait la mollesse jusqu'à s'habiller en femme, et passa toute sa vie dans les débauches et les orgies. Deux officiers, Arbacès et Phul, soulevèrent les Mèdes et les Babyloniens ainsi que les Perses et les Arabes contre ce roi fainéant, et vinrent mettre le siège devant Ninive que Sardanapale habitait. Celui-ci résista pendant deux ans. A la fin, le débordement du Tigre renversa une partie des murailles, il se crut perdu.

Pour ne pas tomber dans les mains de ses ennemis, il fit élever dans son palais un immense bûcher où il plaça toutes ses richesses et sur lequel il monta lui-même avec ses femmes; quelques heures après, le feu avait tout dévoré. Ninive fut prise et détruite, et le premier empire d'Assyrie anéanti (789 avant J.-C.).

QUESTIONNAIRE. — Par qui fut fondé le premier empire d'Assyrie ? — Vers quelle époque ? — Nommez ses rois les plus célèbres. — Qu'est-ce que Sémiramis ? — Sardanapale ? — Qu'appelle-t-on les jardins suspendus ? — Faites connaître les embellissements de Babylone.

CHAPITRE II

(15º Leçon)

SECOND EMPIRE D'ASSYRIE, CAPITALE NINIVE
(759-625)

RÉSUMÉ. — I. La dynastie des Sargonides rendit quelque gloire à Ninive qui redevint capitale.

II. Après une ère de prospérité et de gloire, Ninive fut détruite de fond en comble (625 av. J.-C.).

I. — Dynastie des Sargonides.

1º **Phul**, le vainqueur de Ninive, régna sur les contrées occidentales de l'Asie, et força Manahem, roi d'Israël, à lui payer un tribut de mille talents d'argent (trois millions de francs).

2º Son successeur, **Nabonassar**, détruisit tous les documents de l'histoire des rois de Ninive qui avaient commandé à Babylone, et commença une ère nouvelle appelée ère de Nabonassar (747 av. J.-C.).

3º Les Assyriens parvinrent à s'affranchir du joug des rois de Babylone, et **Teglath-Phalasar II**, descendant des anciens rois d'Assyrie, se rétablit sur leur trône à Ninive. C'est lui qui commença à transporter en masse les populations d'un pays à un autre. C'est ainsi que les habitants de Samarie furent transportés en Assyrie par leur vainqueur, *Sargon*, qu'une révolution venait de mettre sur le trône d'Assyrie (729). Nous ne connaissons l'histoire de ce roi que par les inscriptions découvertes, il y a trente ans, dans les ruines de Ninive.

Il s'empara non seulement de la Samarie, mais de Babylone, de la Phénicie et de l'île de Chypre. Il pénétra victorieusement en Arménie, en Perse et en Médie. M. Botta, consul de France, a trouvé en 1848, à Harsabad, village au N.-E. de Mossoul, dans la Turquie d'Asie, un palais bâti par ce prince.

4° **Sennachérib**, son fils, lui succéda et régna vingt-quatre ans (705-684). Sennachérib fut un terrible guerrier. *J'ai*, disait-il, *réduit sous ma puissance, tous ceux qui portent la tête haute.* Une inscription gravée sur un prisme à six faces, en terre cuite, actuellement au musée de Londres, nous montre ce roi subjuguant Babylone et la saccageant; triomphant des Arméniens et des Perses, de la Syrie et de la Phénicie, et du pays situé à l'est de Babylone. Il fut arrêté par Ezéchias, le saint roi de Jérusalem, et, en une seule nuit, il perdit cent quatre-vingt mille hommes, frappés par l'Ange exterminateur.

Selon Hérodote, une multitude de rats envahit pendant la nuit le camp assyrien; ils rongèrent les cordes des arcs et des boucliers; le matin, l'armée, hors d'état de combattre, se dispersa. Sennachérib retourna à Ninive et dut combattre une révolte des Babyloniens et des Elamites. Il les mit en déroute, et livra Babylone au pillage, au massacre et à l'incendie. Sennachérib fut assassiné par ses deux fils.

5° **Assar-Haddon**, fils de Sennachérib, régna treize ans (684-668). Comme son père, il résista aux révoltes des Babyloniens et des Elamites et battit le roi de Sidon et Manassés, roi de Juda, qu'il emmena captif à Babylone. Il attaqua les Arabes à l'embouchure de l'Euphrate et alla jusqu'à l'Egypte qu'il dévasta. Il répara les ruines faites par son père à Babylone, où il résidait autant qu'à Ninive.

II. — **Ruine de Ninive**.

Assour-Banipal, le successeur et le fils d'Assar-Haddon, eut aussi à combattre les révoltes des Babyloniens et des Elamites. Il ruina totalement leur pays; les populations furent transportées, et Assour-Banipal célébra un grand triomphe à Ninive où son char fut traîné par quatre rois captifs.

Mais ce triomphe ne fut pas de longue durée. Cyaxare, roi de Médie, s'unit à Nabopolassar, gouverneur de Babylone, pour attaquer Assour-Banipal dans Ninive, le repaire des lions, la ville sanguinaire, la maîtresse de l'Asie.

RÉCIT. — Ninive.

Ninive avait, dit-on, une enceinte de plus de vingt lieues. Il fallait plusieurs journées pour en parcourir tous les quartiers. On y comptait dès lors, selon le témoignage des Saintes Écritures, plus de cent vingt mille enfants ne sachant pas encore distinguer leur main droite de la gauche ; ce qui suppose au moins deux millions d'habitants. Sa force et sa beauté répondaient à sa grandeur. Elle contenait un grand nombre de temples et de palais magnifiques, bâtis par ses derniers rois. Ses murs hauts de cent pieds étaient assez larges au sommet pour qu'on pût y conduire trois chariots de front, ils étaient flanqués de quinze cents tours qui n'avaient pas moins de deux cents pieds d'élévation. Tant de moyens de défense ne purent tenir contre l'acharnement des Mèdes et des Babyloniens : le roi *Assourdan* se tua de désespoir ; et les vainqueurs, irrités de la longue résistance de Ninive, réduisirent cette ville à n'être plus qu'un monceau de ruines (625).

Dieu avait annoncé par ses prophètes qu'il vengerait enfin sur Ninive le sang de son peuple dont elle s'était enivrée ; qu'on la détruirait jusqu'aux fondements, et qu'il n'en resterait pas même de trace. En effet, les Grecs et les Romains n'ont pu en trouver, et on ne savait plus où Ninive avait existé lorsqu'en 1843, le consul de France à Mossoul ayant fait creuser le sol d'un monticule désert, y découvrit les ruines de la capitale de l'empire assyrien (1).

QUESTIONNAIRE. — Qui est-ce qui rétablit Ninive comme capitale ? — Quels furent les exploits de Sargon ? — Quelle fut la gloire de Ninive ? — Comment cette ville fut-elle détruite ? — Qui est-ce qui découvrit ses ruines ?

(1) *Histoire ancienne* (A. M. D. G.).

CHAPITRE III

(16º Leçon)

TROISIÈME EMPIRE ASSYRIEN, CAPITALE BABYLONE

(625-538)

RÉSUMÉ.— I. Nabuchodonosor, le grand vainqueur des Egyptiens et roi de Babylone, est le plus célèbre des rois du troisième empire d'Assyrie.

II. Ses successeurs efféminés laissèrent tomber son empire entre les mains de Cyrus.

I. — **Nabuchodonosor le Grand**.

La ruine de Ninive eut pour conséquence le démembrement du second Empire assyrien. Cyaxare régna sur la rive gauche du Tigre, le roi de Babylone sur l'Elam, la Mésopotamie, la Syrie et la Palestine. Néchao, le roi d'Egypte, ayant voulu s'avancer jusqu'à l'Euphrate, fut battu par Nabuchodonosor, fils et successeur de Nabopolassar (605).

Rois de Babylone : Nabonassar (747-733), Nadius, Chinzirus, Porus, Jugée, *quatre princes dont on ne sait que les noms (733-721)*, Mérodac-Baladan ou Mardo-Kempad (724-709), *Anarchie* (709-680). *Babylone obéit à des gouverneurs dépendant du roi de Ninive* (680-644) ; Nabuchodonosor Iᵉʳ ou Nabopolassar Iᵉʳ (644-605), Nabopolassar II (605-562), Evilmérodac (562-560), Nériglissor (560-555), Laborosoarchod (555), Labynite ou Balthasar (554-538).

Toute l'histoire du troisième empire d'Assyrie avec Babylone pour capitale, se résume dans le règne de Nabuchodonosor le Grand (604-561), célèbre par ses conquêtes et par les monuments qu'il construisit à Babylone.

Nabuchodonosor s'empara deux fois de Jérusalem qui s'était révoltée ; il emmena les Juifs captifs à Babylone. Les Phéniciens ayant imité les Juifs dans leur révolte furent châtiés comme eux. Tyr fut bloquée

Taureau ailé (musée du Louvre).

puis emportée d'assaut après un siège de treize ans, et détruite.

Le vainqueur retourna à Babylone avec les immenses richesses que lui avaient fournies ses campagnes. Sa gloire et ses succès lui inspirèrent un fol orgueil, il voulut se faire adorer. Dieu le punit par une démence qui dura sept ans et pendant laquelle il erra dans les champs, *broutant l'herbe comme un bœuf*. Après sa guérison, il s'humilia et reconnut la toute-puissance de Dieu. Pendant sa folie, la reine Nitocris gouverna sagement avec les conseils du prophète Daniel.

II. — Conquête de l'Empire d'Assyrie par Cyrus.

Avec Nabuchodonosor disparut la puissance de Babylone. Ses quatre successeurs précipitèrent la décadence de son empire par leur incapacité et leurs vices.

Ces quatre rois furent *Evilmérodach* (561-559), son fils, prince pacifique mais faible qui connut le vrai Dieu, et honora de sa faveur le prophète Daniel sans renoncer au culte des idoles.

Nériglissor (559-555), beau-frère d'Evilmérodach et son meurtrier, qui périt dans une bataille livrée aux Perses.

Labrosoarchod (555), fils de Nériglissor, détrôné à cause de sa cruauté.

Nabonid (555-538), nommé roi par les Chaldéens et battu par Cyrus près de Babylone.

Balthasar, associé au trône par son père Nabonid et chargé de défendre Babylone ; mais ce prince joignait à l'indolence les deux vices qui ont coutume de perdre les empires : le libertinage et l'impiété.

RÉCIT. — Défaite de Balthasar.

Trop jeune pour gouverner par lui-même, Balthasar fut dirigé par sa mère Nitocris qui eut à soutenir les attaques de Cyrus, roi des Mèdes et des Perses. Cyrus mit le siège devant Babylone, Nitocris se prépara à une longue résistance en y faisant entrer des vivres pour plusieurs années.

Cyrus devina qu'il ne pourrait emporter cette ville immense de vive force, fit creuser un large et profond canal pour détourner l'Euphrate qui la traversait. A peine le canal était-il achevé qu'il apprit que les Babyloniens célébraient une fête pendant laquelle ils passaient la nuit en festin.

A l'entrée de cette nuit, Cyrus fit communiquer le canal avec l'Euphrate, qui fut à sec quelques instants après. Les soldats entrèrent dans le lit du fleuve et surprirent

Balthasar au milieu de son festin, profanant les vases sacrés du temple de Jérusalem que Nabuchodonosor avait apportés après la destruction de cet édifice, mais pendant qu'il s'en servait, lui et ses courtisans, il aperçut avec effroi une main qui écrivait sur la muraille : *Mane*, *Thécel*, *Pharès*.

Jeté par cette vision dans une inquiétude mortelle, il fit venir Daniel qui lui donna le sens de la mystérieuse écriture : « *Mane* signifie *compté* : le Seigneur a compté les « jours de votre règne, il en a fixé le terme ; *Thécel* si- « gnifie *pesé* : vous avez été mis dans la balance, et trouvé « trop léger ; *Pharès* signifie *divisé* : votre royaume a été « divisé et donné aux Mèdes et aux Perses. » Babylone fut prise quelques instants après, Balthasar périt, et son empire passa entre les mains de Cyrus.

QUESTIONNAIRE. — Qu'est-ce que Nabuchodonosor ? — Racontez son histoire. — Pourquoi fut-il frappé de démence ? — Quels furent ses successeurs ? — Par qui l'empire d'Assyrie fut-il conquis ?

CHAPITRE IV

(17° Leçon)

CIVILISATION DES ASSYRIENS

RÉSUMÉ. — I. C'est surtout par les découvertes d'inscriptions faites récemment que l'on connaît l'histoire des Assyriens.

II. Le climat, les productions de l'Assyrie étaient très recherchés, ses divisions géographiques ont souvent changé.

III. La monarchie Assyrienne était absolue et despotique. L'empire divisé en satrapies. Il n'y avait pas de castes et les lois étaient très sévères.

IV. La Religion d'abord pure et vraie fut remplacée par une idolâtrie abjecte.

V. Les lettres, les sciences et les arts furent cultivés par les Assyriens. Les mœurs étaient policées mais molles.

I. — Découvertes. — Inscriptions.

1° Sans les **découvertes** qui ont été faites dans ces derniers temps dans les ruines de Ninive et de Babylone, nous connaîtrions peu les Assyriens. Avant ces découvertes les sources de l'histoire des Assyriens consistaient dans quelques passages de la Bible et dans les récits légendaires des historiens grecs, *Hérodote*, *Diodore* de Sicile, *Ctésias*, et du prêtre chaldéen *Bérose*, qui vivait dans le ive siècle avant J.-C. C'est en 1842 que M. Botta, consul de France à Mossoul, découvrit le palais de Korsabad ou château du roi Sargon. En 1849, le voyageur anglais, M. Layard, déblaya les palais de Nimroud à Calach et de Koyoundjik de Ninive ; les fouilles ont continué sous la protection du gouvernement turc. En 1863, M. Jules Oppert a trouvé l'emplacement de Babylone et de ses monuments ; les portes et les avenues décorées de taureaux ou de lions ailés, à face humaine et de dimensions colossales.

2° Le musée britannique, à Londres, renferme un grand nombre de bas-reliefs, d'**inscriptions** et de statues venues d'Assyrie, on en trouve aussi au musée du Louvre à Paris.

Ces inscriptions sont en caractères cunéiformes. Cette écriture, ainsi appelée parce qu'elle consiste dans une combinaison plus ou moins compliquée de traits en forme de *clou* ou de coin, image simplifiée du poisson, comme le prouvent quelques vieilles inscriptions, n'a pu être déchiffrée que depuis quelques années.

3° Les fouilles de MM. Botta et Layard fournirent une masse de documents aux curieuses investigations de trois savants distingués qui fondèrent la science de **l'assyriologie**, consistant principalement dans l'étude de l'écriture cunéiforme, savoir : l'anglais *Rawlinson*, l'irlandais *Hinks*, et le français *Jules Oppert* ; ce dernier a le mérite d'avoir *systématisé* la découverte, et établi la *grammaire* de l'écriture et de la langue ancienne des Assyriens.

La plupart des inscriptions chaldéo-assyriennes se trouvent sur des briques, sur des tablettes, ou sur des prismes en terre cuite : tel est, par exemple, le prisme dont quatre exemplaires ont été trouvés aux quatre angles d'un temple d'Assur à Kalah-Scherghât, au sud de Ninive, l'ancienne Elassar, suivant Oppert.

La longue inscription de ce prisme expose les cam-

Ruines de Babylone.

pagnes de la première partie du règne de Téglath-Phalasar Ier. La société asiatique de Londres s'est servie de cette inscription pour vérifier la valeur de la méthode des assyriologues en demandant une traduction à quatre d'entre eux, savoir : *Fox, Talbot, H. Rawlinson* et *J. Oppert*; chacun donna la sienne séparément, elles furent trouvées concordantes (1).

Dans ces derniers temps, M. et Mme Dieulafoy ont trouvé en Orient et rapporté en France de précieuses découvertes.

(1) C.-J. Mathieu.

II. — Climat, Productions, Divisions géographiques.

1° Dans la plaine de l'Euphrate et du Tigre, ainsi que sur les plateaux du milieu, le **climat** est doux; dans le golfe Persique, très chaud, parfois brûlant; dans les montagnes, il est rigoureux. La pluie et la

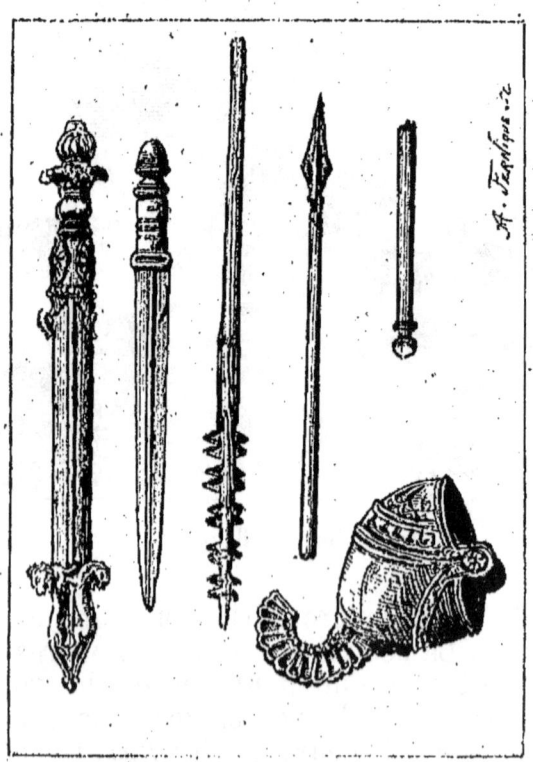

Armes assyriennes.

neige y sont fréquentes en hiver, en été la grêle et les vents pluvieux.
2° Cette différence de climat **produit** une grande variété de plantes ; le froment, le riz, l'orge, le millet et le sézame viennent avec abondance dans la Mésopota-

mie; les orangers, les dattiers, les grenadiers, les palmiers et la vigne sur les coteaux du sud, tandis que les montagnes du nord sont couvertes de forêts.

Comme le Nil, le Tigre et l'Euphrate débordent régulièrement du mois d'avril au moment de la fonte des neiges, jusqu'au mois de juin, leurs eaux baignent le sol. Il y avait autrefois entre ces fleuves de grands canaux d'irrigation dont on vient de retrouver les traces.

3° Cette partie de l'Asie qui fut le théâtre de tant de révolutions comprend les pays suivants : 1° la *Mésopotamie* (pays entre les fleuves), entre l'Euphrate et le Tigre ; 2° la *Babylonie*, au sud de la précédente, et en grande partie aussi entre les deux fleuves ; 3° la *Chaldée* entre l'Euphrate et l'Arabie déserte ; 4° l'*Assyrie* à l'est de la Mésopotamie et du Tigre ; 5° la *Médie*, à l'est de l'Assyrie ; 6° la *Perse*, au sud de la Médie ; 7° l'*Arménie* au nord de la Mésopotamie et l'Assyrie.

III. — Gouvernement.

1° Les **monarchies** assyriennes **absolues**, comme toutes les monarchies orientales, avaient le droit souverain sur la vie et les biens de leurs sujets ; seulement, en Assyrie, les rois, non considérés comme fils de Dieu, étaient les chefs de la religion et s'intitulaient les vicaires de Dieu, offrant des sacrifices et assistant au supplice des prisonniers.

Ils avaient auprès d'eux un grand conseil composé des officiers du palais, du ministre d'Etat et du général en chef, nommés ou révoqués au gré du roi.

2° Les rois assyriens commandaient les **expéditions** guerrières et se livraient à la chasse. Dans une inscription on voit un roi qui se vante d'avoir tué neuf cent vingt lions. Beaucoup de bas-reliefs représentent de grandes chasses au lion, au sanglier, au buffle.

3° L'empire se divisait en **provinces** ou satrapies gouvernées par des officiers dépendants du roi, et chargés du recouvrement des impôts, du commandement des garnisons et des fonctions judiciaires.

4° La **société** ne se composait ni de castes, ni même de classes hiérarchiques ; le roi seul dominait tout par son despotisme. En Chaldée seulement, les Chaldéens proprement dits formaient une caste privilégiée ayant seul droit au sacerdoce et au commandement des armées.

5° La **justice** se rendait d'après des lois extrêmement rigoureuses, avec une procédure très simple et des châtiments atroces, comme l'empalement, l'écorchement, la mutilation. Les propriétés étaient garanties ; mais le débiteur insolvable pouvait être réduit en esclavage.

IV. — Religion.

1° Au fond de la religion des Assyriens, on entrevoit l'idée d'un **Dieu unique** et suprême qui était pour les uns *Assur*, fondateur de Ninive, et pour les autres *Bel* ou *Baal*, nom donné à Nemrod le fondateur de Babylone. Les dieux se localisaient, ce qui a suscité et entretenu des antipathies malheureuses entre des peuples faits pour s'aimer.

2° Au-dessous de ces dieux principaux il y avait Mérodac et Nébo, puis une infinité d'**autres dieux** descendant du dieu supérieur et groupés par triades. Les Chaldéens divinisèrent les astres, ainsi que tous les Assyriens de Ninive et de Babylone. Ils se livraient en l'honneur de leurs dieux à une épouvantable corruption qui attira sur eux le châtiment divin.

3° Les **Prêtres**, maîtres du culte, jouissaient d'une grande influence à cause de leur science magique. Ils profitèrent de leurs connaissances astronomiques pour se livrer à l'art mensonger de prédire l'avenir et d'expliquer les songes d'après les astres. Véritables sorciers, leurs exorcismes et leurs incantations étaient très usités.

V. — Lettres, sciences, arts et mœurs.

1° **Lettres.** — Les Anglais Layard, Loftes et Georges Smith ont découvert dans ces dernières années des tablettes plates et carrées, en terre cuite, qui faisaient partie de la bibliothèque fondée au septième siècle avant J.-C. par un des successeurs de Sennachérib.

Ces tablettes portaient sur chacune de leurs faces une page d'écriture cunéiforme très fine et très serrée. Chacune des tablettes empilées les unes sur les autres dans une case, était numérotée et formait, pour ainsi dire, le feuillet d'un livre.

On a retrouvé, dans les ruines de Ninive et de Babylone, les stylets triangulaires d'ivoire dont chaque coup sur l'argile produit un trou en forme de clou ou de coin. Les tablettes retrouvées forment une des principales richesses du musée de Londres. On croit que la bibliothèque entière pouvait se composer de *dix mille* tablettes.

2° Les **sciences** cultivées avec le plus de succès par les Assyriens et surtout par les Chaldéens furent les mathématiques et l'astronomie. L'unité était divisée en soixante parties égales, et subdivisée par un système de numération à la fois décimal et duodécimal. On croit que Pythagore leur a emprunté sa table de multiplication. Les Babyloniens partagèrent les premiers le jour en vingt-quatre heures, l'heure en soixante minutes, la minute en soixante secondes. Ils connaissaient l'année lunaire et l'année solaire et pouvaient annoncer les éclipses de lune.

3° Les **beaux-arts** et spécialement l'architecture et la sculpture furent très avancés comme le prouvent les temples, les palais, les jardins suspendus de Babylone, ainsi que les descriptions et les découvertes de monuments de Ninive et de Babylone.

Toutes les **constructions** étaient de briques cuites ou simplement séchées au soleil, mais enduites de l'émail inventé par les Babyloniens. Comme ces briques sont petites, on s'explique pourquoi les Babyloniens ont dû donner à leurs murs une grande épaisseur, surtout à la base, et faire les voûtes étroites, longues et basses comme des galeries. L'émail embellissait les briques et les rendait comme indestructibles.

La fabrique des **meubles** incrustés, des bijoux, des armes ciselées, des tapis ou tissus ornés de broderies éclatantes, fournissait des aliments au commerce très développé de Babylone, dont Ézéchiel a dit : « *C'est un pays de trafic, et une ville de marchands, plutôt qu'un pays de soldats.* »

Trois *routes* facilitaient les relations commerciales de Babylone avec les autres nations, la première, vers le nord, par Ecbatane ; la deuxième vers les pays de la Méditerranée par la Mésopotamie ; la troisième, plus longue, vers l'Asie-Mineure, était bordée de onze cents stations pour les voyageurs.

4° **Mœurs.** — Le peuple assyrien était dur et belliqueux. Les soldats représentés sur les monuments ont l'air vigoureux et martial. Habiles à faire la guerre en batailles rangées, en escarmouches, et même à combattre sur mer, ils ne l'entreprenaient que pour le butin et le massacre par l'incendie et l'égorgement des prisonniers.

Les peuples vaincus conservaient leurs chefs s'ils promettaient un tribut et la soumission au traité. En cas de révolte, le pays était saccagé et la population exilée et soumise à un chef assyrien.

Les Assyriens avaient l'esprit positif et pratique. Leurs terres étaient rigoureusement partagées et les impôts perçus. Chaque homme possédait un bâton sur lequel étaient écrits son nom, celui de son père et celui du Dieu qu'il choisissait pour patron.

Les femmes, le jour de leur mariage, recevaient une statuette en terre cuite qu'elles devaient porter à leur cou, et sur laquelle elles inscrivaient leur nom, celui de leur mari et la date de leur mariage.

Les Assyriens furent puissants tant que la corruption n'eut pas pénétré chez eux, mais quand l'orgueil, l'idolâtrie et l'immoralité les eurent avilis, Dieu les fit disparaître.

QUESTIONNAIRE. — Quelles sont les découvertes et les inscriptions qui ont été faites en Assyrie dans ces derniers temps ? — Faites connaître le climat, les productions et les divisions géographiques de cette contrée. — Quel fut le gouvernement de l'empire Assyrien ? — En quoi consistait la religion ? — Quel fut l'état des lettres, des sciences, des arts et des mœurs chez les Assyriens ?

TABLEAU CHRONOLOGIQUE DE L'ASSYRIE

Incertitude chronologique pour les siècles reculés, auxquels, d'après la Bible, appartient NEMROD, et, d'après les annales assyriennes, NINUS, que l'on fait suivre de SÉMIRAMIS et de NINYAS. Fin du premier empire assyrien avec SARDANAPALE, vers 759. — Deux royaumes assyriens simultanés jusqu'en 680, où celui de Babylone est conquis par celui de Ninive. A Babylone, douze rois nommés par le canon astronomique de 759 à 680.

Le 1er, BÉLÉSIS. 759
Le 2e, NABONASSAR. 747
première année de l'ère, dite de Nabonassar. A Ninive, cinq rois désignés par la Bible :
PHUL, vers. 759
TÉGLAT-PHALASAR, avant. 744
SALMANASAR, vers 729
SENNACHÉRIB, avant, ... 713
ASARHADDON 711
Il prend Babylone en 680. — Confusion après 680 : Babylone continue peut-être à avoir des rois ; Ninive, dont le dernier roi est Sarac, est prise et détruite par Nabopolassar, gouverneur rebelle de Babylone, ou peut-être déjà roi indépendant depuis 625. — Le nouvel empire d'Assyrie, ou chaldéo-babylonien, a six rois :
Le 1er, NABOPOLASSAR. 606
Le 2e, NABUCHODONOSOR II, ou NÉBUCHADNEZZAR . . . 604 à 561
Le dernier, NABONID Ier, LABYNIT ou BALTHASAR, sur lequel le Perse
  Cyrus, conquérant de la Médie, prend Babylone, en. 538

Les Juifs

PROGRAMME

Géographie de la Palestine. — Les Israélites en Égypte et dans la Terre promise. — Moïse. — Les Juges. — Le royaume de David et de Salomon. — Schisme des dix tribus. — Destruction des deux royaumes.

CHAPITRE PREMIER

(18º Leçon)

GÉOGRAPHIE DE LA PALESTINE

I. — Différents noms et limites de la Palestine. — La Judée.

1º **La Palestine a reçu plusieurs noms.** Au temps d'Abraham on l'appelait *le pays de Chanaan*, parce qu'elle était occupée par les Chananéens ou descendants de Chanaan, le fils aîné de Cham. Après l'entrée des Israélites jusqu'à la captivité on l'appela *terre d'Israël*, ou *terre de Juda*. Après la captivité de Babylone, elle fut appelée *Judée*, et ensuite *Palestine*, par les Grecs et les Romains.

Depuis le Christianisme, on la désigne quelquefois sous le nom de *Terre promise*, pour rappeler la promesse faite par Dieu à Abraham ; mais le plus souvent par celui de *Terre sainte* en souvenir des miracles de Jésus-Christ.

2º **Le pays de Chanaan** était compris entre le Jourdain et la Méditerranée depuis Sidon jusqu'à Gaza.

Après la conquête, le pays des Hébreux s'étendit depuis le territoire de Tyr, le Liban et le territoire de

Map: Ancien Orient

Damas, au nord, jusqu'au torrent d'Egypte et Cadès-Barné, au sud.

A l'ouest, le pays des Hébreux était borné par la Méditerranée, et, à l'est, par le désert de Syrie, qui s'étendait jusqu'à l'Euphrate sous le nom de désert de Chaldée.

Les pays limitrophes de la Palestine étaient : au nord, la Syrie de Damas ; à l'Est, la Mésopotamie et la Chaldée ; au sud, la péninsule du Saï ; au sud-ouest, l'Egypte.

Depuis les Machabées, la Palestine fut divisée en quatre provinces, savoir : à l'ouest du Jourdain, la Judée, la Samarie et la Galilée ; à l'est du Jourdain, la Judée comprenait toute la partie sud de la Palestine.

3° La limite de la **Judée** au midi était une ligne qui, partant de la pointe méridionale de la mer Morte, allait, à l'ouest, rejoindre la Méditerranée, au point où s'y jette le torrent d'Egypte (aujourd'hui El Arisch).

A l'ouest, la Judée était bornée par la Méditerranée depuis le torrent d'Egypte jusqu'aux environs du mont Carmel, à la hauteur de la ville de Dor.

Elle était bornée, au nord, par la Samarie ; et à l'est, par le Jourdain. Jérusalem était la ville principale de la Judée. Ses principaux édifices étaient : le *Temple*, bâti par Salomon ; le *fort de Sion* et le *palais de Salomon*. Les lieux célèbres des environs de Jérusalem sont : le mont *Golgotha* ou *Calvaire* sur lequel Jésus-Christ a été crucifié ; la montagne *des Oliviers* au pied de laquelle se trouve, du côté de la ville, le *jardin des oliviers* ou *Gethsémani*.

Les villes qui se trouvent à l'Est et au Nord-Est de Jérusalem sont : *Béthanie*, *Jéricho*, *Galgala* et *Bethagla* ; celles du Nord sont : *Anathoth*, *Galsa*, *Machmas*, *Gabaon*, etc. ; celles du Nord-Ouest sont : *Béthoron*, *Lydda*, *Modin*, *Emmaüs*, *Cariathiarum* et *Arimathie* ; celles du Sud sont : *Béthléem*, *Hébron*, *Bersabée*, *Siceleg*. — Les villes de la Judée sur le littoral de la Méditerranée sont, du Nord au Sud : *Césarée*, *Joppé*, *Accaron*, *Jamnia*, *Asot*, *Ascalon*, *Gaza*, *Gérar*.

II. — La Samarie.

Cette province était la plus petite des provinces de la Palestine. Elle était bornée, au nord par la Galilée, depuis la pointe du Carmel jusqu'à la ville de Scythopolis, en passant par Engannim ; à l'est par le Jourdain ; au midi par la Judée ; à l'ouest, la Samarie ne s'étendait pas jusqu'à la mer, la partie de la côte, à partir du Carmel, appartenait à la Judée.

Les villes principales de la Samarie étaient : *Engannim, Béthulie, Samarie, Thirsa, Sichem, Silo, Thimnath-Sérah, Béthel, Béïsan.*

III. — La Galilée et la Pérée.

1º La Galilée avait pour **limites :** au nord, le territoire de Tyr et du Liban ; à l'est, le Jourdain avec les deux lacs de Mérom et de Tibériade ; à l'ouest, une partie de la Phénicie, depuis Tyr jusqu'au mont Carmel, et ensuite la Méditerranée ; au sud, la Samarie depuis Dor jusqu'au Jourdain, un peu au-dessus de Scythopolis. Elle était un peu plus grande que la Samarie, mais moins que la Judée.

2º La Galilée se **divisait** en haute et basse Galilée ou Galilée supérieure et Galilée inférieure. Les principales villes de la haute Galilée sont : *Doa, Cédès, Azar.* Les villes sur les bords du lac de Tibériade étaient : *Corosaïm, Bethsaïda, Capharnaüm, Génésareth, Tibériade.* Celles de la basse Galilée sont : *Nazareth, Endor, Sunam, Jésraël, Mageddo.*

3º Dans la période **gréco-romaine**, le pays à l'est du Jourdain était divisé en cinq parties : la *Trachonite*, la *Gaulanite*, l'*Auranite*, la *Batanée*, la *Pérée* proprement dite qui avait pour bornes : au nord, le *Hiéromax* ; à l'ouest, le *Jourdain* ; au midi, l'*Arnon* ; à l'est, le désert de *Syrie*.

IV. — Géographie physique.

1° Deux chaînes de **montagnes** parallèles resserrent la Palestine : celle du Liban, à l'ouest du Jourdain, produit les monts de Galilée, d'Ephraïm et de Juda ; celle de l'Antiliban, à l'est du Jourdain, donne les monts de Gilead et de Moab. Les sommets les plus élevés sont le *Thabor*, le *Carmel* et les monts de *Gelboë*.

2° Le **Jourdain** coule entre ces deux chaînes de montagnes ; il descend de l'Hémon, forme le lac Mérom, puis la mer de Génézareth et de Galilée ou lac de Tibériade, et va se jeter dans la mer Morte, qui reçoit aussi l'Arnon et le torrent de Cédron.

3° Le **climat** de la Palestine est chaud, mais très variable à cause de ses vallées étroites et de ses montagnes ; cette contrée est un pays de forêts, de pâturages et de culture.

4° Voies étroites et sablonneuses, montagnes boisées, vallées fraîches et verdoyantes, ouvertes aux brises de la Méditerranée, gorges arides et desséchées par les vents brûlants du désert, tels sont les **différents aspects** de ce pays consacré par tant de souvenirs.

V. — Importance de l'histoire des Juifs.

1° A ne considérer les hommes et les choses que par le dehors, dit M. Pélissier, rien n'attire moins les regards que ce petit peuple caché dans un coin du littoral de la Méditerranée. Mais l'historien qui tient compte de l'influence exercée sur le progrès de l'humanité proclame que ni les Romains ni même les Grecs n'ont fait pour le développement de la civilisation rien qui approche de ce qu'a fait le peuple dont est sorti Jésus-Christ.

Les Grecs ont vécu pour la liberté et pour le culte du beau ; les Romains ont travaillé pour la grandeur et pour la gloire de leur domination universelle ; ces peuples ont poursuivi les buts les plus élevés que l'homme puisse se proposer sur cette terre ; le peuple juif a vécu et a souffert pour son Dieu, pour sa foi, pour sa religion, c'est-à-dire pour un maître et pour une fin infiniment au-dessus de ce monde.

L'histoire et le nom du peuple juif, dit M. Prevost Paradol, sont attachés à la plus grande révolution qu'ait éprouvée le genre humain (1).

2° On peut considérer l'histoire des Juifs sous **quatre aspects** : dans une période de *préparation*, d'Abraham à Moïse ; dans une période de *constitution*, sous Moïse et les Juges ; dans sa période *d'apogée* ou de gloire avec David et Salomon ; enfin dans sa période de *propagation* religieuse avec les prophètes ; par la captivité le peuple juif se répand en Orient, et par les conquêtes romaines, il se répand en Occident.

QUESTIONNAIRE. — Quels sont les différents noms de la Palestine ? — Quelles étaient les limites de la Palestine ? — Comment fut-elle divisée ? — Dites ce que vous savez de la Judée, de la Samarie, de la Galilée. — Quelles sont les montagnes de la Palestine ? — Qu'est-ce que le Jourdain ? — Nommez les lacs de la Palestine. — Quel est son climat ? — Ses productions ? — Montrez l'importance de l'histoire des Juifs.

CHAPITRE II

(19ᵉ Leçon)

ABRAHAM ET ISAAC, SON FILS

RÉSUMÉ. — I. Abraham fut choisi pour être le père du peuple de Dieu. Il s'établit dans le pays de Chanaan. Après avoir délivré Loth, son neveu, du roi des Élamites, il ne put obtenir de Dieu que Sodome et Gomorrhe fussent épargnés.

(1) *Essai sur l'histoire universelle.*

ABRAHAM ET ISAAC, SON FILS

II. Abraham eut de Sara, sa femme, un fils qu'il appela *Isaac*. Dieu éprouva Abraham en lui demandant de sacrifier son fils. Abraham n'hésita pas et Dieu se contenta de sa bonne volonté.

I. — Abraham (2366-2194).

1° Sa vocation. — Les hommes, après leur dispersion, ne tardèrent pas à oublier la révélation primitive, à méconnaître même la loi naturelle, pour ne suivre que leurs passions. L'aveuglement fut si grand qu'ils abandonnèrent le Dieu qui les avait créés.

Non contents d'adorer le soleil, la lune et les astres, ils allèrent jusqu'à rendre les honneurs divins à des animaux, à des plantes, à des statues inanimées. Dieu résolut de se former un peuple qui devait perpétuer son culte et donner naissance au Sauveur promis. Il choisit Abraham pour être père de ce peuple.

Abraham, fils de Tharé, descendant de Sem, habitait Ur en Chaldée, au milieu des populations idolâtres. Dieu lui ordonna de passer l'Euphrate et de s'établir dans la terre de Chanaan, nommée depuis Palestine ou Judée. « *De toi*, lui dit-il, *je ferai naître un grand peuple, et en toi seront bénies toutes les nations de la terre.* »

Le saint patriarche avait soixante-quinze ans, lorsque Dieu le désigna ainsi pour être le père d'un peuple choisi, et la tige d'où sortirait le Messie. C'est ce qu'on appelle la vocation d'Abraham.

Tableau des patriarches post-diluviens.

	Né en	Mort en		Né en	Mort en
Sem,	3408	2808	Réu,	2777	2538
Arphaxad,	3306	2868	Sarug,	2643	2415
Salé,	3171	2738	Nachor,	2515	2367
Héber,	3041	2637	Tharé,	2436	2291
Phaleg,	2907	2668	*Abraham,*	2366	2194

Docile aux ordres de Dieu, Abraham quitta le pays d'Haran, où son père venait de mourir, et prenant avec lui Sara, sa femme, Loth, son neveu, et tous les biens qu'ils possédaient, il entra dans la terre de Chanaan.

Il planta successivement ses tentes dans un lieu appelé *Sichem*, puis dans un autre appelé *Béthel*. A chaque nouveau campement, il élevait un autel au Seigneur et lui offrait des sacrifices. Puis une famine l'obligea de se réfugier en *Égypte*, où, grâce à une protection divine, il put échapper à de grands dangers. Il revint avec son neveu en Chanaan.

2° **Abraham délivre son neveu Loth.** — Mais une querelle entre leurs serviteurs leur fit craindre de ne pouvoir conserver longtemps le bon accord qui régnait entre eux. Ils résolurent de se séparer. Loth choisit la belle vallée du Jourdain et alla se fixer à Sodome. Abraham habita la terre de Chanaan, terre promise à sa race, et s'établit dans la vallée de Mambré, non loin d'Hébron.

Les rois des cinq villes du Jourdain, Sodome, Gomorrhe, Adama, Séboïm, et Bala ou Ségor, étaient soumis depuis douze ans au roi des Élamites : ils se révoltèrent. Le roi des Élamites les vainquit et emmena Loth parmi les captifs. Abraham l'apprit ; il arma trois cent dix-huit de ses serviteurs, battit l'ennemi près de Laïs (Dan), et lui enleva ses prisonniers et ses dépouilles. Cette victoire porta au loin le nom d'Abraham.

Melchisédech, roi de Salem et prêtre du Très-Haut, portant le pain et le vin, figure de l'Eucharistie, vint à sa rencontre et le bénit. Abraham lui offrit la dîme du butin ; mais il rendit au roi de Sodome, sans en vouloir rien garder pour lui-même, tout ce qu'il avait repris à l'ennemi (1).

3° **Destruction des villes coupables.** — Les habitants de *Sodome*, délivrés de leurs ennemis, non seulement ne revinrent pas à Dieu, mais amollis par l'oisiveté, par le luxe et les délices de la vie, se livrèrent à de honteux désordres, à des excès de corruption qui attirèrent sur leur tête la vengeance du ciel.

Avant de la faire éclater, Dieu révéla par ses anges, à Abraham, le sort qu'il préparait à cette malheureuse

---

(1) Vallon, *Histoire sainte*.

ville. Le saint patriarche qui savait jusqu'où s'étend la miséricorde de Dieu lui demanda grâce pour Sodome en cas qu'il s'y trouvât cinquante justes ; le Seigneur y consentit. Abraham lui demanda si quarante justes n'arrêteraient pas sa vengeance. Le Seigneur y consentit encore et vint jusqu'à lui promettre que s'il y avait seulement dix justes dans Sodome, il épargnerait cette ville infâme. Mais ce faible nombre ne put s'y rencontrer, tant les habitants étaient corrompus et impies.

Les Anges cependant vinrent avertir Loth, et l'emmenèrent hors de la ville avec tous les siens. A peine en furent-ils sortis qu'une pluie de soufre ardent et de feu ensevelit ces villes perverses ; elles furent entièrement détruites avec leurs habitants. De nos jours encore, toute cette contrée ne présente qu'un lac d'eau salée, et plein de soufre, en signe de la malédiction du ciel que ses crimes avaient attirée sur elle.

II. — Isaac (2266-2086).

1º Promesse d'Isaac. — A plusieurs reprises, Dieu avait promis à Abraham qu'il sortirait de lui un grand peuple. Abraham cependant n'avait pas d'enfant de Sara sa femme ; selon l'usage de ces temps, il avait pris pour seconde femme Agar, sa servante, et celle-ci lui avait donné un fils, Ismaël ; mais tout en promettant à Ismaël de brillantes destinées, ce n'était pas de lui, avait dit le Seigneur, que sortirait le peuple d'élection, celui chez lequel le Messie lui-même devait naître. Un tel honneur était réservé au fils de Sara.

Un jour, au plus fort de la chaleur de midi, Abraham était assis devant la porte de sa tente dans la vallée de Mambré. Trois voyageurs tout à coup se trouvèrent devant ses yeux. Le patriarche s'empressa de leur faire le meilleur accueil. Il ordonna à Sara de cuire des pains sous la cendre ; lui-même choisit dans ses troupeaux le veau le plus gras et le plus tendre et le donna à ses serviteurs pour le rôtir. Il y joignit du beurre et du lait, et pendant que ses hôtes réparaient leurs forces, il demeura debout à côté d'eux.

— Où est Sara ? dit l'un de ces hôtes.
— Dans sa tente, répondit Abraham.
— A pareil jour, reprit le voyageur, dans un an, je reviendrai, et Sara aura un fils.

2° **Naissance d'Isaac.** — Comme Dieu l'avait promis, Sara donna à Abraham un fils qui fut nommé Isaac (2266). Un jour Isaac fut insulté par le fils d'Agar ; Sara, indignée, força son époux à chasser l'Égyptienne. Abraham hésitait ; mais Dieu lui ayant confirmé ses promesses en faveur d'Ismaël, il prit du pain et un vase plein d'eau, les remit à Agar, lui donna son fils et la renvoya. Longtemps elle erra avec Ismaël. Quand l'eau manqua dans le vase, elle laissa son fils couché sous un arbre et s'éloigna en disant : « *Je ne verrai pas mourir mon enfant* » ; et elle pleurait. Un ange l'appela. « *Que fais-tu ? lui dit-il ; lève-toi, prends ton fils, il deviendra le père d'un grand peuple.* » Au même moment Agar aperçut une source ; elle remplit son vase et donna à boire à l'enfant. Ismaël habita dès lors le désert de Pharan où il grandit sous la protection du Seigneur.

3° **Sacrifice d'Isaac.** — Dieu avait longtemps éprouvé Abraham par l'attente d'un fils. Cette promesse accomplie, il allait le soumettre à une plus dure épreuve. Il l'appela et lui dit : « *Prends ton fils unique, ton fils bien-aimé, Isaac ; tu me l'offriras en holocauste sur la montagne que je te montrerai.* » Abraham partit ; arrivé au pied de la montagne, il prit le bois pour le sacrifice et en chargea son fils ; lui-même portait le feu et le couteau. Comme ils marchaient ensemble, Isaac dit à son père : « *Mon père, voici le feu et le bois pour le sacrifice, mais où est la victime ?* » Abraham répliqua : « *Dieu y pourvoira, mon fils.* » Et ils continuaient de marcher. Quand ils furent au lieu désigné par le Seigneur, Abraham éleva un autel où il rangea le bois ; puis, liant Isaac, il le plaça sur le bûcher, et saisit le couteau pour frapper son fils. Mais un Ange lui cria du ciel : « *Abraham, Abraham, ne lève pas le bras sur ton enfant, et ne lui fais aucun mal. Je sais maintenant que tu crains Dieu puisque tu n'as pas hésité à me sacrifier ton fils unique.* » Abraham levant les yeux vit derrière lui un bélier embarrassé par les cornes dans les broussailles ; il le prit et l'offrit en holocauste à la place de son fils. Le Seigneur appelant Abraham pour la seconde fois lui dit : « *Je l'ai juré* « *par moi-même, parce que tu n'as pas épargné ton fils* « *unique à cause de moi, je te bénirai, et je multiplie-* « *rai ta postérité comme les étoiles du ciel et comme le*

Sacrifice d'Abraham.

« *sable des rivages ; et en ta race seront bénies toutes les* « *nations de la terre.* »

4° **Mariage d'Isaac** (2226). — Ces promesses imposaient au patriarche de grands devoirs. Craignant donc de mêler son sang à celui des nations idolâtres qui l'entouraient, il envoya son serviteur Eliézer en Mésopotamie, chercher, dans sa propre famille, l'épouse destinée à Isaac. Eliézer partit avec des chameaux chargés de présents. Il rencontra une jeune fille qui puisait de l'eau à une fontaine. Il apprit de sa bouche qu'elle était Rebecca, fille de Batuel et petite-fille de Nachor, frère d'Abraham. Il lui offrit à elle, à ses frères et à sa mère, des dons magnifiques, obtint la jeune fille et l'emmena au pays de Chanaan, où elle devint l'épouse d'Isaac.

Vingt ans après, Abraham mourut à l'âge de cent soixante-quinze ans ; son corps fut placé par Isaac et Ismaël dans le tombeau où reposait Sara. Le grand patriarche, père des croyants, est resté en vénération chez les Orientaux, parce qu'il pratiqua deux vertus, qui sont les vertus religieuses par excellence : l'obéissance absolue à la volonté de Dieu qui ne peut ordonner que le bien, et une confiance aveugle en sa bonté qui ne peut permettre le mal.

QUESTIONNAIRE. — Qu'est-ce qu'Abraham ? — Qu'appelle-t-on la vocation d'Abraham ? — Pourquoi les villes de Sodome et de Gomorrhe furent-elles punies ? — Qu'est-ce qu'Isaac ? — Racontez comment Abraham dut le sacrifier.

CHAPITRE III

(20° Leçon)

JACOB ET JOSEPH, SON FILS

RÉSUMÉ. — I. Isaac eut deux fils, *Jacob* et *Esaü*. Celui-ci vendit son droit d'aînesse à Jacob qui reçut la bénédiction paternelle. Les douze fils de Jacob furent les chefs des douze tribus d'Israël.

II. *Joseph*, un des fils de Jacob, fut vendu par ses frères et emmené en Égypte où il devint ministre de Pharaon. Il fit venir son père et ses frères près de lui.

III. Vers le même temps, le saint homme *Job* vivait dans l'Idumée.

1. — Jacob (2206-2059).

1° Jacob et Esaü. — Après vingt ans de mariage, Isaac et Rébecca eurent deux fils jumeaux. L'un avait les cheveux roux et la peau velue ; on l'appela *Esaü* qui veut dire *roux* ; l'autre reçut le nom de *Jacob*. Esaü montra, en grandissant, un caractère farouche et violent ; il était toujours à la chasse dans les bois. Jacob, d'une humeur douce et pacifique, demeurait sous la tente de ses parents et prenait soin des troupeaux.

Dieu avait choisi Jacob pour le rendre héritier des promesses faites à Abraham ; il permit qu'Esaü cédât un jour son droit d'aînesse à Jacob pour un plat de légumes. Un jour que celui-ci avait préparé un plat de lentilles, son frère revint des champs, épuisé de fatigue : *Donne-moi de ce mets d'une couleur roussâtre*, lui dit-il, *car je n'en puis plus.* — Jacob profita de la circonstance et fit ses conditions : *Vends-moi ton droit d'aînesse*, lui répondit-il. — *Et que m'importe mon droit d'aînesse si je meurs de faim ?* s'écria Esaü. — *Jure-moi donc*, reprit Jacob. Esaü jura, et vendit ainsi pour un plat de lentilles son privilège de naissance, qui l'aurait fait, après Isaac, le chef de la famille et lui assurait une double part dans l'héritage. De plus, c'était à l'aîné qu'était réservée la bénédiction solennelle du père avant de mourir.

2° **Jacob reçoit la bénédiction d'Isaac.** — Bien des années après, Isaac devenu vieux et aveugle dit à Esaü : *Prends ton carquois, ton arc et les flèches ; va et prépare-moi un plat de ta chasse, afin que j'en mange et que je te bénisse avant de mourir*. Esaü obéit et partit pour la chasse.

Rebecca avait entendu les paroles d'Isaac, elle appela Jacob et lui dit : *Apporte-moi deux chevreaux, j'accommoderai le ragoût que ton père aime beaucoup ; tu lui serviras ce mets et il te bénira.*

Jacob sortit et apporta à sa mère deux chevreaux qu'elle prépara au goût d'Isaac. Elle revêtit Jacob des habits de son frère, elle ajusta la peau du chevreau à ses mains et à son cou. Quand Jacob se présenta à son père, Isaac fut facilement trompé. *C'est la voix de mon fils Jacob*, dit-il, *mais ce sont bien les mains de mon fils Esaü.* Alors il le bénit en disant : *Que Dieu te donne l'abondance des biens de la terre ! Que les nations te soient soumises, et que tes frères et les fils de tes frères s'inclinent devant toi !*

Esaü parut à son tour devant son père ; la ruse de Rebecca fut découverte. Mais il était trop tard. — *J'ai* donné ma *bénédiction à ton frère*, dit Isaac à Esaü ; *il demeurera béni.*

3° **Les enfants de Jacob.** — Pour échapper à la colère d'Esaü qui voulait le tuer, Jacob s'enfuit en Mésopotamie où il servit vingt ans son oncle Laban dont il épousa les deux filles Lia et Rachel. A son retour, dans une vision mystérieuse, il lutta contre un ange et en reçut le nom d'*Israël*, c'est-à-dire *fort contre Dieu lui-même :* dès lors, ses descendants furent nommés Israélites. Mais apprenant qu'Esaü, prévenu de son retour, se disposait à venir à sa rencontre, et craignant que quelque chose de son ancienne animosité ne subsistât, il implora avec instance la protection de Dieu.

« Dieu de mon père Abraham et de mon père Isaac,
« dit-il, Dieu qui m'as ordonné de retourner au pays de
« ma naissance, je ne mérite pas toutes les miséri-
« cordes et les bienfaits dont tu m'as comblé. Je n'avais
« que mon bâton quand j'ai passé ce fleuve du Jour-
« dain il y a longues années, et maintenant je le
« repasse avec de nombreux serviteurs et des trou-
« peaux de toute sorte. Arrache-moi des mains d'Esaü,
« mon frère. N'as-tu pas dit que tu multiplierais ma
« postérité comme le sable de la mer ? »

Il envoya ensuite à son frère de riches présents. Adouci par ces prévenances, heureux aussi sans doute de revoir, après vingt ans, le compagnon de son enfance, oubliant ses méchants desseins, Esaü se jeta dans les bras de son frère. Esaü ou Edom, réconcilié, alla demeurer dans le pays qui, à cause de lui, s'est appelé depuis Idumée.

Jacob eut douze fils, dont les douze tribus d'Israël prirent plus tard les noms : *Ruben, Siméon, Lévy, Juda, Issachar, Zabulon,* fils de Lia, qui eut en outre une fille nommée *Dina, Dan* et *Nephtali,* fils de Bala ; *Gad* et *Azer,* fils de Delpha ; *Joseph* et plus tard *Benjamin,* fils de Rachel.

II. — Joseph et les Israélites en Egypte.

1° **Joseph vendu par ses frères.** — Celui de ses enfants que Jacob aimait le plus tendrement, Joseph, le fils aîné de Rachel, devint pour ses frères un objet de jalousie et de haine furieuse, qui s'augmenta encore quand il leur eut raconté des songes qui annonçaient sa grandeur future. « *Il me semblait*, leur dit-il, *que je liais avec vous des gerbes dans un champ, que ma gerbe se levait et se tenait debout, et que les vôtres se prosternaient devant elle.* » Il leur dit encore : « *J'ai vu le soleil et la lune, et onze étoiles qui m'adoraient.* » Les frères de Joseph, entendant ces paroles, conçurent

Joseph vendu par ses frères.

contre lui une haine mortelle qu'ils ne tardèrent pas à satisfaire.

Un jour, Jacob envoya Joseph, âgé de seize ans, visiter ses frères qui faisaient paître leurs troupeaux dans un lieu éloigné, ils le précipitèrent dans une vieille citerne pour l'y laisser mourir. Mais, apercevant des marchands Ismaélites qui se rendaient en Égypte, ils le tirèrent de la citerne et le vendirent pour vingt pièces d'argent ; ils envoyèrent ensuite à leur père une robe ensanglantée afin de lui persuader qu'une bête féroce avait dévoré Joseph.

2° Joseph en Egypte. — Joseph, conduit en Egypte par les Ismaélites, fut vendu à Putiphar, l'un des officiers de Pharaon ou roi du pays. Celui-ci lui confia l'administration de sa maison et de ses biens. Mais, trompé par de faux rapports que sa femme lui fit contre Joseph, il entra dans une grande colère et l'envoya dans la prison où l'on gardait les officiers du roi.

Dieu accorda à Joseph le don de connaître la signification des songes. Il usa de cette science pour expliquer les songes du grand échanson et du grand panetier du roi d'Egypte, qui, tombés en disgrâce, se trouvaient dans la même prison que lui. Il prédit au premier que dans trois jours, il serait rétabli dans ses fonctions ; et dit avec regret au panetier que dans trois jours aussi Pharaon le ferait attacher en croix. La double prédiction s'accomplit ; mais l'échanson oublia la parole qu'il avait donnée à Joseph de lui procurer sa liberté, il ne se souvint de lui que deux ans après et le proposa à Pharaon pour expliquer des songes que ce prince avait eus.

Pharaon avait vu pendant son sommeil *sept vaches* grasses qui sortirent du Nil et qui furent aussitôt dévorées par sept autres vaches extraordinairement maigres ; s'étant rendormi, il vit dans un autre songe *sept épis* de blé parfaitement beaux, qui furent dévorés par sept autres qui étaient fort maigres.

Joseph comprit les deux songes de Pharaon et lui dit qu'ils signifiaient une même chose : que les sept vaches si grasses et les sept épis si beaux présageaient sept années d'une abondance extraordinaire ; mais que les sept épis et les sept vaches maigres marquaient sept autres années d'une grande stérilité qui désolerait l'Egypte et le reste de la terre, si l'on ne prenait de sages précautions pour la prévenir.

« *Où pourrais-je trouver un homme semblable à vous pour exécuter ces sages conseils ?* » s'écria Pharaon. Et il établit Joseph sur tout le royaume. Il tira son anneau et le lui mit au doigt. Joseph devint premier ministre de Pharaon et tout-puissant en Egypte. Alors il parcourut tout le pays, fit entasser dans les greniers publics la cinquième partie de la récolte de sept années d'abondance ; et quand vinrent les sept années de stérilité, il vendit le blé aux Egyptiens riches et le distribua gratuitement aux pauvres.

3º Les frères de Joseph en Egypte. — La famine s'était étendue au-delà de la terre d'Egypte et particulièrement dans celle de Chanaan où habitait Jacob, celui-ci envoya ses fils en Egypte pour y acheter du blé. Les frères de Joseph se prosternèrent aux pieds du ministre, bien éloignés de penser que cet homme puissant fût celui qu'ils avaient vendu comme esclave à des Ismaélites.

Mais Joseph reconnut ses frères ; sans se découvrir il les interrogea et leur ordonna de retourner dans leur pays pour lui amener leur plus jeune frère ; en même temps il leur fit donner du blé, et ordonna de remettre, en secret, dans leurs sacs, l'argent qu'ils avaient donné en paiement.

La famine continuant de sévir, les frères de Joseph firent un *second voyage* en Egypte pour avoir du blé et emmenèrent avec eux Benjamin. Joseph agit cette seconde fois comme la première ; il ordonna de plus de cacher sa coupe d'argent dans le sac de Benjamin ; ensuite il fit poursuivre les enfants de Jacob qui furent ramenés devant lui.

Les frères de Joseph furent atterrés de voir Benjamin accusé, et, selon les apparences, convaincu d'un vol qu'il n'avait pas commis. Juda demanda la faveur de rester captif à la place de Benjamin, afin que Jacob ne mourût pas de douleur en se voyant privé du second fils de Rachel.

Alors Joseph ne pouvant plus contenir son émotion ordonna aux Egyptiens qui l'entouraient de se retirer. Lorsqu'ils eurent obéi, et que Joseph se vit seul avec ses frères, il se mit à pleurer tout haut et leur dit : « *Je suis votre frère Joseph ; mon père vit-il encore ?* » Ses frères ne purent prononcer un seul mot tant la surprise les avait saisis. Tout le mal qu'ils avaient fait à Joseph se retraça à leur mémoire et oppressa péniblement leur cœur ; mais leur frère leur dit avec tendresse : « *Venez, approchez-vous de moi ; je suis Joseph que vous avez vendu pour être conduit en Egypte ; mais soyez sans crainte. C'est pour votre bien que Dieu m'a envoyé dans cette contrée, c'est pour vous préserver de la famine et de la mort. »*

Jacob alla s'établir en Egypte dans la *terre de Gessen*; il y mourut dix-sept ans après, à l'âge de cent

Joseph reconnu par ses frères.

quarante-sept ans. Avant de mourir il prophétisa que le *Messie* sortirait de la race de Juda.

Joseph mourut ensuite à l'âge de cent dix ans et recommanda à son peuple d'emporter ses os avec lui lorsqu'il retournerait dans le pays de Chanaan pour entrer en possession de cette *terre promise*.

Ni le temps, ni la barbarie, ni la domination mahométane n'ont pu effacer de la tradition populaire le nom de Joseph, en Egypte. Il a été conservé de tous côtés : ici ce sont les ruines d'une grande construction qu'on appelle les greniers de Joseph ; là un puits, situé dans la citadelle du Caire ; plus loin un tombeau ; enfin une tranchée si bien placée pour la fécondation du sol, que la voix populaire proclame que le petit bassin alimenté par le canal de Joseph produit à lui seul de quoi nourrir toute l'Égypte. On comprend alors que les chrétiens aient voulu voir dans Joseph un premier symbole du Sauveur (1).

III. — Le saint homme Job.
(Vers l'an 1800 avant J.-C.)

Dieu, dans tous les siècles, eut quelques adorateurs parmi les Gentils, c'est-à-dire parmi les nations étrangères à la famille des patriarches. Vers le temps de la mort de Joseph vivait dans l'Idumée un fidèle serviteur du vrai Dieu, nommé Job.

Ce saint homme, sorti de la race d'Esaü, était fort riche ; mais au milieu des richesses il avait su conserver un cœur pur et droit. Le démon jaloux de sa prospérité, et plus encore de son innocence, obtint de Dieu la permission de lui faire perdre tous ses biens ; et, en un seul jour, il le réduisit à la plus affreuse pauvreté.

Job donna alors au monde un exemple admirable de patience et de résignation. Prosterné devant Dieu, il ne dit que ces paroles : « *Le Seigneur m'avait tout donné, il m'a tout ôté, que son saint nom soit béni !* » Le démon, irrité de la constance de Job, demanda et obtint la permission de le frapper d'un ulcère horrible qui le couvrit des pieds jusqu'à la tête.

Trois princes, amis de Job, et comme lui adorateurs du vrai Dieu, vinrent le visiter. A la vue de ses maux, ils le jugèrent coupable de quelque grand crime ; et au lieu des consolations qu'ils lui devaient, ils ne lui adressèrent que des reproches. Job, plus éclairé que ses amis, savait que Dieu est maître d'éprouver les justes, comme de punir les méchants.

Il se consola par l'espérance d'une vie future plus heureuse que celle-ci : « *Oui, je le sais*, s'écria-t-il, *mon Rédempteur est vivant, je ressusciterai de la terre au dernier jour ; je verrai mon Dieu, je le contemplerai de mes pro-*

---

(1) Pélissier, *Grandes leçons d'antiquité chrétienne.*

pres yeux ; c'est cette espérance qui me soutient, je la conserverai dans mon cœur. » Telle était la foi de ce grand serviteur de Dieu. Dieu dispense les biens et les maux selon son bon plaisir et les vues impénétrables de sa sagesse ; il se réserve de manifester sa pleine justice dans un monde meilleur que celui-ci : voilà ce qu'enseigne l'histoire de Job.

QUESTIONNAIRE. — Qu'est-ce que Jacob ? — Ésaü ? — Quels furent les fils de Jacob ? — Racontez l'histoire de Joseph. — Qu'est-ce que le saint homme Job ? — Qu'enseigne son histoire ?

CHAPITRE IV

(21° Leçon)

MOÏSE (1725-1647)

RÉSUMÉ. — I. Les Israélites furent maltraités par Pharaon. Moïse fut chargé par Dieu de les faire sortir de l'Égypte.
II. Après avoir traversé miraculeusement la mer Rouge, ils entrèrent dans le désert.
III. Arrivés au pied du mont Sinaï, ils reçurent de Dieu le Décalogue.
IV. Ils se montrèrent infidèles à Dieu en adorant le veau d'or.
V. Pour prévenir l'idolâtrie, Moïse organisa le culte suivant les prescriptions de Dieu.
VI. Les Israélites durent vivre pendant quarante ans dans le désert avant d'entrer dans la terre promise. Ils y furent témoins de nombreux miracles.

I. — Moïse, libérateur des Israélites.

1° Moïse sauvé des eaux. — La postérité de Jacob était devenue en peu de temps un grand peuple, les Égyptiens en conçurent de la jalousie et de la crainte. Pour arrêter ce développement, le roi qui régnait alors, et qui n'avait pas connu Joseph, ordonna que tous les enfants mâles Israélites seraient désormais mis à mort. Moïse, destiné à périr comme les autres, fut sauvé des eaux par la fille de Pharaon qui le fit élever dans son palais et instruire dans toute la science des Egyptiens.

A quarante ans, Moïse tua un Egyptien qui maltraitait un Israélite ; redoutant la vengeance du roi, il se ré-

Moïse sauvé des eaux.

fugia dans le pays de Madian, auprès du grand-prêtre Jéthro, dont il épousa la fille Séphora.

2° **Mission de Moïse.** — Après avoir passé quarante ans à faire paître les troupeaux de son beau-père, Moïse, âgé de quatre-vingts ans, entendit la voix de Dieu qui lui ordonnait de retourner en Egypte pour tirer son peuple de la servitude.

Accompagné d'Aaron, son frère, il se présenta devant le roi, et lui demanda de laisser sortir les Israélites de l'Egypte. Pour convaincre le Pharaon de sa mission divine et triompher de la résistance de ce prince endurci, il opéra les prodiges les plus éclatants, et frappa le royaume de dix fléaux qu'on appelle les plaies d'Egypte, et qui sont : les *eaux* changées en sang ; les *grenouilles* qui couvrirent tout le pays ; les *moucherons* ; les *insectes* dévorants ; la *peste* ; les *ulcères* sur les hommes et les animaux ; des *orages* mêlés de grêle et de tonnerre ; des *sauterelles* ; des *ténèbres* épaisses ; la *mort* de tous les premiers-nés.

3° **Passage de la mer Rouge.** — Vaincu enfin par tant de malheurs, le Pharaon permit aux Hébreux de quitter son royaume où ils avaient demeuré environ quatre siècles. A leur arrivée, ils n'étaient qu'une famille ; à leur sortie, ils formaient un peuple qui comptait six cent mille hommes en état de porter les armes. Leur départ eut lieu le 15 du mois de Nisan (mars), qui devint le premier jour de l'année en mémoire de cette délivrance.

Partis de la ville de *Ramsès*, ils entrèrent dans leur désert guidés par une nuée durant le jour et par une colonne de feu durant la nuit. La mer Rouge s'ouvrit miraculeusement devant eux, et les Egyptiens, en les poursuivant, furent ensevelis dans les eaux avec le prince qui les conduisait. Moïse a célébré dans un cantique ce mémorable événement (1).

II. — **Entrée des Israélites dans le désert.**
(1646).

Les Israélites, échappés à la colère du Pharaon, entrèrent dans les déserts de l'Arabie-Pétrée, où Dieu continua d'opérer en leur faveur un grand nombre de prodiges. Il y en eut deux surtout qui furent remarquables par leur durée et leur continuité :

1° La **nuée** en forme de colonne qui, pendant le jour, défendait les Israélites contre l'ardeur du soleil, et qui, pendant la nuit, devenait lumineuse pour les éclairer ; elle leur servait aussi de guide, et les devançait et s'arrêtait selon qu'il fallait marcher ou camper ;

2° La **manne** était une espèce de rosée blanche qui tombait du ciel tous les jours ; il fallait la recueillir

---

(1) Mgr Daniel, *Abrégé de l'Histoire universelle.*

avant le lever du soleil, car dès qu'il commençait à paraître, elle se fondait. Il n'était pas permis d'en garder pour le lendemain, autrement elle était corrompue, excepté pour le jour du Sabbat, où il n'en tombait point : la veille on en faisait double provision, et ce jour-là seul elle se gardait sans se corrompre. La manne avait le goût de la plus pure farine pétrie avec

Passage de la mer Rouge.

de l'huile et du miel. Les Israélites furent nourris de ce pain miraculeux tant qu'ils demeurèrent dans le désert.

III. — Moïse législateur (1646).

1° Le mont Sinaï. — Après avoir traversé les déserts de Sur et de Sin, on était arrivé au pied du mont Sinaï. Là devait se conclure le pacte d'alliance entre Dieu et les enfants d'Israël. Moïse prépara le peuple, par la purification et l'abstinence, aux merveilles dont il allait être témoin. Au troisième jour, dès le matin, le tonnerre retentit, mille éclairs sillonnaient la nue, un sombre nuage couvrait la montagne, et l'on entendait les sons éclatants de la trompette ; le peuple, resté au camp, était saisi d'effroi.

C'est au milieu de cet appareil que Dieu donna sa loi à Moïse, cette loi qui n'est pas seulement la loi d'une seule nation, mais celle de tous les peuples, de tous les climats, de tous les temps, la voix du père de tous les hommes parlant à toute la famille humaine (1).

2° **Le décalogue.** — I. Tu n'auras point de dieux étrangers devant moi ; tu ne feras aucune image taillée, ni aucune figure de ce qui est en haut, au ciel, ni de ce qui est en bas, sur la terre ou dans les eaux ; tu ne les adoreras point et ne les serviras point.

II. Tu ne prendras point en vain le nom du Seigneur.

III. Souviens-toi de sanctifier le jour du Sabbat.

IV. Honore ton père et ta mère afin que tu vives longtemps sur la terre que le Seigneur ton Dieu te donnera.

V. Tu ne tueras point.

VI. Tu ne commettras point de choses déshonnêtes.

VII. Tu ne déroberas point.

VI. Tu ne porteras point de faux témoignages contre ton prochain.

IX et X. Tu ne désireras point les biens de ton prochain afin de les usurper injustement.

3° **Caractère de la loi.** — La loi que Moïse donna au peuple juif était tout à la fois religieuse, politique et sociale. Elle réglait jusque dans les plus petits détails tout ce qui concernait le culte divin, les fêtes, les sacrifices et les cérémonies.

Aaron reçut la charge de grand-prêtre et le sacerdoce suprême fut héréditaire dans sa famille. Les lévites consacrés au service des autels, ne possédant rien en propre, vivaient de la dîme des produits de la terre. Un conseil de soixante-dix vieillards assistait le chef du peuple soit dans l'administration des affaires, soit dans la distribution de la justice. Du reste, chaque tribu avait ses autorités civiles particulières.

La loi protégeait les femmes, les enfants, les esclaves,

---

(1) Pélissier, *Leçons d'antiquité chrétienne.*

les étrangers. Tous les sept ans (année sabbatique), la terre se reposait, et les Israélites tombés en servitude recouvraient leur liberté. Tous les quarante-neuf ans (année jubilaire), les biens aliénés retournaient à leurs anciens propriétaires. Le prêt entre israélites devait être sans intérêt.

IV. — **Le veau d'or** (1645).

1° **Révolte des Hébreux.** — Moïse alla sur la montagne du Sinaï pour recevoir les instructions du Seigneur sur l'organisation religieuse, civile et politique qu'il devait donner au peuple de Dieu. Son séjour sur le Sinaï se prolongea pendant quarante jours. Alors les enfants d'Israël ne le voyant pas revenir s'assemblèrent en tumulte, et dirent à Aaron : *Nous ne savons ce qu'est devenu Moïse. Donnez-nous d'autres Dieux que son Dieu afin qu'ils nous protègent dans ce désert, et marchent devant nous.*

2° **L'idolâtrie.** — Aaron céda à leurs clameurs et ayant reçu les pendants d'oreilles des femmes, il les fondit et en forma un *veau d'or* autour duquel tout le monde se prosterna, comme s'il eût été l'image de Dieu. Moïse descendit de la montagne les tables de la loi à la main ; il vit le veau d'or et les danses du peuple.

Transporté d'une indignation sainte, il brisa les tables, renversa le veau d'or et le réduisit en poudre ; puis cette poudre, il la jeta dans l'eau dont le camp s'abreuvait et força tous les Israélites d'en boire, afin de leur inspirer plus de mépris pour l'idole.

3° **La punition.** — Les fêtes et la dissolution nées de cette idolâtrie continuant encore, Moïse se plaça à la porte du camp : *A moi*, s'écria-t-il, *quiconque est pour le Seigneur !* Toute la tribu de Lévi accourut ; elle prit les armes, et environ trois mille des plus coupables furent exterminés. Les autres pleurèrent leur crime.

D'après l'ordre de Dieu, Moïse monta de nouveau sur le sommet du Sinaï, et y resta comme la première fois quarante jours et quarante nuits. Il en descendit portant deux nouvelles tables de la loi que le Seigneur lui avait données ; son visage était tout brillant de lumière.

V. — Organisation religieuse.

1° Le tabernacle. — Moïse travailla aussitôt à exécuter les ordres que Dieu lui avait donnés sur le Sinaï. Il commença par la construction du *tabernacle* pour laquelle les Israélites lui apportèrent à l'envi de l'or, de l'argent, des étoffes, des pierres et des bois précieux. Le tabernacle était une espèce de tente portative divisée en deux parties par un rideau : le *Saint* et le *Saint des Saints*.

Dans le Saint on voyait le chandelier d'or à sept branches, la table d'or des douze pains de proposition et l'autel d'or des parfums. Dans le Saint des Saints était placée l'*arche d'alliance*, coffre de bois précieux tout revêtu d'or au dedans et au dehors, et, plus tard, la *verge d'Aaron*. Devant le tabernacle s'élevait l'*autel des holocaustes* qui était destiné aux sacrifices, et sur lequel le feu sacré ne devait jamais s'éteindre (1).

2° Les fêtes. — Les principales fêtes de la loi de Moïse étaient : la *Pâque* qui se célébrait le quatorzième jour du premier mois, c'est-à-dire du mois de mars, en mémoire de la sortie d'Egypte ; la *Pentecôte*, cinquante jours après la Pâque, en mémoire du jour où Dieu avait donné sa loi sur le mont Sinaï ; la *fête des Tabernacles* au septième mois. Les Israélites passaient les sept jours de cette fête sous des tentes, en mémoire du temps, que leurs pères avaient passé dans le désert avant d'entrer dans la terre promise ; enfin le *Sabbat*, ou septième jour de chaque semaine, que l'on devait sanctifier par les exercices de la Religion en mémoire du repos mystérieux que prit le Seigneur après la création du monde.

3° Les prêtres. — Dieu choisit Aaron, frère de Moïse, et tous ses descendants, pour exercer les fonctions du *sacerdoce*. Outre la famille d'Aaron, toute sa tribu, qui était celle de Lévi, fut destinée au culte de

---

(1) Renaudin : *Histoire sainte*.

Dieu : la fonction des lévites était de servir les Prêtres en tout ce qui regardait les cérémonies prescrites par la Loi. La plus importante de ces cérémonies était le Sacrifice, que les Prêtres seuls avaient le droit d'offrir. Il y avait plusieurs sortes de sacrifices qui tous n'étaient que la figure de ce sacrifice unique que l'Agneau sans tache a offert sur la croix, et qu'il renouvelle tous les jours sous les apparences du pain et du vin (1).

4º **Châtiments.** — Dieu exerça sur les violateurs de la loi des châtiments terribles. Ainsi Nadab et Abiu, fils d'Aaron, furent dévorés par un tourbillon de flammes, pour s'être servi d'un feu étranger dans leurs encensoirs. Un Israélite, pour avoir blasphémé dans un accès de colère, un autre pour avoir amassé du bois le jour du Sabbat, furent lapidés. La terre engloutit Coré, Dathan et Abiron, qui avaient voulu usurper le sacerdoce réservé à la famille d'Aaron ; et Marie elle-même, sœur de Moïse, pour avoir murmuré contre lui, fut couverte de lèpre (2).

VI. — Les quarante années du désert. Mort de Moïse (1644-1606).

1º **La Terre promise.** — Après plusieurs stations, les Hébreux arrivèrent dans le désert de Pharan, sur les frontières de la Terre promise. Moïse, par l'ordre de Dieu, envoya douze hommes, un de chaque tribu, pour visiter le pays. Au bout de quarante jours, ils revinrent, racontant des choses merveilleuses sur la fertilité du sol et montrant une grappe de raisin que deux hommes pouvaient à peine porter sur un levier ; des grenades, des figues et d'autres fruits de cette contrée.

Mais tous, à l'exception de Caleb et de Josué, dirent que les habitants de cette contrée étaient des géants invincibles, qui habitaient des villes immenses, extrêmement fortifiées. Les Hébreux découragés voulurent

---

(1) Loriquet : *Histoire sainte.*
(2) Loriquet : *Histoire sainte.*

se choisir un chef pour retourner en Egypte. L'Eternel irrité allait anéantir tout Israël, mais Moïse le fléchit encore par sa prière. Seulement le peuple fut condamné à errer quarante ans dans le désert, et, à l'exception de Caleb et de Josué, pas un de ceux qui étaient sortis d'Egypte ne put entrer dans la terre promise.

2° **Le désert.** — Lorsque les quarante années furent près d'expirer, le peuple campait dans un lieu qui

Moïse législateur.

manquait d'eau. Bientôt des murmures éclatèrent contre Moïse; quand Dieu les entendit, il dit à Moïse : « *Prends ta verge et assemble le peuple; toi et Aaron, ton frère, parlez au rocher devant eux et il en sortira de l'eau dont tout le peuple boira.* » Moïse fit ce que le Seigneur lui avait commandé, mais au lieu d'attendre que l'eau jaillît du rocher, il le frappa deux fois avec sa verge. L'eau en sortit avec abondance.

Dieu, mécontent de la défiance de Moïse et d'Aaron, leur déclara que ce ne serait point eux qui feraient entrer son peuple dans la Terre promise. En effet, Aaron mourut peu de temps après. Moïse conduisit les Israélites sur la rive gauche du Jourdain, en tournant le pays d'Edom et en franchissant les monts Abarim. Il battit successivement Séhon, roi des Amorrhéens, et Oy, roi de Basan ; il s'empara aussi de tout le pays à l'est du Jourdain et vint camper dans les plaines de Moab.

3º **Mort de Moïse.** — Là, il s'éloigna de son peuple après l'avoir exhorté une dernière fois à rester fidèle au Seigneur ; il gravit le mont *Nébo*, contempla du haut de son sommet la Terre promise où il ne devait pas entrer, et mourut à l'âge de cent vingt ans. Nul homme jusqu'à ce jour n'a trouvé son tombeau, mais son souvenir ne s'est perdu ni en Asie, ni en Egypte où le voyageur aime à saluer le puits, l'oasis, la montagne et le vallon qui gardent à jamais le nom de Moïse.

La vie de Moïse offre le spectacle le plus instructif. Sa foi inébranlable, son indomptable énergie le soutiennent en face de la tyrannie du Pharaon et de l'inconstance des Juifs dont il est à la fois le protecteur et le juge. Instrument docile de la volonté du Très-Haut, sa grandeur et sa gloire viennent surtout de ce qu'il a été le premier serviteur de Dieu (1605).

Chefs des Hébreux jusqu'à la sortie d'Egypte.

	Né en	Mort en		Né en	Mort en
Abraham,	2366	2191	Caath,	2084	1931
Isaac,	2266	2086	Amram,	2016	1879
Jacob,	2206	2059	Moïse,	1725	1605
Lévi,	2147	1980			

QUESTIONNAIRE. — Qu'est-ce que Moïse ? — Pourquoi est-il appelé le libérateur des Israélites ? — Qu'est-ce que les dix plaies d'Egypte ? — Racontez le passage de la mer Rouge. — Que se passa-t-il au mont Sinaï ? — Qu'est-ce que le Décalogue ? — Qu'est-ce que le veau d'or ? — Comment Moïse organisa-t-il le culte ? — Quels miracles Dieu fit-il pendant le séjour des Israélites dans le désert ?

CHAPITRE V

(22ᵉ Leçon)

LES ISRAÉLITES DANS LA TERRE PROMISE

RÉSUMÉ. — I. Josué succéda à Moïse et conduisit les Israélites dans la Terre promise en traversant miraculeusement le Jourdain. La ville de Jéricho fut prise, les ennemis vaincus, et la Terre promise partagée entre les tribus.

II. Après Moïse les Israélites furent gouvernés par les anciens, et commandés dans leurs guerres par les *Juges*, dont les principaux sont Gédéon, Jephté, Samson, Héli et Samuel.

I. — Josué (1605-1580).

1° Passage du Jourdain. — Après la mort de Moïse Dieu dit à Josué : « *Lève-toi. Passe le Jourdain, et avec toi tout le peuple. Pénètre dans la Terre promise. Nul ne pourra vous résister. Comme j'ai été avec Moïse je serai avec toi... Médite et observe la loi que j'ai donnée à Moïse.* » Josué, successeur de Moïse, rencontra comme lui mille obstacles, et, comme lui, il en triompha par la piété, le travail et le dévouement. Dieu, du reste, sanctionna la mission de Josué par un miracle qui rappelait celui par lequel fut signalé, quarante années auparavant, le départ des Israélites : le passage de la mer Rouge.

Toujours d'après les ordres de Dieu, les prêtres, portant l'arche d'alliance, s'avancèrent dans le fleuve dont les eaux aussitôt se partagèrent en deux : une partie coula vers la mer Morte dans laquelle le Jourdain se décharge ; l'autre partie s'éleva en forme de montagne. A la suite de l'arche et des prêtres, le peuple entier traversa à pied sec le lit du Jourdain et pénétra dans la terre de Chanaan.

En souvenir de cet événement, Josué fit élever sur les bords du Jourdain un *monument* composé de douze pierres, par des hommes de chacune des douze tribus, « afin, dit l'Écriture, que tous les peuples de la terre apprennent combien est puissant le bras du Seigneur, et que, vous aussi, vous craigniez le Seigneur, notre Dieu. »

2° **Protection de Dieu.** — Les premiers temps du séjour des Israélites furent marqués par divers prodiges et une protection signalée que le Seigneur accordait à son peuple, le rendant partout vainqueur de ses ennemis.

Le premier de ces prodiges fut la prise de *Jéricho*. Comme pour montrer que toute force vient de lui, et qu'il est le maître de donner ou de retirer la victoire, Dieu, parlant par la bouche de Josué, ordonna que les prêtres portant l'arche d'alliance sur leurs épaules fissent le tour de la ville assiégée. Sept autres prêtres devaient les précéder sonnant de la trompette. Toute l'armée marcherait devant l'arche ; derrière viendrait la multitude du peuple. Six jours de suite cette procession se fit ; le septième jour elle se répéta sept fois. La septième fois, sur l'ordre de Josué, tout le peuple se mit à pousser de grands cris ; les murailles tombèrent d'elles-mêmes, et la ville fut prise (1).

3° **Victoires de Josué.** — Tous les peuples du pays qui osèrent combattre les Israélites furent vaincus et exterminés. Les Gabaonites seuls parvinrent à obtenir leur alliance ; mais bientôt ils se virent eux-mêmes attaqués par d'autres peuples chananéens et s'adressèrent à Josué qui marcha à leur secours, fondit sur les ennemis et en tua un grand nombre. Mais comme leur défaite n'était pas encore complète et que le jour touchait à sa fin, il commanda au soleil de s'arrêter, et le soleil s'arrêta au milieu du ciel, c'est-à-dire que le jour se prolongea.

4° **Partage de la Terre promise.** — Après avoir exterminé la plupart des peuples de Chanaan, Josué partagea ce pays entre les douze tribus d'Israël. La tribu de Juda eut la contrée la plus riche et la plus fertile.

---

(1) De Margerie, *Causeries sur l'Ancien Testament*.

Celle de Lévi n'eut point de terre en partage parce que Dieu lui avait donné pour sa subsistance la dîme des prémices de tout ce que la terre produisait. On lui assigna pour demeure quarante-huit villes disséminées dans le territoire des diverses tribus. Ces villes furent appelées *lévitiques*. On désigna encore six *villes de refuge* pour servir d'asile à tout homme qui commettrait un meurtre involontaire.

Josué sentant sa fin prochaine rappela aux Hébreux, à l'exemple de Moïse, les bienfaits de Dieu, leur fit promettre de rester fidèles au Seigneur, et mourut à l'âge de cent dix ans. Un voyageur français, Victor Guérin, a tout récemment découvert le tombeau de Josué qui est une vaste grotte creusée dans le roc.

II. — Les Juges (1580-1080).

1° Institution des Juges. — Pendant dix-huit ans, les Israélites furent gouvernés par les *Anciens* qui se réunissaient à certaines époques en assemblée générale sous la présidence du grand-prêtre ; mais, exposés à des attaques continuelles, ils avaient besoin de chefs pour les commander ; ces chefs furent les Juges.

L'institution ne paraît pas avoir été régulière ni constante. Choisis au moment du péril, ou plutôt, suscités de Dieu, ils se retiraient quand la paix était rétablie. On en compte quinze qui délivrèrent le peuple juif de sept servitudes, méritées l'une après l'autre par la violation des lois divines.

Tableau

des Servitudes et des Juges d'Israël, depuis la sortie de l'Egypte jusqu'au retour de la captivité de Babylone.

	Années de gouv.
1645. Moïse au désert	40
1605. Josué durant	25
1580. Anarchie de	18
1562. Première servitude, qui a été de	8
1554. Othoniel gouverna	40

1514.	Deuxième servitude de.	18
1496.	Ahod gouverna, *Samgar lui succéda*	80
1416.	Troisième servitude de	20
1396.	Débora et Barac gouvernèrent.	40
1356.	Quatrième servitude de	7
1349.	Gédéon gouverna.	40
1309.	Abimélech gouverna	3
1309.	Thola gouverna	23
1283.	Jaïr gouverna	22
1261.	Cinquième servitude de	18
1243.	Jephté gouverna	6
1237.	Abesan gouverna.	7
1230.	Ahialon gouverna.	10
1220.	Abdon gouverna	8
1212.	Sixième servitude de	40
1172.	Samson gouverna.	20
1152.	Héli gouverna	40
1112.	Septième servitude. Interrègne de	20
1092.	Samuel dont le gouvernement avant l'élection de Saül a été de	12

Total des années depuis la sortie jusqu'à l'élection de Saül en 1080 365

2° Les **plus célèbres** des Juges furent Gédéon, Jephté, Samson, Héli et Samuel.

a) Gédéon. — Les Madianites opprimaient le peuple de Dieu; Gédéon fut choisi pour être son libérateur; il ne prit avec lui que trois cents hommes, à qui il donna pour armes des trompettes, et des flambeaux cachés dans des vases de terre. Ces trois cents Israélites environnèrent pendant la nuit le camp des Madianites; et au signal que leur donna Gédéon, ils brisèrent leurs vases les uns contre les autres, et toutes les trompettes sonnèrent à la fois. Le bruit des instruments guerriers joint à l'éclat des flambeaux jeta un si grand effroi parmi les ennemis, qu'ils s'entretuèrent les uns les autres, au nombre de cent vingt mille hommes.

b) Jephté. — Jephté fut ensuite appelé par Dieu à délivrer son peuple du joug des Ammonites. Il fit vœu, s'il remportait la victoire, d'offrir au Seigneur en holocauste la première personne qui viendrait à lui. Sa fille se présenta la première et le reçut au son des tambours et des trompettes. Le malheureux père pleura son vœu imprudent et consacra sa fille au Seigneur.

Jephté gouverna avec sagesse et courage, il mourut après six ans de judicature.

c) Samson. — Les Israélites, toujours infidèles, avaient été soumis par les Philistins, lorsque Samson, consacré au Seigneur dès sa naissance et doué d'une force prodigieuse, entreprit de les délivrer. Il signala sa vigueur et son courage en tuant mille Philistins avec une mâchoire d'âne, puis en emportant sur ses épaules les portes de la ville de Gaza où ses ennemis avaient cru l'enfermer.

Les Philistins ne purent par la force se rendre maîtres de ce terrible ennemi, ils s'en emparèrent par ruse. Une femme, nommée *Dalila*, gagnée par leurs présents, surprit le secret de la force de Samson, et coupa ses cheveux dans lesquels résidait sa vigueur. Elle le livra aux Philistins qui lui crevèrent les yeux et le jetèrent dans un cachot. Quelque temps après, ceux-ci l'ayant amené au milieu d'un temple où ils célébraient la fête de leur idole, Samson, à qui sa vigueur était revenue peu à peu avec sa chevelure, renversa deux colonnes qui soutenaient tout l'édifice, en s'écriant : « *Que je meure avec les Philistins* », et s'ensevelit sous les ruines du temple avec trois mille Philistins (1).

d) Héli. — Sous le gouvernement du grand-prêtre Héli, qui succéda comme juge à Samson, vivait une femme nommée Anne, de la tribu de Lévi. Le Seigneur exauça ses prières et lui donna un fils qu'elle nomma *Samuel*, c'est-à-dire accordé de Dieu. Il fut élevé dans le tabernacle au service d'Héli, juge rempli de piété, mais faible pour ses enfants, Ophni et Phinées, qui se livraient à de honteux désordres.

Dieu appela un jour Samuel dans le tabernacle, lui révéla que les fils d'Héli seraient punis de mort à cause de leur conduite déréglée, et qu'Héli lui-même payerait de sa vie son indulgence à leur égard. Cette prédiction se vérifia bientôt ; l'arche fut prise aux Hébreux par les Philistins, et les deux fils d'Héli périrent dans la déroute. A cette fatale nouvelle, Héli tomba de son siège, se brisa la tête, et mourut à l'âge de quatre-vingt-dix-huit ans (2).

(1) Ansart, *Histoire sainte*.
(2) Rouaudin, *Histoire sainte*.

c) **Samuel**. — Samuel succéda à Héli. Il ramena le peuple à la pénitence, et les Philistins furent vaincus pour longtemps. Samuel gouverna donc en paix. Malheureusement, quand il devint vieux, ses fils imitèrent les exemples des fils d'Héli : ils recevaient des présents et corrompaient la justice. Les anciens du peuple vinrent trouver Samuel et lui dirent : « *Donnez-nous un roi, comme en ont les autres nations.* »

Demander un roi, c'était se lasser du règne de Dieu qui les gouvernait par ses juges. Samuel leur reprocha leur inconstance et leur représenta quels abus pouvait se permettre le pouvoir qu'ils voulaient instituer : « *Voici*, disait-il, *ce que pourra faire celui qui va régner sur vous : il prendra vos fils pour ses armées, pour ses travaux, et vos filles pour son service. Il prendra vos champs et les fruits de vos champs, vos serviteurs, vos bêtes de somme.* » Mais comme ils persistaient, Dieu dit à Samuel : « *Ecoute leur demande : donne-leur un roi.* »

3° **La monarchie juive**. — Le changement opéré dans la forme du gouvernement des hébreux, par l'institution de la royauté en la personne de Saül, ne fut pas une révolution dans le sens actuel du mot.

La constitution du peuple de Dieu, sous la souveraineté directe absolue, inviolable de Jéhovah, se prêtait avec une élasticité merveilleuse à tous les changements de pouvoir.

L'autorité du roi, comme celle du juge, n'était réellement qu'une autorité ministérielle et déléguée. Jéhovah continua à gouverner par le roi, comme il l'avait fait par les juges.

Prévue d'avance, et réglée par la loi de Moïse, l'institution monarchique n'était qu'une forme nouvelle introduite dans le corps social ; elle n'était point un changement radical.

La loi divine était au-dessus du monarque et conservait son absolue souveraineté. En criant : *Vive le Roi !* la nation saluait l'élu de Dieu ; en acclamant le droit de seconde majesté, elle rendait hommage à la première (1).

---

(1) Daras : *Histoire de l'Eglise catholique*.

QUESTIONNAIRE. — Qu'est-ce que Josué ? — Racontez le passage du Jourdain et la prise de Jéricho. — Victoires de Josué. — Comment la terre promise fut-elle partagée ? — Qu'est-ce que les Juges ? — Quels sont les plus célèbres ? — Racontez l'histoire de Gédéon, de Jephté, de Samson, de Samuel. — Qu'est-ce que les Prophètes ? — Comment les divise-t-on ? — Nommez les grands prophètes et les petits. — Quel fut le caractère de la monarchie juive ?

CHAPITRE VI

(23° et 24° Leçons)

SAUL, DAVID ET SALOMON

RÉSUMÉ. — I. *Saül*, le premier roi des Israélites, fut d'abord fidèle à Dieu, puis rejeté à cause de ses révoltes.
II. *David* succéda à Saül. Avant sa chute, David embellit Jérusalem. Après il se sanctifia par le repentir.
III. *Salomon* commença glorieusement son règne ; il le termina dans l'idolâtrie.

I. — Saül premier roi (1080-1040).

1° Election de Saül. — Le premier roi des Israélites fut Saül. Voici comment Dieu fit connaître le choix qu'il avait fait de lui. Son père ayant perdu ses ânesses l'envoya pour les chercher ; comme Saül ne les trouvait point, il s'adressa à Samuel pour savoir où elles étaient. Le prophète à qui Dieu avait révélé que l'inconnu qui s'adresserait à lui était celui qu'il avait choisi pour régner, lui donna l'onction royale ; et le sort, qui fut jeté sur toutes les tribus assemblées par l'ordre de Dieu pour élire un roi, confirma l'onction faite par Samuel.

2° Les premières années du règne de Saül furent très heureuses. Il défit les Ammonites qui attaquaient la ville de Jabès, au pays de Galaad, mais il commit ensuite plusieurs fautes qui le firent rejeter par le Seigneur. Dans une guerre contre les Philistins, il prit sur lui d'offrir un sacrifice au Seigneur, bien qu'il ne fût pas de la tribu de Lévi et consacré pour le sacerdoce : aussi Samuel l'avertit que dès lors la royauté ne demeurerait point dans sa maison.

3° **Saül rejeté par Dieu. — Sa mort.** — Dès ce moment, et pendant les quinze années qui suivirent, Saül

David tue Goliath.

fut en proie à une sombre mélancolie : pour la combattre, on lui amena un jeune berger de la tribu de Juda, David, fils d'Isaï, qui calma les fureurs du roi par les accords de sa harpe.

Peu de temps après, ce jeune berger que Dieu destinait à devenir le roi de son peuple fit paraître le courage d'un héros, en combattant le géant Goliath qu'il tua avec sa fronde. Saül combla *David* de faveurs, et lui donna sa fille Michol ; mais ensuite il prit ombrage de sa popularité et chercha à le faire mourir.

Grâce au dévouement de son fidèle ami Jonathas, fils du roi, David échappa à la mort : il s'enfuit et mena une vie errante dans les déserts de la Judée.

Saül poursuivit David de sa haine ; David, au contraire, montra la magnanimité de son cœur : il épargna deux fois la vie de son cruel ennemi. Enfin le moment du châtiment arriva pour Saül : les Philistins vinrent l'attaquer. Il chercha à connaître le sort qui l'attendait en consultant la Pythonisse d'Endor ; et il apprit que ses fils et lui devaient périr dans la prochaine bataille. Cette bataille s'engagea sur les hauteurs de Gelboë, et, en effet, deux fils de Saül et le roi lui-même y trouvèrent la mort (1).

Instrument inintelligent et serviteur rebelle, Saül n'a donné qu'une ébauche de la monarchie. Le vrai roi sera David, à la fois prophète et chef d'armée, poète et législateur (2).

II. — David (1040-1001).

1° David avant sa faute. — Après la mort de Saül, David fut proclamé roi à Hébron par les tribus de Juda et de Benjamin. Les autres tribus demeurèrent fidèles au dernier fils survivant de Saül, Isboseth. La lutte entre les deux rois dura six ans. Devenu seul roi d'Israël à la mort d'Isboseth, David se proposa *deux choses* : affranchir le peuple de Dieu de toute dépendance ; faire de Jérusalem la véritable capitale du royaume en la rendant le centre religieux et politique de la nation.

Il atteignit le *premier but*, en s'emparant de la citadelle de Sion, demeurée jusqu'alors au pouvoir des Jébusiens ; en remportant des victoires sur les Philistins, les Moabites, les Syriens, les Iduméens, les Amalécites et les Ammonites : il étendit ainsi les limites de son empire depuis la Méditerranée jusqu'à l'Euphrate, et depuis Damas jusqu'aux ports d'Eliath et d'Assiongaber.

David réalisa sa *seconde pensée* en transportant solennellement l'Arche d'alliance, en s'entourant de toute la pompe qui environnait les rois de l'Orient (3). Quatre

---

(1) Bernard, *Histoire sainte*.
(2) Pélissier, *Grandes leçons d'antiquité chrétienne*.
(3) Bernard.

mille chanteurs et musiciens de la tribu de Lévi, rangés en vingt-quatre classes, sous des maîtres nombreux, prenaient part à la célébration des cérémonies sacrées.

2º David après sa faute. — Malheureusement ce grand roi commit un crime énorme : il fit périr, en l'exposant à un danger certain, un de ses officiers, Urie,

David devant l'arche.

afin de pouvoir épouser Bethsabée, sa femme, qu'il avait déshonorée.

Le prophète *Nathan* alla, de la part du Seigneur, lui reprocher ce crime et lui en annoncer le châtiment. « *Il y avait*, dit le prophète, *dans une ville, deux hommes, l'un riche et l'autre pauvre. Le riche avait un grand nombre de brebis et de bœufs; le pauvre n'avait qu'une petite brebis qu'il avait achetée et nourrie, et il la chérissait comme sa fille. Un étranger vint voir le riche, celui-ci prit la brebis du pauvre et la donna à manger à son hôte.* »

David, indigné, dit à Nathan : « *Celui qui a fait cette action est digne de mort.* — *C'est toi-même qui es cet homme*, reprit le prophète ; *le Seigneur t'a comblé de biens et tu as fait périr Urie, après lui avoir enlevé sa femme. C'est pourquoi Dieu remplira de maux ta propre maison.* »

David, repentant, dit à Nathan : « *J'ai péché contre le Seigneur* », et Nathan lui répondit : « *Le Seigneur te pardonne, mais l'enfant qui est né de toi va perdre la vie.* » Cet enfant mourut, en effet, sept jours après, quoique David eût jeûné et prié pour lui. Bethsabée eut un second fils qui fut appelé Salomon.

3° **Révolte d'Absalon.** — David fut encore puni par la *révolte d'Absalon*, un de ses fils qui le chassa de Jérusalem. David en sortit pieds nus, la tête voilée et les yeux baignés de larmes ; il fut poursuivi par un parent de Saül nommé Séméi qui lui jeta des pierres et le chargea de malédictions. Ceux qui accompagnaient David voulaient punir cet insolent ; mais ce prince pénitent les en empêcha et subit toute l'humiliation qu'il avait méritée.

Tous les fidèles sujets de David se réunirent à leur prince ; Absalon qui était venu l'attaquer à la tête d'une nombreuse armée, fut entièrement défait. David avait ordonné de l'épargner ; mais ce fils rebelle ne devait pas échapper à la peine de son attentat. Il prit la fuite, monté sur une mule. Comme il passait sous un chêne, sa chevelure, qui était très longue, s'embarrassa dans les branches, et la mule continuant de courir, il y demeura suspendu par les cheveux. Il eut le cœur percé de trois dards par Joab, général des troupes de David.

4° **Triomphe et mort de David.** — David rentra triomphant à Jérusalem. Ayant ordonné plus tard le dénombrement de son peuple, et trouvé un million trois cent mille hommes en état de porter les armes, il conçut une pensée d'orgueil qui attira sur son royaume une peste terrible.

Ce prince est surtout célèbre par sa pénitence, sa piété et par ses chants sublimes connus sous le nom de psaumes, qui l'ont fait surnommer le roi-prophète. Il mourut à l'âge de soixante-onze ans, après un règne de quarante ans, laissant à son successeur d'immenses trésors.

III. — **Salomon** (1001-962).

Le règne de Salomon, d'abord prospère, finit par la décadence.

1º Sagesse de Salomon. — Salomon avait dix-sept ans à la mort de son père. Il commença par faire mettre à mort Adonias, son frère, qui, placé à la tête d'une redoutable coalition, lui disputait la couronne. Se voyant affermi sur le trône, il épousa la fille du Pharaon d'Égypte avec lequel il fit alliance. Ensuite il se rendit à Gabaon pour immoler mille victimes au Seigneur. Dieu lui apparut la nuit suivante et lui dit : *Demande-moi ce que tu voudras et je te le donnerai.* Salomon demanda la sagesse, et le Seigneur, content de ce choix, lui promit de le rendre non seulement le plus sage, mais encore le plus riche et le plus magnifique des rois.

2º Richesse de Salomon. — De même que David, dit M. Pélissier, avait fait de son peuple une nation conquérante, Salomon tourna l'ardente activité des Juifs vers le *commerce*. Rien de plus fécond que son alliance avec Hiram, roi de Tyr, pour aller directement chercher dans l'Inde les épices, les aromates, les bois précieux, les gommes et l'ivoire; demander à l'Espagne le plomb, l'étain et le cinabre ; cette alliance fit des Israélites un peuple commerçant à l'égal des Phéniciens; l'argent devint commun à Jérusalem, comme les pierres et les cèdres, comme les sycomores qui croissent dans les champs.

3º Jugement de Salomon. — Un *jugement* fameux fit éclater à tous les yeux cette sagesse. Deux femmes, demeurant sous le même toit, venaient d'avoir chacune un fils. L'une d'elles étouffa son enfant en dormant ; le voyant mort, à son réveil, elle le porta furtivement aux côtés de sa compagne dont elle prit l'enfant pour elle-même. L'autre trouva dans ses bras l'enfant mort; mais aux premières lueurs du jour, elle vit bien que ce n'était pas celui qu'elle avait mis au monde.

Elles vinrent toutes deux se disputer devant Salomon l'enfant qui vivait. Salomon dit : *Que l'on apporte un glaive !* et il ajouta : *Que l'on coupe l'enfant en deux parts et qu'on en donne une à chacune des deux femmes.* La vraie mère, transportée par son amour maternel, s'écria : *Seigneur, donnez-lui l'enfant vivant; ne le tuez pas;* tandis que l'autre disait : *Eh bien ! qu'on le partage.* Le roi dit : *Qu'on ne tue pas l'enfant; qu'on le donne à celle-là; elle est vraiment sa mère.* Le peuple fut dans l'admiration de tant de sagesse.

Jugement de Salomon.

4° **Le temple.** — Salomon régnait en paix sur tout Israël, et la plupart des rois voisins étant ses tributaires, il crut le moment venu de construire un *temple* au Seigneur et de réaliser ainsi le projet de son père, mais que David, docile aux ordres de Dieu, avait laissé à son successeur. Salomon écrivit donc à Hiram, roi de Tyr, ancien ami de David, pour lui demander des ouvriers et des bois de construction. Hiram s'empressa de se mettre à la disposition de son puissant voisin.

Pendant sept années, plus de quatre-vingt mille ouvriers, tant Israélites que Tyriens, furent employés à abattre les cèdres gigantesques qui couvraient la cime du haut Liban, à extraire et à travailler la pierre, à creuser les fondements, puis à bâtir un édifice magnifique.

5º **Dédicace du temple.** — A l'intérieur, tout était fait du bois le plus précieux et recouvert de l'or le plus pur. Tous les anciens d'Israël avec les princes des tribus et les chefs des familles s'assemblèrent à Jérusalem pour célébrer la dédicace du temple. Les lévites et les prêtres prirent l'arche sainte, le tabernacle et tous les vases du sanctuaire et les transportèrent avec pompe. Salomon, environné du peuple, marchait en avant.

Lorsque tout eut été déposé dans le temple, et que les prêtres furent sortis du sanctuaire, une nuée toute resplendissante de la gloire du Très-Haut remplit la maison du Seigneur. *O Dieu*, dit alors Salomon, *j'ai bâti ce temple afin qu'il vous tienne lieu de demeure, et que votre trône y soit stable à jamais.* Puis se mettant à genoux devant l'autel, et tenant ses mains étendues, il pria le Seigneur d'accorder à son peuple toutes sortes de prospérités ; il immola ensuite vingt-deux mille bœufs et cent vingt mille brebis, comme hosties pacifiques. Cette fête dura quatorze jours.

6º **Les Palais.** — Outre le temple du Seigneur, Salomon fit bâtir encore de superbes *palais* pour lui-même, et pour la reine, sa femme, fille du roi d'Egypte. Il fonda aussi plusieurs villes parmi lesquelles on cite celle de Palmyre ou Tadmor dont on admire encore les ruines magnifiques dans le désert à l'Orient de la Palestine.

La sagesse du roi rehaussait encore l'éclat de sa grandeur. Il avait composé trois mille paraboles et plus de mille cantiques : les paraboles sont restées en partie dans les livres des Proverbes et de l'Ecclésiaste ; des cantiques, un seul est resté, le cantique par excellence, le cantique des cantiques. La science de Salomon embrassait la nature entière.

7º **La reine de Saba.** — Attirée par sa renommée, la *reine de Saba* vint de l'Arabie heureuse, avec des chameaux chargés d'or, de pierres précieuses, de diverses sortes d'aromates et de parfums. Cette reine, célèbre dans tout l'Orient, voulait visiter Salomon et éprouver sa sagesse par des questions obscures ; elle fut frappée de sa pénétration profonde, et partit en disant : *Ta sagesse passe tout ce que la renommée m'avait appris sur toi ; heureux les serviteurs qui jouissent toujours de ta présence !*

8° **Chute de Salomon.** — Autant le commencement du règne de Salomon fut heureux, autant sa fin fut triste. Il commit des péchés sans nombre, et s'abandonna à l'idolâtrie.

Salomon se laissa aller à l'orgueil ; les louanges l'enivrèrent. Dieu défendait d'épouser des femmes étrangères. Il ne craignit pas d'enfreindre cette défense. Elles l'entraînèrent dans l'idolâtrie, et après avoir été si sage dans sa jeunesse, parce qu'il était humble, obéissant et pur, il eut une vieillesse orgueilleuse, impure et révoltée contre Dieu. Il ne rougit pas d'offrir de l'encens à des idoles de pierre et de bois.

Dieu, pour le punir, lui annonça qu'il enlèverait à son fils, Roboam, une partie de son royaume qui serait donnée à Jéroboam, un de ses intendants. Salomon, ayant appris toutes ces choses, voulut faire mourir Jéroboam. Mais celui-ci s'enfuit auprès de Sésac, roi d'Égypte.

9° **Mort de Salomon.** — Salomon, après avoir régné quarante ans sur tout Israël, s'endormit avec ses pères et fut enseveli dans la cité de David. On dit qu'il revint de ses erreurs, et l'on peut voir un signe de ce désenchantement dans le troisième des livres qui lui sont attribués, l'Ecclésiaste où en commençant il s'écrie : *Vanité des vanités, et tout est vanité !* Mais on ignore si Salomon s'est repenti de ses fautes avant sa mort : aussi, sera-t-il pour tous les siècles un exemple déplorable de la corruption du cœur humain, contre laquelle nous ne trouvons de préservatifs assurés ni dans nos œuvres, ni dans nos vertus passées, mais dans la grâce et la miséricorde de Dieu.

IV. — Schisme des dix tribus (962).

1° Roboam et Jéroboam. — Après la mort de Salomon, son fils Roboam se rendit à Sichem où tout Israël s'était assemblé pour l'établir roi. Mais Jéroboam, qui avait quitté l'Egypte à la première nouvelle de la mort de Salomon, vint à la tête du peuple trouver le nouveau roi, et lui dit : *Votre père nous avait chargés d'un joug très dur ; diminuez quelque chose de son extrême rigueur, et nous vous servirons.* Roboam répondit : *Revenez dans trois jours.* Pendant ce temps, il consulta les vieillards ; ils lui conseillèrent d'accorder au peuple sa demande et de le traiter avec douceur. Mais il voulut prendre aussi l'avis des jeunes gens qui étaient toujours auprès de sa personne. *Voici*, lui dirent-ils, *la réponse que vous ferez au peuple : Vous dites que mon père vous a imposé un joug pesant ; et moi je le rendrai plus pesant encore. Mon père vous a battus avec des verges, et moi je vous châtierai avec des verges de fer.* Le peuple se révolta, lapida les collecteurs d'impôts, et toutes les tribus, excepté celles de Juda et de Benjamin, prirent pour roi Jéroboam.

2° Défaite de Roboam. — Roboam voulut marcher contre les rebelles, à la tête d'une armée levée dans les tribus fidèles ; mais le prophète *Séméias*, de la part de Dieu, défendit à ses soldats de combattre contre leurs frères, et leur ordonna de retourner chacun dans sa maison. Ainsi fut consommée la séparation du royaume de Juda, dont le siège resta fixé à Jérusalem, et du royaume d'Israël, qui eut Sichem pour capitale.

QUESTIONNAIRE. — Quel fut le premier roi des Israélites ? — Comment Saül devint-il infidèle à Dieu ? — Qu'est-ce que David ? — Que fit-il avant sa chute ? — Comment fut-il puni de sa faute ? — Comment Salomon commença-t-il son règne ? — Comment le termina-t-il ? — Racontez le schisme des dix tribus.

Tableau des rois de Juda et d'Israël,

DEPUIS LE SCHISME DES DIX TRIBUS, EN 962

JUDA,
durée de 962 à 606 ; — 356.
20 Rois.

Rois.	Années.	DURÉE de leur règne.
Roboam, impie.	962	17 ans.
Abiam, impie.	946	3
Aza, pieux.	944	41
Josaphat, pieux.	904	25
Joram (Athalie), impie.	880	8
Ochosias, impie.	877	1
Athalie, impie.	876	6
Joas, impie.	870	40
Amazias, impie.	831	29
Osias ou Azarias, pieux.	803	54
Joathan, pieux.	752	16
Achaz, impie.	737	16
Ezéchias, pieux.	723	29
Manassès (Isaïe), impie.	694	55
Amon, impie.	640	2
Josias (Jérémie), pieux.	639	32
Joachaz, impie.	609	3 mois.
Eliakim ou Joachim, impie.	608	2 ans.
Jéchonias.	598	3 mois.
Sédécias, impie.	597	21 ans.
Captivité.	587	

Destruction du royaume de Juda, par Nabuchodonosor II, roi d'Assyrie, en 587.
La captivité de Babylone dura 70 ans, de 606 à 536, 112 ans après la chute du royaume d'Israël).

ISRAEL,
durée de 962 à 718 : — 244.
19 Rois.

Rois.	Années.	DURÉE de leur règne.
Jéroboam, 1er.	962	21 ans.
Nadab.	943	2
Baasa (Jéhu).	942	24
Ela	919	1
Zamri.	919	1
Amri (Samarie).	919	11
Achab, sa femme Jésabel (Élie).	907	22
Ochosias.	888	2
Joram.	887	12
Jéhu (Jézabel).	876	28
Joachaz.	848	17
Joas.	832	17
Jéroboam II.	817	41
Interrègne.	776	
Zacharie.	767	6 mois.
Sellum.	766	1
Manahem.	766	10 ans.
Phaceia.	754	2
Phacée.	753	0
Interrègne.		9
Osée (capturé).	726	28
Destruction.	718	

Destruction du royaume d'Israël, par Salmanazar, roi d'Assyrie, en 718.

CHAPITRE VII

(23º Leçon)

ROYAUME D'ISRAEL
(962-720)

RÉSUMÉ. — I. Les huit premiers rois d'Israël appartiennent à la maison de Jéroboam, à celle de Baasa et à celle d'Achab.
II. Dans la deuxième période, la maison de Jéhu fut suivie d'un temps d'anarchie qui se termina par la conquête du royaume par les Assyriens.
III. Parmi les Israélites transportés à Babylone, il faut remarquer la famille de Tobie.

I. — **Première période** (962-888).

Cette période comprend l'hisoire des huit premiers rois d'Israël ; ils appartiennent à *trois dynasties* différentes : la dynastie de *Jéroboam*, celle de *Baasa* et celle d'*Achab*.

1º Dynastie de Jéroboam (962-942). — (Jéroboam et son fils Nadab.) Après le schisme, Jéroboam fixa la capitale du royaume d'Israël d'abord à Sichem, ensuite à Thirsa. Dans le but d'empêcher son peuple d'aller à Jérusalem pour y offrir des sacrifices au vrai Dieu dans le temple, il éleva un *veau d'or* aux deux extrémités de son territoire, à Dan, au nord, et à Béthel au midi, et jeta son peuple dans l'idolâtrie en lui disant de cette idole : *Voici ton Dieu, ô Israël, ton Dieu qui t'a tiré de la servitude d'Egypte.*

Le jour où Jéroboam inaugura son culte, un prophète arriva de Juda au moment où, devant la foule, il encensait l'autel du veau d'or. L'homme de Dieu lui annonça qu'un descendant de David, du nom de Josias, immolerait un jour les prêtres de l'idole sur ce même autel, et qu'il y brûlerait leurs ossements. *Saisissez-le*, s'écria Jéroboam en le montrant de la main. A l'instant même cette main se sécha, et, à la voix du prophète, l'autel se fendit, la cendre qu'il portait se dispersa, et ce ne fut qu'à la prière de son serviteur que Dieu rendit au bras de Jéroboam le mouvement et la vie.

Rien cependant n'ébranla le roi, rien ne le détourna de la voie sacrilège où son ambition l'avait poussé, et alors les châtiments arrivèrent. Le Seigneur lui annonça tout ensemble la mort de son fils, la chute prochaine de sa famille, la ruine future du peuple qu'il avait lui-même éloigné de Dieu. Il mourut après un règne de vingt ans et laissa le trône à son fils *Nadab*, qui, au bout de deux ans, fut assassiné par Baaza.

2º **Dynastie de Baaza** (942-907). — (Baaza et son fils Ela.) Meurtrier de Nadab et de toute la famille de Jéroboam, Baaza favorisa comme eux l'idolâtrie. Il mourut après avoir régné vingt-quatre ans. Son fils *Ela* lui succéda, mais, au bout de deux ans, il mourut assassiné par *Zamri*, un de ses officiers.

Un autre général, *Amri*, fut proclamé roi par l'armée et marcha contre le meurtrier du roi ; il l'assiégea dans Thirsa et le força à s'ensevelir sous les ruines du palais incendié. Il s'empara ensuite du pouvoir, fonda Samarie qui devint la capitale du royaume d'Israël, repoussa une attaque du roi de Syrie, Bénédab, et, après un règne de douze ans, laissa le trône à son fils *Achab*, qui surpassa en impiété tous ses prédécesseurs et rendit presque tous ses sujets aussi pervers que lui (923).

3º **Dynastie d'Achab** (907-874). — *a*) Impiété d'Achab. — Achab avait épousé *Jésabel*, fille du roi de Sidon, femme plus cruelle et plus méchante encore, s'il est possible, que son mari. Non contents des veaux d'or de Jéroboam, ils voulurent introduire à Samarie le culte de Baal, le dieu des Sidoniens. Pour les punir, Dieu leur envoya *Élie*, son prophète, qui leur annonça que, pendant trois ans et demi, il ne tomberait en Israël ni une goutte de pluie ni une goutte de rosée. Cette prédiction s'accomplit, il s'ensuivit dans tout le royaume une grande famine.

Suivant l'ordre du Seigneur, Élie se retira dans le désert. Là, il buvait l'eau du torrent. Matin et soir, des corbeaux envoyés de Dieu lui apportaient du pain et de la viande. Le torrent s'étant desséché, Dieu, pour nourrir son prophète, multiplia miraculeusement une petite portion de farine et d'huile que possédait une pauvre veuve de Sarepta, ville des Sidoniens. Enfin le fils de cette veuve étant venu à mourir, Élie le ressuscita.

b) **Élie et les faux prophètes.** — Cependant la famine devenant effroyable, Dieu eut pitié du pauvre peuple et envoya Élie à Achab pour lui annoncer que ce fléau allait cesser. Achab, du reste, ne sachant plus que devenir, faisait depuis longtemps chercher l'homme de Dieu. Élie se présentant devant Achab lui reprocha ses crimes, et, assemblant le peuple, voulut le mettre à même de choisir entre Baal et le vrai Dieu. « *Réunissez*, dit-il, *tous vos faux prophètes; qu'on dresse deux autels. Que sur chacun on place une victime. Qu'autour de leur autel vos prêtres invoquent leurs prétendues divinités. Autour de l'autre, j'invoquerai mon Dieu. Celui qui nous aura exaucé en faisant descendre le feu du ciel sur l'un ou l'autre des autels, celui-là sera le vrai Dieu.*

Les faux prophètes s'épuisèrent en prières et en cris; leurs sourdes divinités ne les pouvaient entendre. Élie eut à peine invoqué le Seigneur, que le feu du Ciel tombant sur son autel dévora non seulement la victime mais encore le bois, la pierre, l'autel lui-même tout entier. Le peuple glorifia Dieu. Puis une pluie abondante tomba sur la terre et la famine cessa.

Malgré cette indulgence de Dieu, malgré un secours inespéré qu'il lui accorda dans une guerre contre les Syriens, Achab persévéra dans son impiété (1).

c) **Mort d'Achab.** — Un homme de Jézraël, nommé Naboth, avait en cette ville une vigne qui touchait au palais d'Achab. Le roi lui dit : « *Vends-moi la vigne, afin que j'en fasse un jardin. — Dieu me garde*, lui répondit Naboth, *de vous vendre l'héritage de mes pères.* » Sur un faux témoignage, l'infortuné fut mené hors de la ville et lapidé. Alors Achab alla prendre possession de la vigne de Naboth, mais le prophète Élie se présenta et lui dit : « *En ce même lieu, où les chiens ont léché le*

---

(1) De Margerie, *Causeries sur l'Ancien Testament*.

sang de Naboth, ils lécheront aussi le tien. Ta maison sera détruite et les chiens mangeront Jésabel dans le champ de Jézraël. » La prédiction d'Elie ne tarda pas à s'accomplir. Lorsqu'Achab assiégeait Pramoth de Galaad, de concert avec Josaphat, roi de Juda, il fut atteint d'une flèche lancée au hasard. On le rapporta mort ; il fut enseveli à Samarie. On lava son char dans la piscine de la ville, et les chiens léchèrent son sang, suivant la prédiction d'Elie. Il laissait deux fils, Ochosias et Joram, qui lui succédèrent l'un après l'autre.

d) **Les fils d'Achab.** — *Ochosias* demeura à peine deux ans sur le trône d'Israël. Etant tombé de la fenêtre d'une chambre haute de son palais, il mourut de cette chute, et comme il n'avait point de fils, ce fut *Joram*, son frère, qui lui succéda.

Sous son règne, Benhadar vint de nouveau assiéger Samarie ; mais il y perdit toute son armée. *Hazaël*, son meurtrier et son successeur, le vengea en prenant Ramoth-Galaad, et en battant Joram qui, peu de temps après, fut renversé du trône par Jéhu, un de ses officiers.

4º **Jéhu et Athalie** (874-848). — Jéhu se révolta contre Joram et le tua dans la vigne de ce même Naboth qu'Achab avait fait mourir. Jéhu entra dans Jézraël. Jézabel avait voulu paraître devant lui dans tout son éclat.

Elle se peignit les yeux avec du fard, s'orna la chevelure et se mit à la fenêtre. Jéhu la voyant dit : *Qu'on la jette en bas !* Son sang arrosa les murailles ; elle fut foulée aux pieds des chevaux, et quand le soir Jéhu voulut lui faire donner la sépulture, on ne trouva plus que le crâne, les pieds et les mains ; les chiens avaient dévoré le reste. Ce n'est pas tout : la race tout entière d'Achab fut condamnée. Achab avait soixante-dix fils à Samarie : leurs têtes furent envoyées au vainqueur. Avec la race d'Achab, Jéhu voulut exterminer le culte de Baal introduit par ce roi en Israël. Il convoqua tous les prêtres à un sacrifice ; quand il fut achevé, il les fit égorger sur leur autel.

Mais une femme resta de la race impie d'Achab, *Athalie*. Tandis que Jéhu abattait sa maison et le culte de ses dieux en Israël, elle les releva en Juda. A la nouvelle de la mort d'Ochosias, elle avait fait périr les enfants de ce prince, ses petits-fils. Mais l'un d'eux avait échappé. Josabeth, femme du grand-prêtre, et Joïada, déroba au massacre le jeune Joas, et le cacha pendant six ans dans le Temple.

La septième année, Joïada fit choix d'hommes sûrs et les chargea de convoquer les lévites et les chefs de famille. Quand ils furent réunis, il leur présenta Joas qui fut salué aux cris de : *Vive le roi!* A ces acclamations, Athalie accourut avec la multitude, et voyant Joas sur le trône elle cria : *Trahison! Trahison!* Traînée hors du temple, elle fut mise à mort. On tua aussi Mathan, prêtre de Baal, sur les débris du temple de son idole (868).

II. — Deuxième période (874-720).

1º **Jéhu**. — Cette période, qui va depuis le règne de Jéhu jusqu'à la première invasion des Assyriens, comprend l'histoire des rois de la dynastie de *Jéhu*, et celle de l'*anarchie* qui amena la chute du royaume.

Jéhu, devenu roi d'Israël, ne persévéra point dans le zèle qu'il avait d'abord montré contre l'idolâtrie ; il fléchit le genou devant les veaux d'or. Mais, comme il avait fidèlement exécuté les desseins de Dieu contre la maison d'Achab, Dieu lui promit que ses enfants régneraient sur Israël jusqu'à la quatrième génération. Jéhu mourut après un règne de vingt-huit ans (848).

2º **Joachas**, son fils, lui succéda ; pendant un règne de dix-sept ans il vit son royaume continuellement ravagé par les Syriens (832).

3º **Joas**, fils de Joachas, régna au contraire avec gloire pendant seize ans. Il remporta trois victoires sur Bénadab III, roi de Syrie, et il lui reprit toutes les villes qu'Israël avait perdues sous le règne de Joachas. Il fit aussi la guerre au roi de Juda, Amasias, et s'empara de Jérusalem (817).

4º **Jéroboam II**, fils de Joas, se signala par de nouvelles victoires sur les Syriens. Après cinquante ans d'un règne prospère, il laissa le trône à son fils Zacharie (766).

Sous le règne de Jéroboam II, Dieu commanda au prophète *Jonas* d'aller prêcher la pénitence à Ninive, la plus grande et la plus riche ville de l'univers, livrée à tous les désordres qui naissent du luxe et de la mollesse. Le prophète devait annoncer aux Ninivites que dans quarante jours leur ville serait détruite s'ils ne faisaient pas pénitence.

Au lieu de remplir sa mission, il s'embarqua pour une contrée tout opposée à celle où il devait se rendre. Mais il s'éleva une furieuse tempête qui obligea les matelots de tirer au sort pour savoir quel était le coupable qui leur attirait ce châtiment. Le sort désigna Jonas, et sur sa demande on le jeta à la mer. Une baleine le reçut dans ses entrailles et, trois jours après, le jeta plein de vie sur le rivage. Jonas, devenu plus docile aux ordres du ciel, alla à Ninive. Les habitants de cette grande ville, touchés de sa prédication, se condamnèrent à une rigoureuse pénitence et Dieu leur pardonna.

5° **Zacharie**, fils de Jéroboam II, fut assassiné six mois après son avènement par *Sellum*, qui lui-même au bout d'un mois (765) fut vaincu et tué dans Samarie par *Manahem* qui s'y fit proclamer roi. Celui-ci, forcé de combattre sans cesse les Israélites qui refusent de se soumettre à son autorité, fait alliance avec Phul, roi d'Assyrie, et se reconnaît son tributaire. Il règne ainsi douze ans (765-754) et transmet la couronne à son fils *Phacéia* qui, comme lui, sacrifie aux idoles. La seconde année de son règne, ce prince est attaqué dans Samarie et mis à mort par Phacée, général de ses armées, qui s'empare du trône (753).

6° **Phacée** occupa le trône pendant vingt-cinq ans (753-728), imita l'idolâtrie de ses prédécesseurs, et fut assassiné quelque temps après par *Osée*.

7° **Osée** s'empara à son tour du trône d'Israël menacé par le roi d'Assyrie déjà maître de toutes les contrées voisines. La seconde année de son règne, Osée fut attaqué par Salmanasar, qui lui prit plusieurs de ses places et l'asservit au tribut. Osée appela à son secours l'Ethiopien Sabaccon qui venait de s'emparer de l'Egypte. *L'Egyptien est un roseau qui plie et qui casse*, dit Salmanasar, et il revint assiéger Samarie.

Les Assyriens s'emparèrent de la ville après un siège de trois ans, la ruinèrent de fond en comble, massacrèrent un grand nombre d'habitants, et emmenèrent une foule de prisonniers. Osée lui-même fut enchaîné et traîné à la suite du vainqueur. Ainsi fut anéanti le royaume d'Israël qui avait duré deux cent quarante-quatre ans, depuis la révolte de Jéroboam. Quarante-six ans après, ceux des Israélites qui n'avaient pas été transportés en Assyrie, se soulevèrent contre Asar-Haddon : la révolte fut comprimée, et les restes de la nation vaincue chassés au-delà de l'Euphrate.

III. — **Histoire de Tobie.**

Parmi les Israélites emmenés captifs en Assyrie se trouvait Tobie, homme juste et craignant Dieu, de la tribu de Nephtali. Arrivé à Ninive, il devint la consolation de ses frères de captivité : il partagea avec eux ses biens et ensevelit les morts. Dieu l'éprouva cependant par l'adversité ; il devint aveugle. Croyant sa fin prochaine, il envoya son fils recouvrer, au pays des Mèdes, une somme d'argent qu'il avait prêtée à Gabélus, habitant de la ville de Rhagès.

Le jeune Tobie se mit en route avec l'Ange Raphaël, qui, sous une forme humaine, s'était offert à lui servir de guide. Dès la première journée, l'Ange le délivra d'un poisson monstrueux qui se jetait sur lui pour le dévorer, pendant qu'il se lavait les pieds dans le Tigre. Tobie saisit le monstre qui expira dès qu'il fut à terre ; et il en réserva le fiel pour s'en servir dans une occasion où Raphaël l'avertit qu'il en aurait besoin.

Arrivé à Ecbatane, capitale de la Médie, Tobie fut reçu avec joie par Raguel, son parent à qui, par le conseil de l'Ange, il demanda sa fille Sara en mariage. Raguel la lui donna, et avec elle, la moitié de ses biens. Tobie ne pouvant s'éloigner dans cette circonstance pria son guide d'aller à Rhagès retirer des mains de Gabélus la somme qu'il devait à son père.

Après avoir passé quelques jours auprès de Raguel, il reprit le chemin de Ninive, où ses parents l'attendaient avec impatience. A son arrivée on rendit grâces à Dieu, et le jeune Tobie, prenant le fiel du poisson, qu'il avait réservé, en mit sur les yeux de son père qui aussitôt recouvra la vue. Ensuite il raconta tous les services que lui avait rendus son guide. Tous deux,

Le jeune Tobie et le poisson monstrueux.

dans le transport de leur reconnaissance, offrirent à l'Ange la moitié de tous les biens qu'ils possédaient. Alors l'Ange se révéla à leurs yeux ; et, après les avoir exhortés à persévérer dans la justice et la piété, il disparut, les laissant pleins de joie et d'admiration.

QUESTIONNAIRE. — Qu'appelle-t-on royaume d'Israël ? — Racontez l'histoire de Jéroboam, de Jéhu, d'Achab. — Qu'est-ce que Jonas ? — Comment finit le royaume d'Israël ? — Racontez l'histoire de Tobie.

CHAPITRE VIII

(26º Leçon)

ROYAUME DE JUDA
(962-586)

RÉSUMÉ. — I. L'histoire des rois de Juda peut se diviser en trois périodes.
Première période, depuis le Schisme des dix tribus d'Israël jusqu'à l'Usurpation d'Athalie.
Deuxième période, depuis l'usurpation d'Athalie jusqu'à la première invasion des Assyriens sous le règne d'Ezéchias.
Troisième période, depuis le règne d'Ezéchias, jusqu'à la ruine du royaume de Juda par Nabuchodonosor roi de Babylone.
Dans la première période les principaux rois de Juda furent Roboam et Josaphat.
II. Dans la deuxième période on doit signaler Joas et l'impie Achaz.
III. Dans la troisième période c'est Ezéchias et Manassès qui sont les plus remarquables. C'est sous Manassès que Judith délivra Béthulie. Les derniers rois de Juda se succédèrent rapidement. Sédécias fut témoin de la chute du royaume de Juda.

I. — **Première période** (962-874).

1º Roboam (962-946). — Les rois de cette période furent : Roboam, Abiam, Asa, Josaphat, Joram et Ochosias.
Roboam imita l'idolâtrie de son père Salomon, et en fut puni par l'invasion de Sésac, roi d'Egypte, qui pilla le temple et la ville de Jérusalem. Il mourut à l'âge de trente-deux ans, après un règne de dix-sept ans.

2º Son fils **Abiam** (946-944) marcha sur ses traces ; il remporta, à la tête d'une armée de quatre-vingt mille hommes, une grande victoire sur Jéroboam, roi d'Israël ; après un règne de trois ans il laissa le trône à son fils *Asa* (944-904), âgé de cinq ans. Maacha, aïeule de ce jeune prince, au nom duquel elle gouverna, favorisa le culte des idoles. Mais Asa, parvenu à sa majorité, rétablit le culte du vrai Dieu. Il en fut récompensé par une grande victoire sur le roi d'Éthiopie qui menaçait d'envahir ses États à la tête d'un million d'hommes. Il mourut âgé de quarante-six ans, dont il avait régné quarante et un.

3° Son fils **Josaphat** (904-882) suivit ses bons exemples. Il restaura le culte et vit son nom respecté et redouté de tous, même des Philistins et des Arabes qui lui envoyaient des présents. Cependant il s'attira les châtiments de Dieu en contractant une alliance avec l'impie Achab, roi d'Israël, et en faisant épouser à son fils Joram, Athalie, fille de ce même roi et de Jézabel. Dieu l'en punit par la perte d'une flotte qu'il avait équipée de concert avec Achab, dans le port d'Asiongaber.

Peu après, une invasion terrible des Moabites et des Arabes jeta l'épouvante dans tout le royaume. Déjà les ennemis s'étaient avancés jusqu'à *Engaddi*, à trois cents stades de Jérusalem. Josaphat eut recours au Seigneur ; un jeûne solennel fut ordonné ; des prières publiques furent récitées dans le temple, et le lendemain l'armée s'avança, précédée des lévites qui chantaient des psaumes. Les confédérés en vinrent aux mains.

Après qu'ils eurent détruit les Iduméens, les Moabites et les Ammonites s'égorgèrent entre eux, et, quand les troupes de Juda arrivèrent elles ne trouvèrent plus qu'un champ de bataille couvert de morts. Le butin fut immense : aussi les Hébreux appelèrent-ils cette vallée, la Vallée de bénédictions.

4° Josaphat ayant uni son fils **Joram** (882-875) à la fille d'Achab, c'était la mort qu'il introduisait dans sa maison. Joram commença à régner en massacrant ses propres frères, et laissa son royaume ouvert aux ravages des peuples d'alentour. *Athalie* fut plus puissante encore sous son fils *Ochosias* (875-874) et quand mourut Ochosias elle s'empara du trône en faisant périr ses enfants (874-868).

II. — Deuxième période.
(868-723)

1° Joas (868-831). — Les rois de cette période furent : Joas, Amasias, Osias, Joathan et Achaz.

Athalie établit dans Jérusalem le culte de Baal. Elle jouit pendant des années du fruit de ses crimes. Mais un fils d'Ochosias, âgé d'un an seulement, avait échappé au massacre des princes de la maison royale. Sauvé par sa tante Josabeth, le jeune Joas fut élevé secrètement dans l'enceinte du temple. La septième année du règne d'Athalie, au jour de la Pentecôte, le grand-prêtre le fit reconnaître pour roi. Joas, conduit au palais de ses ancêtres, régna avec sagesse tant que vécut le pontife Joïada, c'est-à-dire pendant trente-huit ans.

Mais quand Joïada ne fut plus, le roi, privé de ce salutaire appui, se laissa corrompre. Oubliant tout ce qu'il devait à Joïada, il fit tuer Zacharie, fils et successeur de son bienfaiteur. Dieu se chargea de venger son prêtre, et, dès l'année suivante, une faible armée de Syriens s'empara de Jérusalem, et traita le roi avec la dernière ignominie. Ses serviteurs le tuèrent afin de venger le sang de Zacharie. Il avait régné quarante ans.

2° Amasias (831-803), fils de Joas, après avoir imité son père dans la piété de sa jeunesse, l'imita aussi dans les égarements de sa vieillesse, et sa fin ne fut pas moins déplorable.

C'est sous le règne de ce prince qu'à la voix du prophète Jonas, les Ninivites et leur roi donnèrent un exemple de pénitence dont le roi de Juda et son peuple ne surent pas profiter.

3° Osias (803-752), fils d'Amasias, lui succéda. D'abord fidèle au Seigneur, il vainquit les Philistins, les Arabes et les Ammonites. Fier de ce succès, il voulut usurper le sacerdoce et brûler de l'encens sur l'autel des parfums. Le grand-prêtre le reprit de son audace ; mais comme il persistait dans son dessein sacrilège, il fut frappé de lèpre. Aussitôt on le chassa du temple, et il demeura séparé du commerce des hommes jusqu'à sa mort. Joathan, son fils, gouverna à sa place.

4° **Joathan** (752-737) se signala par sa piété, sa justice et son amour de la paix ; pendant les seize années de son règne le royaume de Juda fut très florissant.

5° Son fils **Achaz** (737-723), s'abandonna à l'idolâtrie. C'est pourquoi le Seigneur le livra à Razin, roi de Syrie, qui vint avec Phacée, roi d'Israël, l'assiéger dans Jérusalem. Mais Dieu voulant seulement punir le roi de Juda, et non détruire la maison de David, envoya le prophète Isaïe vers Achaz, pour le rassurer. Isaïe remplit cette mission et prophétisa la naissance du Messie.

Razin et Phacée se retirèrent ; mais Achab resta ingrat envers Dieu et fut de nouveau livré à ses ennemis. Cette fois, son fils Maazias fut tué avec cent vingt mille hommes. Le roi d'Assyrie Téglath-Phalasar vint ravager les terres de Juda. Alors Achaz, afin de l'éloigner, lui livra les vases sacrés du temple, en ferma les portes et fit dresser des autels aux faux dieux sur toutes les places de Jérusalem et dans toutes les autres villes du royaume. Il mourut après un règne de seize ans.

III. — Troisième période.
(723-586)

Les rois de cette période sont : Ezéchias, Manassès, Amon, Josias ; Joachas et Joakim ; Jéchonias et Sédécias.

1° A l'impie Achaz succéda son fils **Ezéchias** (723-694) qui restaura le culte du vrai Dieu. La ruine de Samarie et des dix tribus laissait Juda exposé aux coups des Assyriens. Ezéchias ayant refusé le tribut, Sennachérib, successeur de Salmanasar, l'attaqua. Ezéchias avait compté sur l'Egypte, mais le Pharaon ne bougea point, et Sennachérib rassuré de ce côté se tourna tout entier contre Jérusalem, insultant au Seigneur en qui les juifs mettaient leur confiance. Alors Isaïe dit à Ezéchias : *Pas une flèche ne sera tirée contre* *la ville.* En une nuit l'ange du Seigneur frappa de mort cent quatre-vingt-cinq mille hommes dans le camp des Assyriens. Sennachérib s'enfuit à Ninive où il périt tué par deux de ses fils.

Quelque temps après, le roi de Juda tomba malade, et fut sur le point de mourir. Mais Isaïe vint lui dire de la part de l'Éternel : *J'ajouterai encore quinze années à votre vie, et voici le signe que j'accomplirai ma promesse : l'ombre du soleil qui est descendue de dix degrés sur le cadran d'Achaz, retournera de dix degrés en arrière.* Le prodige eut lieu et Ezéchias revint à la santé.

Néanmoins le roi de Juda ayant montré ses trésors avec une ostentation coupable aux envoyés du roi de Babylone, Isaïe lui dit : *Il viendra un temps où tout ce qui est dans ta maison sera transporté à Babylone, un temps où tes enfants et ceux de ton sang seront traînés en esclavage.* Ezéchias, selon le vœu qu'il avait formé, embellit encore Jérusalem de monuments utiles, construisit un aqueduc pour donner des eaux à la ville et s'endormit enfin avec ses pères.

2° **Manassès** (694-640) succéda à Ezéchias à l'âge de douze ans. Loin de suivre les exemples de son père, il revint aux impiétés d'Achaz. Isaïe qui l'en reprenait fut mis à mort et scié en deux. Mais il fut vengé. Asar-Haddon prit Jérusalem et emmena Manassès en captivité dans Babylone devenue depuis peu sa conquête. Au fond de sa prison Manassès se repentit et fut délivré.

Mais un nouveau roi d'Assyrie nommé Nabuchodonosor 1er, pour étendre ses conquêtes jusque sur le royaume de Juda, le fit envahir par son général Holopherne qui vint mettre le siège devant la ville de Béthulie. Il menaça d'y mettre tout à feu et à sang, et la ville était réduite à la dernière extrémité, lorsque Dieu, touché des prières de ses habitants, la délivra par les mains de *Judith*.

RÉCIT. — Judith et Holopherne.

Judith était une jeune veuve qui relevait la grandeur de sa fortune par une piété admirable. Voyant sa patrie sur le point de succomber, elle forma la résolution de la sauver ou de périr. Elle sort de la ville et se rend au camp d'Holopherne sous prétexte de se soustraire au désastre qui menaçait Béthulie. Le général assyrien, frappé de l'éclat de sa beauté, et encore plus de la sagesse de ses discours, la reçoit avec distinction, et donne en son honneur aux principaux officiers de l'armée un grand festin, où il boit avec excès suivant sa coutume.

Dès que Judith le voit plongé dans le vin et le sommeil, elle profite du moment où tous les convives se sont retirés et coupe la tête à l'ennemi de son pays. Elle l'emporte sur-le-champ à Béthulie où l'on rend à Dieu de solennelles actions de grâces. Par son conseil, les habitants tombèrent au point du jour sur les Assyriens qui, épouvantés de la mort tragique de leur général, prirent la fuite et abandonnèrent aux Juifs leur camp rempli de richesses (1).

3° Le fils de Manassès, **Amon** (640-639), l'imita dans ses crimes mais non dans son repentir. Il fut tué et laissa le trône à son fils Josias, âgé de huit ans.

4° Juda respirait en paix lorsque Néchao, roi d'Egypte, s'avança vers l'Euphrate. **Josias** (639-609) voulut s'opposer à sa marche et lui livra bataille dans les plaines de Mageddo. Vaincu et blessé, il fut transporté à Jérusalem où il mourut après un règne de trente et un ans. Tout le peuple le pleura, et particulièrement le prophète Jérémie, dont les lamentations touchantes se chantaient longtemps encore après la captivité.

5° Les derniers rois de Juda furent **Joachas, Joakim, Jéchonias** et **Sédécias** (609-586). Tous quatre vécurent dans une grande licence, commirent toutes sortes d'abominations sans écouter les avertissements que Dieu leur donnait tous les jours par Jérémie. Ce saint prophète annonça enfin la captivité à laquelle ils étaient condamnés pour soixante-dix ans. Une menace si positive et si effrayante ne fit impression ni sur le peuple juif, ni sur son roi : cette indifférence alluma tellement la colère du Seigneur qu'il résolut de punir sans miséricorde ce peuple comblé de tant de grâces, et cependant si infidèle.

Il choisit pour ministre de ses vengeances le roi d'Assyrie, Nabuchodonosor II, qui enleva de la Judée

---

(1) Loriquet : *Histoire sainte*.

et transporta à Babylone une grande partie du peuple juif. Ainsi commencèrent les soixante-dix ans de captivité prédits par le prophète Jérémie.

L'impie *Sédécias* que Nabuchodonosor avait placé sur le trône de Juda, comptant sur l'appui de l'Egypte, se souleva. Jérusalem fut assiégée de nouveau, prise au bout d'un an et demi; le temple et la ville furent livrés aux flammes; Sédécias vit égorger devant lui ses deux enfants, eut les yeux crevés, fut chargé de chaînes et emmené à Babylone avec ce qui restait de son peuple.

Avec Sédécias finit le royaume de Juda, un des plus puissants de l'Asie occidentale, il avait duré trois cent soixante-quinze ans depuis l'avènement de Roboam, et cent trente et un depuis la destruction du royaume d'Israël par Salmanasar.

QUESTIONNAIRE. — Qu'appelle-t-on le royaume de Juda ? — Qu'est-ce que Roboam ? — Josaphat ? — Parlez de Joas et de l'impie Achaz. — Quel fut le caractère d'Ézéchias, de Manassès ? — Qu'est-ce que Judith ? — Comment finit le royaume de Juda ?

CHAPITRE IX

(27° Leçon)

LA CAPTIVITÉ
(586-536)

RÉSUMÉ. — I. Presque toute l'histoire des Juifs pendant la captivité se résume dans l'histoire de Daniel.

II. Cyrus mit fin à la captivité des Israélites qui retournèrent à Jérusalem.

I. — **Daniel** (606-561).

Nabuchodonosor II traita ses captifs avec humanité. Bien que dispersés dans les provinces de l'empire, ils ne cessèrent pas de subsister comme nation et de vivre sous leurs propres lois, le roi fit même instruire avec soin dans son palais plusieurs jeunes gens du sang de David, *Daniel, Ananias, Azarias et Mizaël*. Les faits principaux de la vie de Daniel sont la délivrance de Suzanne, l'explication des *songes* de Nabuchodonosor, son séjour dans la *fosse aux lions*, la confusion qu'il inflige aux *prêtres de Bel*, et sa prophétie sur la *venue du Messie*.

1° Le roi avait ordonné qu'on servît à Daniel et à ses compagnons, des viandes de sa table. Mais Daniel obtint de l'intendant qu'on ne les contraignît point à en manger. Dieu récompensa cette fidélité à sa loi en accordant à ces jeunes gens la science et la sagesse, et à Daniel en particulier l'intelligence des visions et des songes.

L'année qui suivit la prise de Jérusalem, Nabuchodonosor éleva une statue d'or de soixante coudées (près de trente mètres) de haut, et commanda à ses sujets de l'adorer. Les trois compagnons de Daniel refusèrent de se prosterner devant elle, et furent jetés, par l'ordre du roi, dans une **fournaise** ardente; mais, l'ange du Seigneur descendit avec eux dans la fournaise, écarta d'eux les flammes et forma au milieu de cette fournaise ardente comme un vent frais et une douce rosée, de sorte que le feu ne brûla que leurs liens, sans toucher même à leurs vêtements. Tous trois marchaient au milieu des flammes louant et bénissant Dieu. Le roi, instruit de ce prodige, les fit tirer de la fournaise et défendit de blasphémer à l'avenir le nom du Dieu d'Israël.

2° Quelque temps après, une femme nommée **Suzanne** fut accusée par deux vieillards corrompus et alors juges du peuple.

Tandis qu'on la conduisait au supplice elle invoqua

le Seigneur et protesta de son innocence. Alors Dieu inspira le jeune Daniel qui, élevant la voix du milieu du peuple, s'écria : « *On a condamné une fille d'Israël sans connaître la vérité.* » Appelé lui-même comme juge par le peuple, Daniel interrogea séparément les deux vieillards et les mit bientôt en contradiction entre eux. Alors on leur fit subir, d'après la loi de Moïse, la peine qu'ils avaient prononcée contre Suzanne.

3° Nabuchodonosor eut un **songe** qui le frappa d'épouvante, mais ne lui laissa le matin qu'un souvenir confus dans la mémoire. Il fit venir les sages de son royaume et leur demanda de lui dire ce qu'il avait rêvé. Ils répondirent qu'aucun homme n'était capable de deviner un pareil secret. Le roi, en fureur, ordonna de les mettre tous à mort.

Daniel et ses compagnons, élevés dans le palais, et comptés au nombre des sages, se trouvaient condamnés par cette sentence. Il pria qu'on lui en dît au moins la cause, et dès qu'il la sut, il promit au roi de lui découvrir ce mystère. Il se mit en effet en prière avec ses compagnons et Dieu lui révéla pendant la nuit le songe de Nabuchodonosor.

Daniel revint donc près du roi, et lui dit : « Prince, « les sages n'ont pu vous répondre, mais il est un « Dieu dans le ciel qui révèle ce qu'il y a de plus caché. Vous avez vu une grande statue dont la tête « était d'or; la poitrine et les bras d'argent; le ventre « et les cuisses d'airain; les jambes de fer; et les pieds, « en partie de fer, en partie d'argile. Lorsque vous re- « gardiez cette vision, une petite pierre détachée de la « montagne a frappé la statue par les pieds, l'a brisée, « puis, devenue elle-même une grande montagne, elle « a rempli toute la terre.

« La tête d'or représentait le royaume des Babylo- « niens; la poitrine et les bras d'argent figuraient le « royaume des Perses; le ventre et les cuisses d'airain « les royaumes d'Alexandre et des Grecs; les jambes de « fer sont le royaume des Romains qui sera aboli en « se divisant et sera mêlé comme l'argile et le fer dont « sont composés les pieds de la statue. Alors la pierre « détachée de la montagne qui a brisé l'argile, le fer, « l'airain, l'argent et l'or, c'est Jésus-Christ, qui fon-

« dera un autre royaume, l'Église destinée à vivre
« éternellement sur la terre et dans le ciel. »

Nabuchodonosor se prosterna le visage contre terre et adora le Dieu de Daniel.

Ensuite le roi donna à Daniel de grands et magnifiques présents; il le combla d'honneurs et l'établit gouverneur de toutes les provinces de Babylone. En même temps, sur la demande de Daniel, il confia l'intendance de la province de Babylone à ses trois amis.

Trente-trois ans après ce premier songe, Nabuchodonosor en eut un autre, dans lequel il vit un arbre qui s'élevait jusqu'au ciel, et dont les branches chargées de fruits s'étendaient jusqu'aux extrémités de la terre; tous les animaux habitaient sous son abri; les oiseaux du ciel se reposaient sur ses branches et toutes les créatures se nourrissaient de ses fruits. Tout à coup la voix de Celui qui veille et qui est saint se fit entendre du haut du ciel et prononça ces paroles : « *Abattez l'arbre, et coupez-en les branches; arrachez-en les feuilles et dispersez-en les fruits.* »

Tous les sages du royaume n'ayant pu l'expliquer, il le raconta à Daniel. Celui-ci, après avoir hésité longtemps, déclara à Nabuchodonosor que c'était lui-même que ce songe désignait. En effet, un an après, la prédiction s'accomplit.

Un jour que ce prince, admirant la magnificence des édifices qu'il avait élevés, disait avec orgueil : « *N'est-ce pas là cette Babylone que j'ai bâtie dans la grandeur de ma puissance, et dans l'éclat de ma gloire!* » ses cheveux devinrent comme les plumes d'un aigle et ses ongles comme les griffes d'un oiseau. Il vécut loin du commerce des hommes pendant le temps marqué. Alors il leva les yeux au ciel et reconnut la puissance de Dieu qui lui rendit la raison et tout l'éclat de la dignité royale. Il mourut peu de temps après. Il avait régné quarante-trois ans depuis la mort de Nabonassar, son père.

4° Evilmérodach, fils et successeur de Nabuchodonosor au trône d'Assyrie, n'avait pas profité de l'exemple de son père; il adorait l'idole de Bel. Daniel le détrompa en lui faisant voir de ses yeux les infâmes supercheries des prêtres de cette idole. Comme on ne retrouvait point le matin les victimes qu'on avait mises la veille dans le temple, le roi s'imaginait que Bel les avait mangées, et il en concluait que c'était un Dieu vivant. Daniel fit répandre de la cendre dans le temple en présence du roi; ce stratagème suffit pour découvrir le lendemain les traces des prêtres de Bel qui y pénétraient durant la nuit par des passages souter-

Retour de la captivité.

rains. Le roi, désabusé, détruisit l'idole et le temple de Bel, et fit mettre à mort tous ces imposteurs.

Les Babyloniens adoraient encore un dragon. Daniel convainquit le roi que cette idole animée n'était pas un Dieu et il fit mourir le dragon en lui jetant dans la gueule des boules faites de poix, de graisse et de poil. Cet événement excita l'indignation des Babyloniens. Le roi, intimidé par leurs menaces, se vit contraint de leur abandonner Daniel. Ils allèrent aussitôt le jeter dans la fosse où il y avait sept lions. Mais Daniel secouru et nourri miraculeusement par un ange y demeura six jours entiers sans être dévoré. Le septième jour, le roi vint à cette fosse pour pleurer Daniel ; il fut bien étonné de l'y trouver plein de vie, l'en fit retirer et ordonna d'y jeter les ennemis du prophète, qui furent aussitôt dévorés.

5° Mais Babylone elle-même allait succomber. Cyrus, roi de Perse, campait devant ses portes. Confiant dans la force de ses murailles, **Balthazar** se riait des vains efforts de son ennemi et oubliait dans les festins les ennuis d'un long siège. Cyrus réussit à détourner les eaux de l'Euphrate et il fit entrer son armée à Babylone par le lit du fleuve desséché. Balthazar fut tué et une partie des habitants égorgés.

6° Cyrus laissa le trône d'Assyrie à Darius le Mède, son oncle ; Daniel, toujours honoré et puissant, demeura à la cour de ce prince. En vain les courtisans essayèrent de lui faire perdre sa faveur ; on ne trouvait rien à reprendre dans sa conduite. Ils conçurent alors le dessein de faire porter un décret qui ordonnerait de n'adorer pendant trente jours que Darius seul. Le roi confirma cette loi impie, et comme Daniel n'y voulut point obéir, il fut jeté une seconde fois dans la **fosse aux lions**.

Le lendemain, Darius qui regrettait Daniel, vint lui-même près de la fosse, et dit : « *Daniel, serviteur du Dieu vivant, le Dieu que tu sers toujours a-t-il pu te délivrer des lions ?* Daniel répondit : *Mon Dieu a envoyé son ange et il a fermé la gueule des lions.* Le roi le fit aussitôt tirer de la fosse, et on y précipita ses ennemis qui furent dévorés sur-le-champ.

7° C'est alors que Daniel annonça la délivrance du peuple juif par la **venue du Messie** en disant : « De-
« puis l'ordre qui sera donné pour rebâtir Jérusalem,
« jusqu'au Christ, chef du peuple, il y aura sept
« semaines et soixante-deux semaines d'années. Après
« ces soixante-neuf semaines, le Christ sera mis à
« mort ; et le peuple qui l'aura renié ne sera plus son
« peuple. Un peuple étranger viendra avec son chef,
« qui détruira la ville et le sanctuaire ; leur ruine sera
« entière. »

II. — Fin de la Captivité (536).

Cyrus publia, dès la première année de son empire, un édit par lequel il permettait aux Juifs de retourner dans leur patrie et de rebâtir le temple de Jérusalem. Il leur fit même rendre tous les vases d'or et d'argent que Nabuchodonosor en avait enlevés.

Quarante-deux mille personnes environ partirent de Babylone, sous la conduite de Zorobabel et du grand-prêtre Jésu ou Josué. A leur arrivée à Jérusalem, ils commencèrent par relever l'autel des holocaustes, et s'adressèrent ensuite aux Tyriens et aux Sidoniens pour se procurer les bois nécessaires à la reconstruction du temple.

Ces travaux, contrariés par les persécutions qui furent suscités aux Juifs par les Samaritains, mais encouragés par les prophètes Aggée et Zacharie, ne furent terminés qu'au bout de vingt ans, époque où on célébra, avec de grandes réjouissances, la dédicace du nouveau temple.

QUESTIONNAIRE — Qu'appelle-t-on la captivité des Juifs ? — Qu'est-ce que Daniel ? — Comment s'est-il rendu célèbre ? — Quel roi mit fin à la captivité des Juifs ? — Que firent les Juifs après la captivité ?

CHAPITRE X

(28e Leçon)

LES JUIFS SOUS LES DOMINATIONS ÉTRANGÈRES

RÉSUMÉ. — I. L'histoire des Juifs depuis la fin de la captivité jusqu'à la destruction de Jérusalem par les Romains peut se diviser en quatre périodes. La première comprend la domination des Perses jusqu'à la conquête de la Palestine par Alexandre. Pendant ce temps les Juifs reconstruisirent le temple et la ville de Jérusalem. Esther, restée à Babylone, devint l'épouse d'Assuérus.

II. Sous la domination des Grecs, les Juifs, après la mort d'Alexandre, furent opprimés par les Lagides d'Égypte, puis par les Séleucides de Syrie. Le roi Antiochus persécute les Juifs et suscite des révoltes.

III. Les Macchabées se mettent à la tête des Juifs fidèles à la religion, et finissent par établir une royauté indépendante. Les sectes des Pharisiens et des Sadducéens troublent la Judée.

IV. Les Romains appelés par les rois Ammonéens s'emparent de la Judée qu'ils confient à un gouverneur de leur choix. Tyrannisés par ces gouverneurs, les Juifs se révoltent et sont châtiés par la prise et la destruction de Jérusalem.

I. — Les Juifs sous la domination des Perses.

(536-336)

1º **Reconstruction de Jérusalem.** — *Artaxerxès Longue-main* permit au prêtre Esdras, descendant d'Aaron, de retourner à Jérusalem pour y régler les affaires de la religion et de l'Etat. L'an 454, sur les instances de Néhémie, qui était aussi de la race sacerdotale, il fit paraître un édit pour autoriser la reconstruction des murs de Jérusalem. Les Juifs secondèrent Néhémie avec une grande ardeur ; mais les princes des pays voisins se liguèrent pour arrêter l'entreprise. Le peuple armé repoussa leurs efforts. Une garde nombreuse protégeait les travailleurs qui d'une main tenaient la lance tandis que de l'autre ils conduisaient leur ouvrage. Cinquante-deux jours suffirent pour achever la construction de ces nouvelles murailles.

2º Un autre événement remarquable est la mise en ordre des **Livres saints** par Esdras, autre Juif fort savant, qui, après les avoir rassemblés avec soin, et après avoir corrigé les fautes qui s'y étaient introduites par la négligence des copistes, vint dans le temple de Jérusalem en faire la lecture au peuple assemblé qui fondit en larmes au récit de cette histoire si intéressante pour lui, et dont le souvenir s'était perdu en partie pendant les longues années de la captivité.

3º **Esther.** — Cependant les Juifs n'étaient pas tous revenus dans la cité sainte : beaucoup étaient restés en Assyrie, exposés aux caprices tyranniques des rois et de leurs ministres. L'histoire d'Esther en fournit un frappant exemple.

Un amalécite nommé Aman, ministre du roi Assuérus, animé d'une haine mortelle contre un Juif nommé Mardochée, jura la perte de cet homme et de sa nation tout entière. Esther, nièce de Mardochée, que le roi avait épousée, sans connaître son origine, après avoir

Esther devant Assuérus.

répudié l'orgueilleuse reine Vasthi, instruite des projets d'Aman, osa enfreindre la loi qui défendait sous peine de mort de se présenter devant le roi sans avoir été appelé; elle lui dévoila toute la scélératesse de son ministre; Aman fut pendu à une potence. Mardochée lui succéda dans toutes ses charges et dignités.

Une fête solennelle consacra le souvenir de la délivrance de la nation juive.

II. — Les Juifs sous la domination des Grecs (336-205).

1° Alexandre. — Après la mort de Néhémie, les Juifs n'eurent ni roi ni gouverneur. Ils vécurent, comme au temps de Moïse, sous l'autorité des anciens formant une espèce de Sénat. Le grand-prêtre, tout à la fois chef de la Religion et de l'Etat, exerçait le souverain pouvoir. Quand Darius Codoman, dernier roi de Perse, fut vaincu par Alexandre, roi de Macédoine, la puissance des Perses passa entre les mains des Grecs.

Alexandre pénétra en Syrie et en Phénicie et mit le siège devant Tyr. En même temps il envoyait des commissaires sommer les Juifs de reconnaître sa domination et réclamer les secours qu'ils avaient coutume de fournir à Darius. Les Juifs répondirent qu'ayant prêté serment de fidélité à ce prince, ils ne pouvaient pas se soumettre à un autre souverain de son vivant. Alexandre, irrité de cette réponse, n'eut pas plus tôt réduit Tyr qu'il marcha vers Jérusalem, décidé à la châtier sévèrement.

Le grand-prêtre Jaddus ordonna des prières publiques; puis il alla, revêtu de ses habits pontificaux, à la rencontre du conquérant. A la vue du grand-prêtre, Alexandre plein de respect s'inclina profondément et le salua avec une vénération religieuse. Comme ses officiers s'en étonnaient, il leur dit que ce grand-prêtre, revêtu des mêmes habits, lui était apparu en songe lorsqu'il était encore en Macédoine, et lui avait promis que son Dieu le rendrait victorieux des Perses.

Alexandre monta au temple et, par la main des prêtres, il y offrit des sacrifices au vrai Dieu. On lui montra les prophéties de Daniel qui annonçaient que l'empire des Perses serait détruit par un roi des Grecs. Alexandre, plein de joie et d'admiration, accorda aux Juifs toutes les grâces qu'ils lui demandèrent, et depuis ce temps, il ne cessa de les protéger (1).

2º **Les Lagides et les Séleucides.** — Après la mort d'Alexandre, la Judée fut disputée entre les maîtres de l'Egypte et de la Syrie; elle finit par rester à Ptolémée Soter, roi d'Egypte (301). Les Juifs, de leur côté, s'établirent en grand nombre à Alexandrie; ce fut pour eux que sous Ptolémée Philadelphe fut entreprise la

---

(1) Loriquet : *Histoire sainte*.

traduction grecque des Ecritures appelée la version des Septante.

Les trois premiers Ptolémées (Soter, Philadelphe et Evergète) avaient favorisé les Juifs ; le quatrième, Philopator (222), les persécuta. Aussi, Antiochus le Grand, roi de Syrie, fut-il accueilli volontiers par eux, quand, après la mort de Philopator (205), il prit la Palestine. Son successeur, Séleucus IV (187-175), ayant voulu mettre la main sur les trésors du temple, y envoya *Héliodore*. Comme malgré les représentations du grand-prêtre, Héliodore osait franchir l'enceinte réservée, un cavalier aux armes d'or apparut tout à coup, le renversa sous les pieds de son cheval, et en même temps deux jeunes gens rayonnants de gloire le fouettaient sans relâche. Héliodore relevé sanglant ne guérit que grâce aux prières du grand-prêtre Onias. Il revint dire au roi : « *Si vous avez quelque traître à punir, envoyez-le à Jérusalem ; il vous reviendra bien flagellé !* (1). »

3° **Persécutions d'Antiochus** — Antiochus Epiphane, successeur de Séleucus, voulut contraindre les Juifs à abandonner leur religion. Par ses ordres, le Temple de Jérusalem fut profané et dédié à Jupiter Olympien, tandis que le temple du mont Garizim était consacré à Jupiter l'étranger.

Défense fut faite d'observer les jours de sabbat, ainsi que les fêtes de la religion : on en était réduit à ne plus même avouer qu'on était juif, et on se voyait contraint de paraître prendre part aux fêtes des Gentils. La persécution fut poussée au point que les officiers d'Antiochus entreprirent d'amener les Juifs à offrir eux-mêmes des sacrifices aux idoles et à manger des viandes offertes sur l'autel des faux dieux.

Le saint vieillard *Eléazar* et les sept frères Macchabées furent les plus illustres victimes de cette persécution. Eléazar aima mieux mourir que de feindre avoir mangé des viandes défendues par la loi, il ne voulait pas donner par cet acte de lâcheté un pernicieux exemple à ceux qu'atteindrait la persécution.

Les *sept frères Macchabées* firent paraître une cons-

---

(1) Duruy : *Histoire sainte*.

tance admirable dans les tourments. On leur coupa la langue, les pieds et les mains, on leur arracha la peau de la tête, on les mit sur le feu dans une chaudière ardente ; mais tout fut inutile. Animés par les exhortations de leur courageuse mère, ils souffrirent avec une rare fermeté ; et après avoir adoré la main de Dieu dans ses châtiments, ils allèrent recevoir, dans une meilleure vie, la récompense de leurs souffrances.

III. — Les Macchabées.

1° **Mathathias** (167-166). — Les Juifs, si cruellement traités dans ce qu'ils avaient de plus cher par un prince dont ils étaient moins les sujets que les protégés, ne restèrent pas sans défenseurs. Dieu inspira un zèle ardent à une famille sacerdotale dont le chef était Mathathias.

Ce saint prêtre voyait avec douleur ruisseler le sang de tant de Juifs dans toute la Judée. Transporté d'indignation à l'aspect des malheurs de la religion et de la patrie, il entreprit de les délivrer du joug des infidèles.

Mathathias, chef de la famille des Asmonéens, ainsi nommée d'Asmonée, son aïeule, se retira dans la petite ville de Modin, sa patrie, avec ses cinq fils.

Lorsque Antiochus envoya dans cette ville un de ses officiers pour faire exécuter son décret, Mathathias lui répondit : « *Quand tout l'univers se conformerait à l'ordre du roi, mes fils et moi nous resterons fidèles à Dieu jusqu'au dernier soupir.* »

A peine eut-il achevé ces mots, qu'un Juif se présenta pour sacrifier aux idoles. Mathathias, saisi de douleur et d'indignation, se jeta sur l'apostat et le tua sur l'autel même où il sacrifiait. Animés du même zèle, ses fils massacrèrent l'officier d'Antiochus, renversèrent l'autel et parcoururent la ville, appelant tous les Juifs à la défense de la loi de Dieu. Ils se retirèrent avec leur père sur la montagne voisine.

Une troupe nombreuse allait se réunir à eux quand, attaquée un jour de sabbat, elle aima mieux se laisser égorger que de violer la loi en combattant. Mathathias les fit renoncer à une interprétation de la loi qui les mettait à la merci de l'ennemi, et, ralliant autour de lui les fugitifs, il remporta plusieurs avantages.

En mourant, il laissa à ses fils le soin d'achever l'œuvre de la délivrance : « *Aujourd'hui*, leur dit-il, *l'orgueil triomphe ; c'est un temps de châtiments et de ruines. Vous donc, mes fils, soyez pleins de zèle pour*

Mathathias refuse de sacrifier aux idoles.

votre loi ; donnez vos vies pour le testament de vos pères » ; et, leur distribuant les rôles selon qu'il les connaissait : « *Simon votre frère*, dit-il, *est homme de conseil ; écoutez-le ; qu'il soit comme votre père. Judas Macchabée s'est montré fort et vaillant dès sa jeunesse, qu'il soit votre général et qu'il mène le peuple au combat.* » Puis il les bénit et rendit l'âme.

2° **Judas Macchabée (166-160).** — Enlevé au milieu de ses victoires, ce grand homme laissa cinq fils: Jean, Simon, Judas, Éléazar et Jonathas.

a) Judas et Antiochus. — *Judas*, surnommé Macchabée, c'est-à-dire exterminateur ou marteau des ennemis de Dieu, lui succéda dans le commandement (166). Malgré l'extrême infériorité de ses forces, il mit en déroute huit grandes armées syriennes et releva de ses mains victorieuses l'autel depuis longtemps profané. Trois victoires signalées le rendirent maître de Jérusalem. Son premier soin, dès qu'il se vit délivré des ennemis, fut de purifier le temple du Seigneur. On trouva les lieux saints désolés, l'autel profané, les portes brûlées, le parvis couvert d'épines et de ronces.

A la vue de ces tristesses, Judas et ses compagnons se couvrirent la tête de cendres et versèrent un torrent de larmes; puis, s'étant mis à l'ouvrage, ils enlevèrent les décombres, réparèrent le temple, et l'ornèrent, sinon avec magnificence, du moins avec décence; ce fut la piété du peuple qui en fit le principal ornement.

Antiochus revenait de Perse lorsqu'il apprit les victoires de Judas Macchabée; furieux, il commanda à celui qui conduisait son char de précipiter sa marche. Au moment où il prononçait cette parole insolente: *J'irai à Jérusalem et j'en ferai le tombeau de tous les Juifs*, Dieu le frappa d'une plaie invisible; saisi d'effroyables douleurs d'entrailles, il tomba de son char, et tandis qu'on le portait sur une litière, de son corps en lambeaux, des vers sortaient comme d'une source intarissable.

Son orgueil humilié reconnut alors la justice de Dieu. Il promit de rendre libre Jérusalem, d'enrichir le temple qu'il avait pillé et même de se faire Juif et de parcourir toute la terre pour publier la toute-puissance de Dieu. Mais son repentir, inspiré seulement par la crainte, ne fut point agréé, et Antiochus expira misérablement sur une terre étrangère.

b) Judas et Lysias. — *Lysias* se saisit de la régence au nom du jeune Antiochus Eupator, fils d'Épiphane; et afin de se relever de ses échecs, il amena en Judée une armée de cent mille hommes. Dans une rencontre Éléazar, frère de Juda, voyant un éléphant plus grand que les autres, crut qu'il portait le roi ; et, pour en délivrer son peuple, il n'hésita pas à sacrifier sa vie. Il se glissa sous le ventre de l'animal, le perça de son épée et mourut écrasé par la bête. Lysias, triomphant par le nombre, vint mettre le siège devant Jérusalem. Il n'y entra qu'en faisant la paix avec les Juifs (163), ce qui ne l'empêcha pas de renverser les murailles de la ville.

c) **Mort de Judas.** — Deux ans plus tard, après de nouvelles victoires, et un traité avec Rome, dont Judas espérait faire la protectrice de la nation juive, le libérateur de la Judée périt à son tour. Les Juifs, au nombre de trois mille, avaient vingt-quatre mille ennemis devant eux dans la plaine de Bérée, non loin de Jérusalem. Saisis de peur cette fois, ils désertèrent en grand nombre, et bientôt il n'en resta plus que huit cents. *Allons rallier nos frères*, dirent ceux-ci à Judas, *nous reviendrons ensuite combattre.* — *Dieu nous garde de fuir devant l'ennemi*, leur répondit-il, *si notre heure est venue, mourons courageusement; n'imprimons pas de tache à notre nom!* Ils demeurèrent et luttèrent un jour entier. Judas rompit et poursuivit une des ailes de l'armée syrienne. A la fin, il tomba, et ce fut le signal de la fuite. La mort de Macchabée fut un grand deuil pour la Judée entière. *Comment*, se disait-on, *comment est mort cet homme invincible qui sauvait le peuple d'Israël?*

3° **Les successeurs de Judas.** — A Judas Macchabée succéda son frère *Jonathas*, qui vengea sa mort en achevant de chasser les Syriens de la Judée. A Jonathas succéda *Simon*, le dernier des enfants de Mathathias (144). Les Juifs, en le choisissant pour leur chef, mirent à son pouvoir une restriction bien remarquable. Le décret porte qu'il jouira de l'autorité souveraine lui et sa postérité jusqu'à ce que le Prophète fidèle, c'est-à-dire le Messie, paraisse sur la terre.

Simon prit en main le gouvernement en qualité de grand-prêtre et de prince des Juifs; ses descendants lui succédèrent dans cette double dignité jusqu'à l'arrivée de Jésus-Christ.

Sous *Jean Hircan* (135), fils de Simon, il s'éleva plusieurs *sectes* dont les deux principales furent celle des

Pharisiens et celle des *Sadducéens*. Ceux-ci, moins nombreux, mais les plus riches de la nation, étaient des incrédules et des voluptueux qui bornaient leur espoir aux biens de la vie présente.

Les pharisiens, plus religieux en apparence, négligeaient l'esprit de la loi pour ne s'occuper que de la lettre et des dehors. Pleins de confiance en leur propre justice, ils méprisaient le reste des hommes et faisaient consister toute la piété dans l'exacte observation des pratiques extérieures. Ces deux sectes, ennemies l'une de l'autre, prévalurent tour à tour et causèrent de grands troubles dans la Judée (1).

IV. — Les Juifs sous la domination des Romains.

1º Les rois Asmonéens. — Des querelles de palais et des guerres civiles troublèrent la Judée pendant près d'un siècle, et, en affaiblissant le royaume, préparèrent sa soumission à l'influence, et bientôt à la domination romaine.

a) Le roi Aristobule (70), en lutte avec son frère Hyrcan, implora le secours du Romain Pompée, qui venait de faire de grandes conquêtes en Asie. Ce général consentit à servir d'arbitre aux deux frères et se déclara pour Hyrcan, qui, grâce aux secours des Romains, triompha des efforts de tous ses ennemis, et gouverna seul sous le nom d'Ethnarque. Malgré l'attachement qu'il avait montré pour Pompée, ce prince obtint de César la même protection. Bientôt de nouveaux troubles éclatèrent en Judée.

b) Hérode d'Ascalon, proclamé roi au détriment des deux frères par l'influence d'Antoine et d'Octave (38), affermit son pouvoir par de sanglantes exécutions, et fit massacrer le Sanhédrin ou grand conseil de la nation, qui s'opposait à ses projets tyranniques. Puis il ordonna la mort d'Hircan II ; de son beau-frère, le grand-prêtre Aristobule ; d'Alexandra, sa belle-mère, et de

---

(1) Loriquot : *Histoire sainte.*

Marianne, sa propre femme. Des jeux, célébrés en l'honneur d'Auguste et contraires à la loi des Juifs, avaient soulevé l'indignation du peuple ; les plaintes et les murmures furent étouffés par de nouvelles exécutions. Enfin, toujours en proie aux soupçons, il accusa de complots Aristobule et Alexandre, les deux fils qu'il avait eus de Marianne, et les fit étrangler. Cinq jours avant sa mort, il ordonna encore le supplice d'Antigone, un autre de ses fils.

C'est sous le règne du cruel Hérode que naquit à Béthléem le Sauveur du monde.

Trois ans après la naissance de Notre-Seigneur, Hérode partagea entre ses trois fils son vaste royaume qui comprenait, outre la Judée, la Samarie et l'Idumée, la Galilée, la Trachonitide et l'Iturée. Archélaüs qui avait reçu la Judée, la Samarie et l'Idumée, avec le titre de Tétrarque, mécontenta les Romains et fut dédépouillé (6 ap. J.-C.) de ses Etats qui furent réduits en province romaine et administrés par des procurateurs.

c) Sous Tibère, Ponce-Pilate, revêtu de cette charge, se déshonora par son iniquité. Le Sauveur des hommes ayant été amené devant son tribunal, il l'abandonna lâchement à la haine de ses ennemis, quoiqu'il eût reconnu son innocence. Jésus meurt au Calvaire, et son sang retombe sur la nation déicide.

d) Hérode Agrippa, fils d'Aristobule et neveu d'Hérode le Tétrarque, alla à Rome dans le dessein de nuire à ce prince ; mais Tibère, dont il encourut la disgrâce, le fit jeter en prison, il y resta jusqu'à la mort de cet empereur.

Caligula, successeur de Tibère (37), brisa ses fers et lui donna, avec le titre de roi, la tétrarchie de son oncle Philippe, qui était mort. Hérode étant allé à Rome pour solliciter la même faveur, tomba au contraire dans la disgrâce. L'empereur lui enleva sa tétrarchie qu'il ajouta aux Etats d'Agrippa. Hérode mourut en Espagne où il fut relégué.

Sous le règne de l'empereur Claude (41), dont il gagna aussi la faveur, Agrippa retourna en Judée et commença la construction d'une forte muraille autour de Jérusalem. Il mourut avant d'avoir terminé son travail. Son fils, appelé comme lui Agrippa, étant trop jeune pour gouverner lui-même, Claude réduisit ses États en province romaine.

Dans la suite il lui en rendit une partie avec le titre de tétrarque. Le reste continua d'obéir à des gouverneurs romains (1).

2º **Ruine de Jérusalem.** — *a) Titus.* — Poussés à bout par les exactions de leurs gouverneurs et trompés par leurs faux prophètes, les Juifs se révoltèrent avec une rage aveugle. *Vespasien*, envoyé par Néron contre les rebelles, envahit la Judée, prit plusieurs villes fortes, et il se préparait à mettre le siège devant Jérusalem lorsque lui-même fut proclamé empereur. Son fils *Titus* prenant à sa place le commandement des légions frappa les derniers coups.

Trois fléaux le secondèrent successivement : un incendie dévora toutes les provisions de blé, et bientôt, parmi cette multitude innombrable de Juifs que la solennité de Pâques avait, malgré la guerre, attirés à Jérusalem, la famine devint telle qu'une mère mangea son enfant. Enfin la peste suivit, produite par la putréfaction des cadavres amoncelés. Titus ne voulait pas perdre les Juifs malgré leur rébellion. Il leur fit souvent offrir le pardon. Ils ne répondirent que par des cris de fureur et des menaces. Alors Titus prit la tour Antonia qui donnait entrée dans le temple. Quelques jours après, ce magnifique édifice, incendié par un soldat romain, était consumé malgré les efforts de Titus pour le sauver. Treize cent mille Juifs périrent dans cette guerre (70 ap. J.-C.).

b) Dernières luttes. — Il fallut deux années encore pour réduire les dernières places fortes de la Judée, notamment Machéronte et Massada. Les défenseurs de Massada, dans leur sombre fanatisme, aimèrent mieux s'entre-tuer que de se rendre.

Malgré tant de désastres, le peuple juif attendait toujours un Messie libérateur et conquérant. Cette vaine espérance l'enhardit au *soulèvement général* qui eut lieu sous l'Empereur Adrien (135 ap. J.-C.).

Ce prince ayant relevé les murs de Jérusalem donna

---

(1) Bélèze : *Histoire sainte*.

son nom à la nouvelle ville qui s'appela Elia Capitolina. Il bâtit un temple à Jupiter capitolin, à la place du temple de Salomon. Cette profanation ralluma la vengeance au cœur des Juifs. Sous la conduite d'un imposteur qui voulant apparaître comme l'étoile de Jacob et le libérateur d'Israël se faisait appeler *Barchochébas* (fils de l'étoile), ils se soulèvent et soutiennent une nouvelle guerre contre les armées romaines. Dans cette lutte qui dura trois ans, six cent mille Juifs périrent par le fer. Enfin Adrien vainqueur (136), pour prévenir de nouvelles révoltes, interdit l'entrée de Jérusalem aux faibles restes de cette nation. Depuis cette époque, les Juifs n'ont jamais pu se réunir en corps de nation et vivent dispersés au milieu des autres peuples.

QUESTIONNAIRE. — Comment peut-on partager l'histoire des Juifs sous la domination étrangère ? — Que se passa-t-il en Judée sous la domination des Perses ? — Racontez l'histoire d'Esther. — Comment les Grecs devinrent-ils les maîtres des Juifs ? — Qu'est-ce que les Macchabées ? — Racontez leurs exploits. — Qu'est-ce que les Pharisiens ? — Les Sadducéens ? — Comment les Romains vinrent-ils en Judée ? — Pourquoi détruisirent-ils Jérusalem ?

TABLEAU CHRONOLOGIQUE

de l'histoire de l'Ancien Testament d'après les trois principaux systèmes les plus généralement suivis.

1	2	3	
4004?	4963?	6984?	La création du monde.
3000	3308	2482	Le déluge (Noé était âgé de six cents ans).
2135	2296	2055	La vocation d'Abraham.
2124		2044	Naissance d'Ismaël (9 ans après la vocat. d'Abraham).
2110		2030	Naissance d'Isaac (20 ou 25 ans après la vocat. d'Abr.).
2070		1990	Mariage d'Isaac (à l'âge de 60 ans).
2050		1970	Naissance d'Esaü et de Jacob (20 ans après).
2035		1955	Mort d'Abraham (à l'âge de 175 ans).
1971		1893	Arrivée de Jacob en Mésopotamie (20 ans de séjour).
1953		1863	Retour de Jacob au pays de Chanaan : Joseph vendu.
1930		1850	Mort d'Isaac (à l'âge de 180 ans).
1920		1840	Etablissement des Hébreux en Egypte.
1903		1823	Mort de Jacob (à l'âge de 147 ans).
1849		1770	Mort de Joseph (à l'âge de 110 ans).
1571	1725	1705	Naissance de Moïse.

1531		1665	Moïse au pays de Madian (à l'âge de 40 ans).
1491		1625	La Sortie d'Egypte : la loi sur le mont Sinaï.
1451	1605	1585	Mort de Moïse (à l'âge de 120 ans).
1426		1560	Mort de Josué (à l'âge de 110 ans).
1095	1080	1096	Etablissement de la royauté : Saül (règne 40 ans).
1055	1040	1056	David (règne 40 ans).
1015	1001	1016	Salomon (règne 40 ans).
975	962	976	Mort de Salomon ; schisme des dix Tribus.
721	718	721	Prise de Samarie : chute du royaume d'Israël.
606	606	606	Siège de Jérusalem par Nabuchodonosor : la Captivité.
		587	Prise de Jérusalem : fin du royaume de Juda.
		538	Prise de Babylone par les Perses.
		536	Edit de Cyrus : retour de la Captivité.
		516	Dédicace du second Temple de Jérusalem.
		458	Edit d'Artaxerxès ; Esdras.
		445	Second édit : Néhémie relève les murs de Jérusalem.
		332	Alexandre le Grand à Jérusalem.
		323	Mort d'Alexandre : la Judée sous les Lagides.
		207	La Judée passe sous la domination des Séleucides.
		169	Persécution des Juifs par Antiochus Epiphane.
		166	Les Macchabées.
		160	Mort de Judas Macchabée : Jonathas.
		144	Simon Macchabée.
		135	Jean Hyrcan.
		107	Aristobule prend le titre de roi : la royauté rétablie.
		106	Alexandre Jannée (règne 27 ans).
		79	Alexandra, sa veuve (règne 9 ans).
		70	Hyrcan II et Aristobule II (32 ans).
		63	Prise de Jérusalem par Pompée.
		38	Hérode l'Iduméen, roi des Juifs : meurt l'an 750 de Rome.

Vers la fin du règne d'Hérode, naissance de Jésus-Christ.

CHAPITRE XI

(29ᵉ et 50ᵉ Leçons)

CIVILISATION DES JUIFS

RÉSUMÉ. — I. Les Juifs adoraient un Dieu unique, créateur et maître souverain de l'univers. Le culte qu'il rendait était pur et surnaturel. Cette religion était entretenue dans les cœurs par les prophètes qui étaient envoyés de Dieu à son peuple, pour l'instruire et le diriger. Il y a quatre grands prophètes et douze petits.

II. — La vie privée des Juifs était réglée par les prescriptions mosaïques. Les familles solidement constituées étaient très nombreuses. L'agriculture, le commerce et l'industrie furent en honneur chez les Juifs. La vie intellectuelle se manifeste dans leur littérature qui est sublime. Cette littérature est presque entièrement renfermée dans la Bible.

I. — Vie religieuse. — Les prophètes.

1° **Dieu**. — Seul, le peuple juif a conservé au milieu de la nuit universelle, la foi au Dieu vivant et unique. Dieu se fit connaître à lui sous le nom de *Jéhovah : moi Jéhovah*. La législation qu'il reçut eut pour but de le mettre en état de servir ce Dieu, maître et Créateur du monde. Sa constitution fut théocratique ; Dieu seul était son souverain, la sanction de ses lois une récompense ou une punition surnaturelle. Sa morale est d'une pureté et d'une élévation incomparables. L'empreinte de la croyance en un seul Dieu apparaît partout visible et profonde. Un seul tabernacle, un seul sanctuaire, un seul autel, un seul temple pour le Dieu unique. Point d'idoles, point d'images ni de représentations de la Divinité.

2° **Le culte** était digne du Dieu auquel il s'adressait. Dans les sacrifices, le peuple devait surtout offrir par ses prières et ses sacrifices l'hommage d'un cœur pur, d'une vie sainte et sans reproche. Quand l'idolâtrie le menaçait, Dieu livrait ce peuple à ses ennemis qui le punissaient. Il ne redevenait libre qu'en se convertissant à la voix des prophètes.

3° Les **prophètes** étaient des hommes favorisés par Dieu de communications surnaturelles. Ils avaient pour mission de rappeler le peuple Juif à la fidélité envers Dieu et à l'observation de sa loi, en annonçant les principaux événements de son histoire, tels que la ruine du royaume d'Israël, celle du royaume de Juda, l'humiliation des ennemis de Dieu, la chute de Babylone et le retour de la captivité, la succession des empires, sous la domination desquels les Juifs devaient vivre, et la ruine définitive de Jérusalem, suivie de la dispersion des Juifs par toute la terre.

Un autre objet des prophéties fut la venue du Messie et les conséquences de cet avènement. Les prophètes annoncèrent l'époque de la venue de Jésus-Christ, sa naissance miraculeuse à Bethléem, d'une vierge de la famille de David, ses miracles, sa passion et sa mort, sa résurrection, l'établissement de son Église et son second avènement à la fin du monde pour juger tous les hommes.

Les prophètes dont nous possédons les écrits sont au nombre de seize, que l'on divise ordinairement d'après l'étendue de leurs livres en *grands prophètes* et en *petits prophètes*. Les quatre grands prophètes sont : *Isaïe*, avant la ruine du royaume d'Israël ; *Jérémie*, avant la ruine du royaume de Juda ; *Ézéchiel* et *Daniel*, au temps de la captivité. Les petits prophètes sont : *Osée, Joël, Amos, Abdias, Jonas, Michée, Nahum, Habacuc, Sophonie, Aggée, Zacharie, Malachie* et *Baruch*, le disciple de Jérémie.

Les écrits des prophètes ont le même fond d'idées, ils ne diffèrent que par la forme littéraire qui est plus ou moins saisissante, suivant le caractère de chacun. Tous les prophètes commencent par reprocher au peuple, au roi, aux prêtres, leurs infidélités, puis pour les arracher à ce désordre, ils menacent les coupables de châtiments publics ou privés et leur rappellent les récompenses promises aux fidèles. Ils terminent par des malédictions terribles contre les ennemis d'Israël dont ils prophétisent la ruine (1).

II. — Vie privée, sociale et intellectuelle des Juifs.

1° **Vie privée**. — *a)* A la naissance d'un enfant, ou le huitième jour après, qui était celui de sa circoncision, signe d'alliance des Israélites avec Dieu, ses parents faisaient acte d'autorité sur lui en lui donnant un *nom*. Quarante jours après la naissance d'un garçon, et quatre-vingts après celle d'une fille, la mère se rendait au temple et offrait un agneau en sacrifice d'actions de grâces, avec un pigeon et une tourterelle. Les pauvres offraient seulement deux tourterelles ou deux petites colombes.

Quand l'enfant était un premier-né, on l'offrait lui-même à Dieu comme le premier de la famille et pour son rachat on payait cinq sicles (à peu près dix francs) pour un garçon et trois sicles pour une fille. L'éducation et l'instruction des enfants se faisaient par les parents qui devaient aussi les établir. La cérémonie du mariage se passait entre les parents et les amis et n'avait pas de caractère religieux.

b) Les vêtements des Juifs étaient de laine, de lin et de coton ordinairement de couleur blanche excepté pour les riches qui les portaient de couleur violette, rouge ou cramoisi ; la tunique et le manteau étaient les principaux vêtements pour les hommes aussi bien que pour les femmes. La chaussure consistait en sandales qu'on attachait aux pieds nus avec une courroie. Le turban ou drap roulé autour de la tête servait de coiffure. Les femmes portaient de plus que les hommes un voile et quelques petits objets ou bijoux particuliers.

c) Les villes des Hébreux bâties sur des hauteurs, comme on le constate encore aujourd'hui, étaient toutes fortifiées ; les *maisons* ordinaires construites en argile

---

(1) Bernard, *Histoire sainte*.

ou en briques ; les palais, en pierres de taille ou en marbre.

d) Le deuil chez les Hébreux était bruyant ; les femmes surtout se lamentaient sans contrainte dans leurs funérailles solennelles. On déposait les cadavres hors de la ville dans des caveaux taillés dans le roc. Presque chaque famille possédait ses caveaux particuliers.

e) Les Juifs étaient d'une politesse exquise, qui se manifestait par des salutations respectueuses, des visites, des cadeaux et des banquets. Leur hospitalité, surtout celle des patriarches, est proverbiale. Leur nourriture ordinaire était le pain fait de farine de blé ou d'orge, le vin et quelques boissons fortes, fabriquées avec du blé et des fruits, la viande et les pâtisseries. Avant de se mettre à table, les Juifs devaient se laver. Ils faisaient usage du vin et de quelques boissons fermentées.

2° **Vie sociale.** — *a)* L'agriculture fut toujours en honneur chez les Juifs, Moïse en fit la base de sa constitution. Les jardins et les fleurs des Hébreux furent célèbres et le sont encore aujourd'hui en Orient. Les plaines donnaient l'orge, le blé, le lin. Sur les collines, on portait de la terre végétale qui produisait des vignes magnifiques. L'arrosement si essentiel dans ces pays brûlants se faisait à l'aide de fontaines, de réservoirs, de citernes, de puits et de canaux d'irrigation. La vigne et l'olivier passaient pour les meilleures cultures. Les arbres à fruits, le palmier, le figuier, le noyer, le grenadier, le pistachier, le pommier, étaient très multipliés ; on cultivait aussi avec grand soin le baumier.

La Palestine était riche en bois forestiers, comprenant le chêne, le cèdre et le cyprès. Ses vastes et gras pâturages nourrissaient des bœufs et des vaches, des ânes de très belle espèce et des chameaux qui servaient de montures et de bêtes de somme, des moutons et des chèvres en quantité.

Le climat très varié de la Palestine favorisait beaucoup l'agriculture. On y distingue la saison des pluies qui va d'octobre à février et la saison d'été qui commence à février par des orages très fréquents et continue en mai par une chaleur ardente jusqu'au mois d'août. Les nuits sont très fraîches et peuvent être dangereuses si on ne suit pas les règles de l'hygiène.

b) L'industrie se développa chez les Israélites, à partir de la Royauté et surtout avec Salomon qui fit bâtir le temple de Jérusalem ; on vit dès lors chez eux des maçons, des charpentiers, des potiers et des verriers, des fondeurs, des joailliers, des forgerons, des tisserands, des teinturiers, des fabricants de parfums et d'huiles odoriférantes.

c) Le commerce qui est aujourd'hui si habilement pratiqué par les Juifs, était peu en honneur chez eux dans l'antiquité ; ce n'est qu'à partir de David et de Salomon qu'il se développa concurremment avec celui de Tyr.

Six routes principales traversaient la Palestine ; quatre allaient de Jérusalem vers l'Orient, une cinquième, à Damas, la sixième, en Égypte.

3° **Littérature juive.** — **La Bible.** — La vie intellectuelle chez les Juifs était toute religieuse. Les sciences proprement dites, telles que les mathématiques, l'astronomie, la physique, l'histoire naturelle n'étaient pas très cultivées. En revanche, leur littérature était sublime.

L'hébreu est la langue que les Juifs trouvèrent toute formée dans la Palestine. C'est celle de Moïse. Elle disparut peu à peu pour faire place au Syrochaldéen qui fut la langue de Jésus-Christ et des Apôtres. La Bible qui est toute la littérature juive comprend, outre les livres de Moïse : la *Genèse*, l'*Exode*, le *Lévitique*, les *Nombres* et le *Deutéronome*, d'autres livres qu'on peut diviser en livres *historiques* et en livres *poétiques*.

I. — Les **livres historiques** peuvent se diviser en trois classes : 1. — **Les livres antérieurs à la captivité** sont : Le livre de *Josué* qui complète le Pentateuque en achevant l'histoire de la conquête de la Terre promise. — Le livre des *Juges* qui nous raconte les exploits des héros qui délivrèrent Israël de la servitude des peuples voisins. — Les *quatre Livres des Rois* qui se rapportent à l'histoire des Israélites depuis Samuel jusqu'à la captivité de Babylone. Les deux premiers contiennent l'histoire de Samuel et de David ; les deux derniers nous fournissent des renseignements sur l'histoire des rois de Juda et d'Israël depuis Salomon jusqu'à la ruine de Jérusalem.

2. — **Les livres postérieurs à la captivité** sont : *Les deux livres des Paralipomènes*, seconde histoire des royaumes de Juda et d'Israël ; les *deux livres d'Esdras*, qui racontent les faits relatifs au retour des Juifs de la captivité de Babylone, à la reconstruction du Temple et des murs de Jérusalem, et aux réformes opérées par Esdras et Néhémie ; les *deux livres des Macchabées*, qui rapportent concurremment les exploits de ces héros contre les armées des rois de Syrie, Antiochus et ses successeurs.

3. — Il y a de plus dans la Bible des **épisodes historiques** qui sont : antérieurement à la captivité, le livre de *Ruth*, postérieurement à cette époque, les livres de *Tobie*, de *Judith* et d'*Esther*.

Le livre de *Ruth* est l'histoire d'une Moabite, mariée à un Israélite, et qui, devenue veuve, fut un modèle de piété filiale par sa conduite envers sa belle-mère Noémie.

Le livre de *Tobie* est l'histoire d'un Israélite qui, emmené en captivité à Ninive, y donna de grands exemples de charité et de résignation pieuse, et dont le fils reçut, par un heureux mariage, la récompense de ses vertus et de celles de son père.

Le livre de *Judith* est l'histoire de la délivrance d'Israël par le stratagème et l'audace d'une femme aussi intrépide que vertueuse.

Le livre d'*Esther* est l'histoire de l'intervention d'une juive, la reine Esther, épouse du roi des Perses, Assuérus, pour le salut de son peuple, menacé d'une entière destruction.

II. — **Livres moraux.** — Les livres moraux de l'Ancien-Testament sont les livres où se trouvent exprimés des sentiments ou des préceptes de morale. On peut les diviser en *deux séries* : 1° les livres antérieurs à la captivité ; 2° les livres postérieurs à la captivité.

1. — **Livres antérieurs à la captivité.** — Le livre de *Job* est un poème qui met en scène un homme vertueux aux prises avec l'adversité, et qui en tire cette conclu-

sion : Ce n'est point ici-bas que s'exerce la justice divine, c'est dans une autre vie.

Le livre des *Psaumes* est un recueil de chants sacrés qui étaient exécutés, avec accompagnement de musique, dans les cérémonies religieuses chez les Juifs. Le roi David est l'auteur d'un grand nombre d'entre eux ; les autres ont été composés par différents auteurs, avant et après la captivité de Babylone.

On distingue différentes sortes de psaumes : les hymnes ou *psaumes religieux*, les chants patriotiques ou *psaumes historiques*, les *psaumes prophétiques*.

Le livre des *Proverbes de Salomon* est un recueil de maximes et de sentences sur la morale et sur la manière dont un homme sage doit se conduire. On y trouve la peinture, en traits vifs ou en tableaux d'une certaine étendue, de la plupart des vices et des vertus.

Le livre de l'*Ecclésiaste* est un recueil de réflexions et de maximes sur la vanité de toutes les choses de la terre.

L'enseignement qui se dégage de ces méditations, un peu mélancoliques, c'est que, sans trop chercher à expliquer l'énigme du monde, il faut vivre dans la crainte de Dieu.

Le *Cantique des Cantiques* est un poème, composé vraisemblablement à l'occasion du mariage de Salomon, et qui, sous l'allégorie des sentiments d'un époux pour son épouse, fait la peinture de la tendresse de Dieu pour son Église et pour toute âme humaine.

2. — **Livres postérieurs à la captivité.** — Le livre de la *Sagesse* est un livre qui date du deuxième siècle avant Jésus-Christ. Il a été composé en grec, et l'auteur s'est manifestement inspiré des livres de Salomon.

Le livre de la *Sagesse* renferme une suite de maximes et ne saurait être analysé, pas plus que le Livre des *Proverbes* de Salomon.

Le livre de l'*Ecclésiastique* a été composé par Jésus, fils de Sirach, et publié, en grec, sous le règne de Ptolémée Évergètes, dans le second siècle avant l'ère chrétienne. Ce livre est comme le précédent un recueil de sentences morales (1).

---

(1) Bernard, *Histoire sainte*.

4º Les **beaux-arts** furent moins cultivés chez les Hébreux que la poésie ; ce sont des artistes phéniciens qui présidèrent à la construction du Temple de Salomon. La sculpture pas plus que la peinture n'étaient bien connues par les Israélites. Mais la *musique* était très appréciée et très étudiée.

David et Salomon organisèrent pour le Temple des chœurs qui chantaient les psaumes au son de la harpe, des cymbales et des tambourins. Les mélodies hébraïques exprimaient les sentiments les plus variés et les plus vifs. Elles accompagnaient les *danses* qui faisaient partie des cérémonies religieuses et des fêtes publiques.

Telle était, dit M. Gaffarel, cette civilisation hébraïque qui s'est perpétuée à travers les siècles et dont il serait injuste de méconnaître l'influence sur nos usages, nos coutumes, et même nos sentiments et nos idées modernes.

QUESTIONNAIRE. — En quoi consistait la vie religieuse des Juifs ? — Quelle était leur croyance, leur culte ? — Qu'est-ce que les prophètes ? — Nommez-les. — En quoi consistait la vie privée des Juifs ? — Quel était le rôle des parents dans l'éducation de leurs enfants ? — Quels vêtements portaient les Juifs ? — Quels étaient leurs usages pour la nourriture, les habitations, les funérailles ? — L'agriculture était-elle très honorée chez eux ? — Leur commerce et leur industrie furent ils florissants ? — En quoi consistait leur littérature ? — Dites ce que vous savez de la Bible.

Les Phéniciens

PROGRAMME

Géographie de la Phénicie. — Sidon et Tyr. — Le commerce maritime et terrestre, l'industrie, les colonies. — Fondation de Carthage. — L'alphabet.

L'histoire des Phéniciens n'a été longtemps connue que par quelques passages des écrivains de l'antiquité. Aujourd'hui on leur a fait, à côté des peuples anciens, célèbres par leur religion, leur littérature, leurs monuments et leurs conquêtes, une place importante. Ils furent, en effet, dans le passé, ce que sont aujourd'hui les Anglais, les *rouliers des mers*.

Nous diviserons cette histoire en trois parties : la *première* nous fera connaître les cités, la *seconde*, les colonies, la *troisième*, la civilisation phénicienne.

CHAPITRE I

(51º Leçon)

LES CITÉS PHÉNICIENNES

RÉSUMÉ. — I. Les Phéniciens descendaient de Chanaan, fils de Cham. Ils sont célèbres par leurs excursions maritimes et leur habileté commerciale.
II. Sidon et Tyr se disputèrent longtemps la suprématie phénicienne jusqu'à ce qu'elles furent détruites, l'une par Alexandre et l'autre par les Philistins.

Les savants modernes qui ont étudié spécialement l'histoire de la Phénicie disent qu'on peut distinguer quatre époques dans son existence ;

La *première* qui va de l'origine au xvi° siècle avant Jésus-Christ.

La *seconde période* qui va du xvi° siècle au xi° avec Sidon pour ville dominante.

Pendant la *troisième période*, du xi° siècle à 886 avant Jésus-Christ, la ville de Tyr, dont le nom signifie rocher, se substitue à Sidon.

Enfin la *quatrième période* c'est le temps de la décadence de la Phénicie ; Carthage, la plus célèbre de ses colonies, a remplacé Tyr qui devient tour à tour la conquête des Assyriens, des Égyptiens, des Perses et des Grecs qui l'anéantirent.

I. — Origine et caractère des Phéniciens.

1° Origine. — Les Phéniciens sont des descendants de Cham, par Chanaan, dont les onze fils furent les ancêtres des tribus chananéennes, répandues dans les plaines qui s'étendent de la Méditerranée au Tigre et de l'Arabie au Caucase.

Chassés de ces plaines par l'invasion des Aryas, les Chananéens vinrent s'établir dans le pays du Liban, compris entre la Méditerranée et le Jourdain, jusqu'à l'Egypte, vers le xxii° ou xxi° siècle avant l'ère chrétienne.

Ceux qui restèrent sur le continent furent sans cesse en lutte les uns avec les autres, et finirent par être expulsés du pays ou soumis par les Hébreux qui le furent eux-mêmes par les Romains.

Au contraire, les Chananéens qui s'établirent sur cette langue de terre large de huit à dix lieues, située entre la Méditerranée et le Liban, sur une longueur de cinquante lieues, et qui sont connus sous le nom de Phéniciens, méritent une attention particulière à cause de l'influence qu'ils acquirent dans le monde ancien par leur commerce maritime.

2° Géographie. — La Phénicie consistait en une langue de terre d'environ deux cents kilomètres de long sur quarante de large, située à l'ouest de la Syrie, sur la côte de la Méditerranée. Cette côte, hérissée de montagnes, couverte de magnifiques forêts et semée de ports et de baies, offrait les plus précieux avantages pour la navigation. Au nord on trouvait d'abord Aradus ; en allant vers le sud on voyait successivement Tripoli, Biblos, Béryte, Sidon, et enfin Tyr, sans compter une foule d'autres cités moins importantes.

Resserrés dans cette étroite vallée qui ne pouvait leur fournir leur subsistance, à cause des rochers et des torrents qui l'encombrent, les Phéniciens furent obligés de demander à la mer leurs moyens d'existence. Les montagnes du Liban leur offraient en abondance les bois nécessaires pour la construction des navires.

D'abord simples pêcheurs, les Phéniciens s'enhardirent ensuite et devinrent des pirates dangereux qui ravageaient les côtes voisines ; enfin ils s'éloignèrent sur la mer Méditerranée et poussèrent l'art de la navigation aussi loin qu'il était possible de le faire avant l'invention de la boussole.

II. — **Sidon et Tyr.**

1° **Sidon** est la plus ancienne des villes phéniciennes ; elle doit son nom à Sidon, fils aîné de Chanaan. Le nom de Sidoniens fut donné alors à tous les Phéniciens.

Les Égyptiens s'emparèrent à ce moment de la Phénicie et permirent à ses cités d'établir des comptoirs commerciaux dans quelques villes du delta. Sidon profita de cette faveur pour envoyer ses marins dans toute la Méditerranée, c'est-à-dire vers les îles de Chypre, de Crète, de Rhodes, de Paros et jusque vers l'Hellespont et le Pont-Euxin, ainsi que sur les côtes d'Afrique qu'ils occupèrent.

Ces excursions maritimes, de même que les relations qui s'établirent entre Sidon et le pays du Tigre et de l'Euphrate, ne se firent pas sans lutte. Comme les Phéniciens pratiquaient la piraterie, enlevaient les femmes et les enfants sur toutes les côtes qu'ils abordaient, ils suscitèrent des révoltes de la part des peuples qu'ils visitaient. Les Philistins attaquèrent les Phéniciens, s'emparèrent de la côte et des villes situées entre l'Egypte et la Phénicie, prirent Sidon et la détruisirent (XVIe siècle av. J.-C.).

2° **Tyr** hérita de la puissance de Sidon et domina à sa place sur les autres cités phéniciennes. Elle brilla d'un vif éclat sous le règne de Hiram Ier, l'allié de Da-

Vue actuelle du port de Sidon.

vid et de Salomon à qui il fournit des ouvriers et des matériaux pour le temple de Jérusalem, et une flotte qui visita le pays d'Ophir sur la côte du *Zanguebar*, dans l'Afrique orientale.

Plus tard, le roi de Tyr maria sa fille Jézabel avec Achaz, roi d'Israël, et leur fille Athalie épousa Joram, roi de Juda. La Phénicie dominait alors à Jérusalem et à Samarie par l'influence des prêtres de Baal son idole.

Tyr ne put se maintenir dans ce degré de puissance, elle fut ruinée par les révolutions intérieures et par la guerre qu'elle soutint contre les rois d'Assyrie. Une de ces révolutions arriva pendant la minorité du roi Pygmalion, qui avait pour régent son oncle, lequel avait épousé la sœur du roi, Elissa, que Virgile a immortalisée sous le nom de *Didon*, dans son Enéïde. Le régent ayant été tué, sa femme Elissa essaya de s'emparer de la régence ; n'ayant pu y parvenir, elle s'embarqua avec ses partisans et alla fonder en Afrique la ville de *Carthage*.

Le roi d'Assyrie, Salmanasar IV, pendant qu'il faisait le siège de Samarie, s'avança jusqu'à la Phénicie et voulut imposer le tribut à Tyr. Celle-ci refusa et soutint un siège de treize ans. Elle fut prise par Nabuchodonosor le Grand qui la détruisit en 573. Sidon reprit la prépondérance et devint la capitale de la Satrapie que Darius forma avec la Phénicie.

Pendant les guerres médiques, les Phéniciens aidèrent les Perses à combattre les Grecs ; sous Artaxerxès Ochus, Sidon, ayant menacé les officiers du roi et brûlé son palais, fut prise et saccagée. Elle put néanmoins se relever et résister à Alexandre, qui s'empara de Tyr après un pénible siège de sept mois, et la détruisit.

Les rois de Syrie, successeurs d'Alexandre, et qui sont connus sous le nom de Séleucides, ne demandèrent au pays que de l'argent et des vaisseaux. En 64 après Jésus-Christ, la Phénicie, comme la Syrie, fut prise par les Romains qui la possédèrent jusqu'à l'invasion des Arabes au septième siècle. Aujourd'hui, elle forme le centre de l'Alet de Syrie, sous la domination des Turcs.

QUESTIONNAIRE. — Quelle est l'origine des Phéniciens ? — Quel fut leur caractère spécial ? — Comment les villes de Tyr et de Sidon exercèrent-elles leur domination dans ce pays ? — Par qui fut détruite Sidon ? — Racontez l'histoire de Tyr.

CHAPITRE II

(32e Leçon)

LES COLONIES PHÉNICIENNES

RÉSUMÉ. — I. Les Phéniciens s'établirent sur tous les rivages des colonies. On distingue trois époques de colonisation chez les Phéniciens.
II. Carthage fut la plus célèbre des colonies Phéniciennes.
III. D'autres colonies Phéniciennes s'établirent en Sardaigne, en Espagne et au nord de l'Europe.

I. — **Premières colonies.**

La Méditerranée fut pour les Phéniciens comme une seconde patrie. Ne trouvant pas sur leur terre, maigre et rocailleuse, de quoi se nourrir, gênés par la foule d'étrangers qui se pressaient chez eux, dans l'espoir de s'enrichir, les Phéniciens furent obligés d'envoyer de temps en temps un essaim de population s'établir loin de la mère-patrie.

L'histoire de cette colonisation phénicienne correspond aux révolutions sociales et religieuses qui durent bouleverser la Phénicie.

1° Dans la **période primitive**, alors que Byblos était la ville prépondérante, la colonisation fut presque nulle. Les Phéniciens se formèrent à la piraterie et commencèrent leur commerce de jouets et d'esclaves. Dans l'Odyssée, Eumée, le pasteur d'Ulysse, dit qu'il avait été enlevé par des pirates phéniciens.

2° Dans la **seconde période**, alors que Sidon est toute-puissante, les Phéniciens diminuent leurs pirateries pour se livrer au commerce et à la colonisation. Les côtes de l'Asie-Mineure et les îles de la mer Egée sont occupées. L'île de Chypre, si riche en mines de cuivre et en bois de contruction, fut prise une des premières avec les îles qui l'entourent. On y découvre encore tous les jours des inscriptions phéniciennes.

La Cilicie, séparée de l'île de Chypre par un petit détroit, les côtes de Pamphilie, de Lycie et de Corée furent ensuite envahies. Les îles de Rhodes et de Crète et toutes les Cyclades devinrent autant de stations commerciales. En Grèce même, Cadmus, fils du Phénicien Agénor, fonda la ville de Thèbes et enseigna aux Grecs l'alphabet phénicien.

Après la guerre de Troie, les Grecs, devenus habiles et conquérants, inquiétèrent les Phéniciens dans leurs colonies et les forcèrent de chercher plus loin un débouché à leurs colonisations et à leur commerce.

II. — Carthage.

1º **La Fondation**. — C'est pendant la troisième période, c'est-à-dire du xe au vi^e siècle avant Jésus-Christ, et sous la domination de Tyr, que les Phéniciens organisèrent leurs plus lointaines colonies.

La Sicile fut prise la première, puis Malte, et toutes les autres îles qui se trouvent sur les côtes africaines et italiennes. L'Afrique fut ensuite abordée. Les Phéniciens y créèrent un véritable empire. Carthage y fut fondée par Elissa, sœur de Pygmalion, meurtrier de Sichée son mari. Elissa s'enfuit vers l'Afrique et fut surnommée Didon, ou la fugitive.

En arrivant, Didon acheta aux indigènes autant de terre qu'un cuir de bœuf pouvait en entourer. Elle découpa ce cuir en lanières très fines, ce qui lui permit d'acheter un espace assez grand pour construire Carthage.

2º L'histoire de Carthage peut se diviser en trois périodes. **Dans la première** de ces périodes (de 880 à 480 av. J.-C.), Carthage s'empare des côtes africaines depuis les Colonnes d'Hercule à l'ouest, jusqu'à la ville de Cyrène. Pour limiter son territoire de ce côté, il fut convenu avec les habitants de Cyrène que chaque ville enverrait deux hommes qui sortiraient en même temps de leur ville, et que là où ils se rencontreraient, on fixerait la limite du territoire.

Les Carthaginois désignèrent les deux frères Philènes, lesquels se pressèrent si fort qu'ils rencontrèrent leurs adversaires tout près de Cyrène. Accusés de fraude, les Philènes consentirent à être enterrés vifs sur place, à condition que leur tombeau servirait de limite au territoire carthaginois; ce qui fut accepté; plus tard, on éleva à cet endroit *l'autel des Philènes*.

Après la destruction de Tyr par Nabuchodonosor, Carthage s'empara de toutes les colonies phéniciennes; la Sardaigne, l'île de Corse, Malte, l'Espagne, les îles Baléares devinrent tributaires des Carthaginois.

3° Dans la **seconde période**, et au moment où Xerxès envahit la Grèce, les Carthaginois, ses alliés, envahirent la *Sicile* (480). Vaincus à *Himère* par Gélon, roi de Syracuse, qui surprit et tua le général Carthaginois Amilcar, puis brûla sa flotte.

Soixante ans plus tard, les Carthaginois profitèrent des discordes des Siciliens et s'emparèrent de presque tout le pays. Ils furent néanmoins repoussés de Syracuse par les deux Denis, et Agathocle alla même attaquer Carthage (310), qui faillit succomber (307).

4° Dans une **troisième période**, Carthage reprit ses projets pour la conquête de la Sicile, mais elle se trouva en face des Romains contre lesquels elle fit les guerres puniques. Dans la première, elle perdit la Sicile (241). Dans la deuxième, l'Espagne (201). Dans la troisième, elle se perdit elle-même. Ses murs, qui protégeaient sept cent mille habitants, furent rasés par Scipion l'Africain, et le sol devint inhabitable (146).

5° **Carthage rebâtie, puis détruite.** — Elle fut rétablie par Jules César, et sa situation est si importante que dès le temps d'Auguste elle était redevenue la ville la plus florissante de l'Afrique et rivalisait avec Rome dans les III° et IV° siècles : chef-lieu du diocèse d'Afrique, ses écoles furent très célèbres et donnèrent Tertullien, saint Cyprien, saint Augustin. Plus de quarante conciles s'y réunirent. Elle fut prise par les Vandales et reprise par Bélisaire (533 ap. J.-C.). En 698, l'Arabe Hassan la livra aux flammes.

Plus tard, un quartier de la ville fut reconstruit et repeuplé ; mais au XVI° siècle, les soldats de Charles-Quint l'anéantirent. Depuis cette époque, il ne reste de

Carthage que des ruines qui ont été découvertes par Beulé en 1859. En 1841, Louis-Philippe avait fait élever à l'ouest de Carthage une chapelle dédiée à saint Louis. En 1884, Mgr Lavigerie a obtenu du pape Léon XIII le rétablissement de l'ancien diocèse de Carthage dont il est lui-même devenu l'archevêque.

6° Le **gouvernement** de Carthage se composait de deux autorités : 1° deux *suffètes*, magistrats annuels nommés par l'assemblée générale du peuple, étaient chargés de juger les procès graves et de prendre part aux délibérations ; 2° le *Sénat*, composé d'un nombre indéterminé de membres, décidait de la paix ou de la guerre et discutait les lois ou règlements.

7° Le **commerce**, le gain et les richesses étaient l'âme de toutes les entreprises des Carthaginois. Aussi, l'étude des jeunes gens et toute leur science consistaient à calculer, à dresser un registre et à tenir un comptoir.

Malheureusement, cet esprit de commerce engendra chez les Carthaginois premièrement une finesse et une ruse qui allèrent jusqu'à la perfidie, d'où ce mot si connu de *foi punique* (fides punica), mauvaise foi, et secondement une dureté envers les créanciers qui allait jusqu'à la cruauté et la tyrannie, ce qui a fait partout détester les Carthaginois.

8° **L'armée** de Carthage se composait de soldats mercenaires qu'elle achetait aux pays voisins, en sorte que, sans dépeupler ses campagnes et interrompre son commerce avec l'or qu'elle possédait en abondance, elle se défendait de tous ses ennemis. Mais comme ses généraux étaient des étrangers, elle en avait peur et les traitait durement ; vaincus, elle les crucifiait ; vainqueurs, elle les exilait.

Sa flotte compta jusqu'à trois cent cinquante galères montées par quarante-deux mille combattants et cent cinq mille matelots. La religion de Carthage était celle de Tyr, sanguinaire et corrompue comme elle.

III. — Autres colonies.

1° Après l'occupation des côtes africaines, les Phéniciens dirigèrent leurs vaisseaux du côté de la **Sardaigne** où ils fondèrent Cagliari ou Caloris, de la *Corse* d'où ils furent expulsés par les Phocéens, et enfin de la *Gaule* où ils avaient déjà fondé Marseille, et qu'ils explorèrent en tous sens, mais sans s'y établir.

2° L'**Espagne**, couverte de leurs nombreuses colonies, devint le centre de leurs voyages maritimes et la source de leurs richesses. Ils en tirèrent de l'or, de l'argent et de l'étain, du blé, de l'huile, des fruits, de la laine. Plusieurs villes furent bâties par eux ; Strabon en comptait plus de deux cents.

Ainsi établis en Afrique et en Espagne, les Phéniciens longèrent les côtes africaines et européennes au sud et au nord. Sur la côte de Mauritanie, ils bâtirent trois cents villes et allèrent jusqu'à la côte de Sierra-Leone. Sous Néchao, roi d'Egypte, et par son ordre, ils firent même le tour de l'Afrique en partant de la mer Rouge pour revenir par la Méditerranée.

Du côté du nord, les Phéniciens allèrent en Bretagne où on trouve le souvenir d'un roi de race phénicienne. Sur les côtes méridionales de la Norwège, on trouve des traces du culte de Baal ; enfin, dans l'embouchure des fleuves de la Baltique, de l'ambre dont les Phéniciens faisaient un grand commerce. Du côté de l'ouest, les Phéniciens s'élancèrent sur l'Atlantique, s'établirent aux Canaries connues de l'antiquité sous le nom d'Iles fortunées. On dit même qu'ils poussèrent jusqu'aux Antilles et jusqu'en Amérique.

QUESTIONNAIRE. — Pourquoi les Phéniciens furent-ils si colonisateurs ? — Quelles furent leurs premières colonies ? — Racontez l'histoire de Carthage. — Dites ce que vous savez de ses guerres et de son gouvernement. — Quelles autres colonies les Phéniciens établirent-ils ?

CHAPITRE III

(55° Leçon)

CIVILISATION PHÉNICIENNE

RÉSUMÉ. — I. Le commerce des Phéniciens fut très actif, à cause de leurs nombreux produits industriels.
II. Absorbés par ce commerce, les Phéniciens négligèrent les lettres, les sciences et les arts. Cependant ils inventèrent l'alphabet.
III. La religion phénicienne était grossière et sanguinaire.
IV. Le gouvernement phénicien était une république ou confédération.

I. — Le commerce et l'industrie.

1° La Bible nous fait connaître le **commerce** phénicien qui était de *deux sortes* : le commerce de luxe, c'est-à-dire les épices, les diamants, les bois de l'Inde, l'ivoire de l'Afrique, l'encens, les parfums, les eaux de senteur, les perles de l'Arabie, l'ambre et les métaux.

Le second, celui qu'on pourrait appeler d'économie et qui comprenait les étoffes, les cannes ciselées, l'asphalte de Babylone, les chevaux d'Arménie, les vins, les laines et les ânes de Syrie, l'huile, le vin et le papyrus d'Égypte. Ils tiraient aussi grand profit du trafic des esclaves.

2° L'**industrie** phénicienne transformait les matières premières qui venaient des différentes contrées de la terre. Le plus célèbre produit de cette industrie fut la fabrication de la *pourpre*, teinture qu'ils tiraient d'un coquillage recueilli sur les côtes, et qui donnait une couleur rouge, noire, blanche, violette, amarante et moirée qu'on appliquait surtout à la laine. La ville de Tyr était si remplie de teinturiers que l'air en était vicié.

Après la pourpre venait le *verre* dont la découverte

est attribuée aux Sidoniens. Des marchands qui rapportaient d'Egypte du salpêtre étant débarqués près de Sidon ne trouvèrent pas de pierres pour construire un foyer. Ils prirent quelques blocs de salpêtre que le feu fit fondre. Le salpêtre fondu se mêla au sable du rivage, le lendemain il avait formé, en se refroidissant, une matière brillante qui était le verre.

On l'utilisa aussitôt pour en faire des coupes et des vases. Les verreries les plus célèbres furent celles de Sidon et de Sarepta qui employaient le sable du Carmel. La *poterie* fut aussi un des principaux objets d'exploitation de la Phénicie, ainsi que les bijoux, statuettes et articles ciselés d'ivoire, d'albâtre, d'or, d'ambre et d'ébène.

II. — Lettres, sciences et arts.

1° Commerçants avant tout, les Phéniciens furent de pauvres **littérateurs**; le seul auteur phénicien que l'on connaisse est *Sanchoniaton*. On trouve chez eux des traités d'agriculture, de teinturerie et de vitrerie; des relations de voyages, des registres et des livres de comptes. Ils passent pour les inventeurs de l'*Alphabet*.

Il est probable, dit M. Ménard, que les Phéniciens empruntèrent aux Egyptiens à une époque très reculée des signes ou lettres qui représentèrent les idées, plus tard ils en choisirent un petit nombre qui répondaient aux articulations de leur langue. L'Alphabet phénicien se compose de vingt-deux lettres. Elles furent adoptées et perfectionnées par les Grecs qui les transmirent aux Romains et à tous les peuples de l'Europe.

2° La **science** phénicienne est encore moins connue que la littérature. On suppose néanmoins qu'ils connaissaient les mathématiques, la chimie et l'astronomie, puisqu'ils étaient constructeurs, ingénieurs, industriels et grands navigateurs.

3° Dans les **arts**, les Phéniciens furent comme partout ailleurs, utilitaires, leurs édifices sont surtout des digues, des aqueducs, des fortifications, des égouts et des tombeaux. Ces monuments se distinguent par leurs masses imposantes formées de pierres gigantesques. La *sculpture* fut presque nulle ; les seuls artistes phéniciens furent les graveurs, les orfèvres et les ciseleurs.

III. — Religion des Phéniciens.

La religion des Phéniciens ressemble à celle des Assyriens : elle consistait dans l'adoration des forces naturelles, dans la divinisation des astres, du feu, de l'eau ; *Baal* ou *Bel* était le dieu principal adoré sous la forme du soleil qui produit, conserve et détruit tout. Comme producteur il s'appelait *Adonis*, ou le dieu du printemps ; comme conservateur il s'appelait *Baal Chous* ; comme destructeur, c'était *Baal Moloch*. Chaque ville avait de plus une divinité subalterne spéciale ; à Sidon, c'était la déesse *Astarté* ; à Tyr, le dieu *Melkarth*.

Le culte était grossier et obscène aux fêtes d'Adonis et d'Astarté, cruel à celle de Moloch ; en l'honneur de ce Dieu on allumait un immense bûcher au pied de sa statue d'airain ; quand le feu était dans toute sa vigueur, des mères plaçaient leurs enfants dans les bras de la statue où ils étaient brûlés vifs. Les Phéniciens portèrent partout avec eux leur religion et leurs idoles sanguinaires.

IV. — Gouvernement.

Le gouvernement des villes phéniciennes fut tantôt une monarchie tempérée par un sénat ; tantôt une république ou confédération présidée par deux magistrats nommés *Suffètes* ou juges. Tyr et Sidon se disputèrent la domination de cette confédération qui fut longtemps tributaire des empires d'Asie et d'Afrique. Les villes de la Phénicie étaient libres et ne se réunissaient que pour la défense du pays ; elles n'avaient pas d'armée nationale ; elles achetaient des mercenaires à l'heure du danger.

Les Phéniciens étaient détestés par les peuples anciens. Les Hébreux les haïssaient à cause de leur idolâtrie et de la brutalité qu'ils mettaient à enlever les femmes et les enfants pour en faire des esclaves.

Ils étaient de mauvaise foi dans les traités et les relations commerciales, par égoïsme ils s'interdisaient d'instruire les autres peuples sur leurs voyages et leurs découvertes. Un de leurs vaisseaux se voyant suivi dans l'Atlantique par une galère romaine, se fit échouer pour ne pas montrer aux Romains la route qui conduisait aux Sorlingues, îles dont ils tiraient l'étain.

Néanmoins il faut dire que les Phéniciens contribuèrent plus que tout autre peuple à faire comprendre aux hommes l'utilité de la navigation, du commerce et de l'industrie. Malheureusement, leur religion sensuelle empoisonna de ses vices les peuples qu'ils visitèrent, ce qui leur mérita de disparaître du monde.

QUESTIONNAIRE. — Pourquoi le commerce des Phéniciens fut-il si actif ? — En quoi consistait leur industrie ? — Pourquoi chez eux les lettres, les sciences et les arts furent-ils négligés ? — Racontez comment ils inventèrent l'alphabet.

Les Mèdes et les Perses

PROGRAMME

L'empire Mède. — Le royaume de Lydie et les premières monnaies. — L'empire Perse. — Cyrus, Cambyse et Darius. — Organisation de l'empire de Darius. — Mœurs, coutumes. — Monuments des Perses.

Préliminaires : Origine des Mèdes et des Perses

Les Mèdes et les Perses sont les premiers peuples *Aryens* qui apparaissent dans l'histoire, l'épithète d'*Aryen* du nom Arya qui signifie vénérable, noble, excellent, fut le nom commun des descendants de Japhet, l'un des fils de Noé, avant leur sortie de l'Asie centrale.

A la suite de guerres intestines, les Aryens se divisèrent; les uns s'établirent dans la *Perse* ou *Iran* et prirent le nom d'Iraniens. Les autres allèrent dans les Indes et conservèrent le nom d'Aryens; d'autres enfin se dirigèrent vers l'Europe et prirent le nom de *Celtes*, en Gaule et dans les îles de la Bretagne et de l'Irlande; de *Grecs* et de *Latins* dans les péninsules hellénique et italique; de *Germains* dans l'Europe centrale, et de *Slaves* dans l'Europe orientale.

Les langues des peuples de l'Europe indiquent leur origine commune; ces langues ressemblent au Sanscrit et au Zend, qui furent les idiomes des Aryens primitifs. Parmi les tribus aryennes qui habitèrent l'Iran, celle des *Mèdes* et des *Perses* méritent une étude spéciale.

Les Mèdes, ainsi appelés de *Madaï*, fils de Japhet, s'établirent dans la contrée située entre la mer Caspienne et les montagnes qui séparent l'Iran du bassin du Tigre. Ce pays s'appelle Médie, comprenant *deux* régions : la Médie du Nord, pays de montagnes, la Médie du Sud, à l'est du grand désert salé dont la partie occidentale est tellement imprégnée de sel, qu'on la prendrait pour une campagne couverte de neige.

Les *Perses*, voisins des Mèdes, se nommaient aussi Elamites et descendaient d'Elam, fils de Sem ; ils se fixèrent plus au Sud jusqu'au golfe Persique. Leur pays s'appelle la Perse ; il répond à la région appelée aujourd'hui *Farsistan*. La Perse ancienne se divisait en Perse maritime, le long de la mer, en Perse intérieure dans la plaine, et en Perse montagneuse au Nord.

CHAPITRE PREMIER

(54º et 55º Leçons)

MONARCHIE DES MÈDES ET DES PERSES

RÉSUMÉ. — I. Le premier roi des Mèdes fut Déjocès ; ses descendants lui succédèrent sur le trône.
II. Cyrus réunit sous sa domination le royaume des Mèdes et celui des Perses. Ses conquêtes furent célèbres dans toute l'Asie.
III. Cambyse, fils de Cyrus, succéda à son père. Il mourut après la conquête de l'Egypte. Darius, fils d'Hystaspe, fut proclamé roi des Perses. Ses conquêtes en Asie et contre les Grecs l'ont immortalisé. Ses successeurs continuèrent ses guerres contre les Grecs jusqu'à ce qu'ils furent vaincus par Alexandre le Grand (330 av. J.-C.).
IV. L'histoire de la Perse depuis sa conquête par Alexandre jusqu'aujourd'hui est peu intéressante.
Les Perses résistèrent aux Romains. Ils furent subjugués par les Arabes au VIIᵉ siècle après J.-C. Aujourd'hui le roi de Perse prend le nom de Schah.

I. — L'Empire Mède.

1º **Déjocès.** — Les inscriptions assyriennes nous apprennent que les Mèdes furent d'abord tributaires des rois d'Assyrie, comme les autres peuples de l'Asie. C'est vers le vii⁰ siècle avant Jésus-Christ qu'ils formèrent une nation indépendante. Leur premier roi fut **Déjocès**. Il donna une législation à ses sujets et bâtit Ecbatane à l'endroit où se trouve aujourd'hui la ville d'Hamadan.

A Ecbatane, sept enceintes s'élevaient en amphithéâtre, et garnies de créneaux. La dernière renfermait le palais du roi qui défendait à ses sujets de pénétrer chez lui sans permission, de le regarder en face ou de rire en sa présence; « *la royauté*, disait-il, *doit être invisible et redoutée comme Dieu* ».

2° **Phraorte** (657), fils de Déjocès, battit les Perses et obligea leur roi Achménès à lui payer tribut. Ensuite, avec les Mèdes et les Perses, il conquit l'Iran et périt en attaquant Ninive.

3° **Cyaxare**, son fils (655), organisa l'armée des Mèdes; il repoussa après de longues luttes une invasion de Scythes, venus du nord de l'Asie, et s'unit au roi de Babylone Nabopolassar pour renverser Ninive. Après la chute de cette ville, la Médie comprit la région supérieure du Tigre et de l'Euphrate jusqu'au Pont-Euxin.

Cyaxare voulut conquérir la Lydie dont la capitale était Sardes; mais après une lutte de six ans, la paix fut conclue et la limite des deux états fixée au cours de l'Halys qui se jette dans le Pont-Euxin.

4° **Astyage**, fils de Cyaxare, vécut en paix; il donna sa fille Mandane à Cambyse, petit-fils d'Achménès, probablement gouverneur de Perse. Cambyse et Mandane eurent un fils qui prit plus tard le nom de *Cyrus* (560). Il fut l'un des plus grands conquérants de l'Asie et le vainqueur de son aïeul Astyage. Deux siècles avant sa naissance, le prophète Isaïe avait annoncé Cyrus comme un guerrier puissant et comme le restaurateur du peuple de Dieu.

II. — Les Lydiens et les Perses.

Les Lydiens descendaient de *Lud*, un des fils de Sem. Leur empire fut un des plus puissants de l'Asie-

Mineure. Il s'étendait depuis la mer Égée jusqu'au fleuve Halys qui le fermait à l'Orient.

On sait peu de chose des commencements du royaume de Lydie. On croit que *trois dynasties* régnèrent sur cette contrée depuis son origine jusqu'à Crésus, qui fut le dernier roi.

1° La **première dynastie**, celle d'*Atyade*, régna, dit-on, vers le XVI° siècle avant Jésus-Christ. Les rois les plus célèbres de cette dynastie sont *Athas*, *Lydus* et *Tyrrhénus*. Ce dernier dut s'émigrer pendant une famine. Il aborda en Italie et donna son nom à la Tyrrhénie.

2° La **seconde dynastie**, celle des *Héraclides*, fut fondée par un Assyrien du nom d'*Agron*; elle régna pendant cinq cents ans. Les vingt-deux premiers rois sont inconnus; le dernier, *Candaule*, fut renversé par un de ses favoris nommé *Gygès* qui devint le fondateur de la **troisième dynastie** dite des *Mermnades*.

Gygès eut à combattre contre les Grecs qui cherchaient à s'établir sur les côtes de l'Asie-Mineure et contre les Thraces qui envahissaient son royaume au Nord. Il fut tué à la prise de Sardes par les Cimmériens; il avait régné trente-huit ans.

Sous les règnes d'*Ardys*, fils de Gygès et de *Ladyatte*, la guerre continua. *Alyattes* acheva la conquête des Milésiens, et s'empara de la Phrygie, de la Cappadoce et de Smyrne.

La Lydie comprenait alors la plus grande partie de l'Asie-Mineure.

Crésus, fils d'Alyatte, fut le plus célèbre des rois de Lydie. Ses richesses étaient immenses et sont devenues proverbiales. Il attira dans sa capitale, à Sardes, une foule de savants et d'artistes grecs.

Solon, à qui ce roi fameux montrait avec orgueil ses trésors et ses palais en se vantant de son bonheur, répondit : *N'appelons personne heureux avant sa mort*. En effet, Crésus ne jouit pas longtemps de ses richesses. Il fut battu par Cyrus.

On attribue aux rois lydiens l'invention des premières monnaies d'or désignées sous le nom de *bhryseïdes*.

III. — L'Empire Perse.

1º Enfance de Cyrus. — Hérodote et les autres historiens grecs disent qu'Astyage ayant appris en songe que son petit-fils lui enlèverait un jour sa couronne, confia l'enfant à un de ses officiers, Harpagon, pour le faire périr. Mais Cyrus fut sauvé par un berger du roi, Mitridate, qui le garda en le faisant passer pour son fils jusqu'à l'âge de dix ans.

A ce moment, la noblesse de ses traits et de son caractère le firent reconnaître par son grand-père Astyage qui fut content que ses ordres n'eussent pas été exécutés. Il osa néanmoins punir l'officier Harpagon en lui faisant manger les membres de son propre enfant qu'il avait fait tuer puis rôtir. Astyage renvoya Cyrus en Perse auprès de sa mère Mandane et de son père Cambyse.

Cyrus apprit par Harpagon, désireux de se venger du meurtre de son fils, les projets de son grand-père, il excita ses compatriotes à secouer le joug des Mèdes. Tigrane, le roi d'Arménie, se révolta aussi et s'unit aux Perses pour marcher contre les Mèdes qui furent défaits dans deux batailles. Astyage fut pris dans la seconde et resta enchaîné jusqu'à sa mort.

Cyrus devint seul roi des Mèdes et des Perses. Voyant ses troupes victorieuses, pleines de courage et d'ardeur, il les mena contre les *Assyriens* qui furent mis en déroute et dont le roi fut tué ; les peuples des environs du Caucase et du Pont-Euxin furent aussi vaincus ; les Bactriens, les Parthes, les Arméniens et les autres peuples Aryens devinrent les alliés de Cyrus, prêts à l'aider à conquérir l'Asie.

2º Conquêtes de Cyrus. — *a*) Prise de Sardes. — Crésus, roi de Lydie, vit avec inquiétude l'accroissement de la puissance des Perses ; il résolut de la combattre. Il commença lui-même les hostilités en franchissant l'Halys qui limitait son royaume à l'Est ; la cavalerie rendit Cyrus victorieux dans une première bataille, et lui permit de marcher sur *Sardes*, la capitale ; il remporta une seconde victoire dans la plaine de Thymbrée (546) et s'empara de Sardes après quatorze jours de siège.

Crésus fait prisonnier dut abandonner au vainqueur son royaume et toute l'Asie-Mineure avec ses colonies grecques. Les Phocéens, pour ne pas se rendre aux Perses, s'embarquèrent et vinrent se réfugier à Marseille, fondée par leurs pères.

Hérodote raconte que pendant l'assaut de Sardes, Crésus était sur le point d'être tué par un soldat qui ne le connaissait pas ; son fils, qui était muet de naissance, fut saisi d'un tel effroi, qu'il fit un effort suprême pour sauver son père, et s'écria : « *Soldat, ne tue pas Crésus !* » Sa piété filiale lui rendit pour toujours l'usage de la parole.

Cependant *Crésus*, chargé de fers, allait périr sur un bûcher lorsque Cyrus l'entendit répéter le nom de Solon. Comme on lui en demandait le motif, Crésus déclara que le législateur athénien, en voyant ses immenses richesses, lui avait dit un jour que nul homme ne peut s'estimer heureux tant qu'il respire encore. Cyrus frappé de cette sage leçon comprit qu'il pourrait bien lui-même avoir une fin malheureuse, et fit grâce à son prisonnier qu'il traita avec respect, et profita de ses conseils dans des affaires importantes.

b) Siège de Babylone. — Comme le roi de Babylone s'était déclaré l'allié de Crésus, Cyrus marcha contre lui et assiégea Babylone qu'il prit comme nous l'avons vu pendant une nuit que Balthazar passa dans la débauche.

Ayant alors appris que les prophètes de la Judée avaient depuis longtemps annoncé ses conquêtes, Cyrus publia le fameux édit qui permit aux Juifs, captifs à Babylone, de retourner à Jérusalem et d'y rebâtir le temple de Jéhovah (526 av. J.-C.).

c) Mort de Cyrus. — Cyrus survécut quelques années à la prise de Babylone. On ne sait rien de certain sur sa mort. Hérodote raconte que Cyrus aurait péri en combattant les Massagètes. Après avoir défait ces peuples et tué le fils de leur reine Tomyris, il tomba dans une embuscade où il perdit deux cent mille hommes, et il fut fait prisonnier. Tomyris lui fit couper la tête et la mit dans une outre pleine de sang, en disant : « *Rassasie-toi de sang après ta mort, puisque tu en as été insatiable pendant la vie.* »

Xénophon prétend au contraire que Cyrus jouit en paix de ses conquêtes et de sa gloire. A la fin de sa vie, il crut voir en songe un personnage qui lui dit : *Prépare-toi, Cyrus, à aller bientôt vers les dieux.* Le roi offrit alors des sacrifices aux dieux, afin d'obtenir des jours heureux pour ses enfants, sa femme et sa patrie, et pour lui une fin digne de sa vie. Puis appelant ses fils, ses amis et les principaux officiers de sa cour, il leur adressa un long et pathétique discours après lequel, serrant la main de ses amis, il se voila la face et mourut.

L'empire des Perses s'étendait alors depuis l'Inde jusqu'à la mer Egée, depuis l'océan Indien jusqu'à la mer Caspienne et au Pont-Euxin ; il avait pour capitale Ecbatane.

Généalogie
de la première dynastie des rois de Perse.

Les Achéménides ou Inachides.

ACHÉMÈNE.

CAMBYSE,
épouse Mandane, fille d'Astyage,
roi des Mèdes.

CYRUS (560-530).
Femmes :
1. *Cassandane*, fille de Pharnaspes ;
2. *Nitétis*, fille d'Apriès, roi d'Égypte ;
3. *Bardane*, fille de Darius le Mède.

| Cambyse (530-522). | Smerdis, tué par ordre de son frère. | Atossa, épouse de Darius. | Méroé. | Aristhone épouse Darius, fils d'Hystaspes. |

Orospastes,
ou
le faux *Smerdis*
(usurpateur),
règne 5 mois
(522).

Tableau de la seconde dynastie des rois de Perse.

Darius, fils d'Hystaspes (522-485),
descendait des anciens rois de Perse.
Femmes :
1. *Amitis*, fille de Gobrias ;
2. *Atossa*, veuve de Cambyse ;
3. *Phedim*, fille d'*Othane* ;
4. *Parmis*, sa nièce ;
5. *Aristhone*, sa belle-sœur.

XERCÈS (485-472).
Amestris, fille d'*Othane* (Esther).

ARTAXERCÈS *Longue-Main* (471-424).
Femme, *Damaspie*.

XERCÈS II, (424), assassiné, règne 45 jours.	SOGDIAN, règne 7 mois, tué par Ochus.	DARIUS II, *Nothus*, (423-404), ép. *Parysathis*.	PARYSATIS.
CYRUS le Jeune, tué à Cunaxa (401).	ARTAXERCÈS-MNÉMON, (404-362). Statyra, Atossa, Amestris.		ARSAMES, ép. Sisygambis.
			DARIUS CODOMAN (336-330).
	Artaxercès III, ou *Ochus II* (362-338).	*Darius*, tué par son père (362).	*Statira*, épouse Alexandre le Grand. *Drypète*, épouse Ephestion.
Arsès, (338-336).	*Parysatis*, ép. Alexandre le Grand.		

IV. — Cambyse et Darius.

1° Cambyse. — Cyrus, en mourant, laissait deux fils, *Cambyse* et *Smerdis*. *Cambyse* succéda à son père sur le trône des Perses (529-22 av. J.-C.). Pour être seul il fit assassiner son frère Smerdis, et se prépara à faire la conquête de l'*Egypte*. Il l'entreprit avec l'aide de la flotte des Phéniciens, de Chypre et de la Grèce. Comme nous l'avons dit dans l'histoire de l'Egypte, Cambyse s'empara de Péluse, ce qui le rendit maître du pays tout entier.

Après avoir fait mourir Psammétik III qui avait essayé de soulever les Egyptiens, il prit lui-même le titre et les insignes des rois d'Egypte. Dans son orgueil, il fit battre de verges et brûler la momie d'Amasis, prédécesseur et père de Psammétik III, puis il essaya de soumettre Carthage, le nord de l'Afrique, les Ammoniens de l'Ouest ainsi que le Sud de l'Éthiopie ; il échoua dans ces entreprises. Ses soldats affamés furent contraints de tirer entre eux au sort un homme sur deux pour s'en nourrir.

Exaspéré de dépit et de colère, Cambyse incendia toutes les villes de l'Égypte qu'il traversa à son retour ;

Soldat perse.   Archer scythe.

il tua le bœuf Apis, maltraita ses prêtres et détruisit les statues des dieux.

Préxaspe, son échanson, lui ayant rapporté que ses sujets trouvaient qu'il aimait trop le vin, Cambyse, irrité, fit placer devant lui le jeune fils de Préxaspe, et tendant son arc il lança une flèche sur cet enfant qui fut atteint au cœur. En la retirant, Cambyse s'écria : « *Dis-moi maintenant si je perds l'esprit et si un homme peut tirer plus juste.* »

Les mages profitèrent de l'épouvante que cette conduite excitait non seulement chez les Égyptiens, mais même parmi les sujets de Cambyse pour faire proclamer roi un des leurs, nommé Smerdis, qui ressemblait à Smerdis, frère de Cambyse. A cette nouvelle, Cambyse qui était sûr de la mort de son frère se hâta de marcher contre l'usurpateur, le faux Smerdis. Mais il mourut d'une blessure qu'il se fit avec son épée en montant à cheval (522).

Smerdis le Mage fut reconnu roi. Cependant, sept mois après son avènement, quelques seigneurs de la Perse ayant reconnu qu'il n'était pas le vrai Smerdis, frère de Cambyse, le firent assassiner avec un grand nombre de Mages et proclamèrent roi un des leurs, Darius, fils d'Hystaspe, de la famille des Achéménides. Ce massacre des Mages fut longtemps célébré par une fête nationale, appelée magophonie.

2° **Darius; ses conquêtes.** — L'avènement de Darius nous est aujourd'hui rapporté non seulement par Hérodote, mais aussi par une longue *inscription*, récemment découverte sur le rocher de Bisitourm haut de quatre à cinq cents mètres, dans la plaine située entre Hermanshah et Hamadan, en Perse. Cette inscription en trois langues, le perse, le mède et l'assyrien, a été traduite par l'Anglais Rawlinson.

a) Révoltes. — L'usurpation du faux Smerdis troubla tout l'empire et Darius dut réprimer *plusieurs révoltes*. La plus formidable fut celle des Babyloniens. Darius assiégea Babylone. Après vingt mois de lutte, il désespérait de prendre la ville, quand Zopire, un des seigneurs persans, se proposa pour la lui livrer. Il se coupa le nez et les oreilles, et se mit le corps en sang à coups de fouet, et en cet état, il s'introduisit dans la ville et se présenta aux Babyloniens comme un transfuge et une victime des mauvais traitements de Darius son maître. Les Babyloniens lui donnèrent le commandement d'un corps de troupes avec lequel il attaqua plusieurs corps de Perses que Darius laissa battre;

devenu par ces succès tout-puissant chez les assiégés, ceux-ci lui confièrent la garde de leurs remparts. Au jour convenu, Darius fit approcher son armée, Zopire ouvrit deux portes par lesquelles les Perses pénétrèrent dans la ville.

b) Après qu'il fut maître de tout son empire et qu'il l'eut organisé, Darius voulut devenir conquérant; il marcha contre l'Inde et l'Europe. Il attaqua d'abord les Indiens. Après avoir fait explorer le pays arrosé par l'Indus, Darius y pénétra avec ses armées, le soumit complètement et en tira la moitié de ses revenus.

Darius et les chefs rebelles.

c) Les Scythes furent ensuite attaqués pour les punir de leur invasion dans l'Asie-Mineure sous Cyaxare. Les Scythes habitaient le pays qui s'étend entre l'Ister (Danube), et le Tanaïs (Don). Pour les atteindre, Darius mit sur pied une armée de sept cent mille hommes et une flotte de deux cents vaisseaux. L'armée franchit le Bosphore sur un pont de bateaux, ainsi que le Danube; la flotte passa de la Méditerranée dans le Pont-Euxin (mer Noire).

Darius s'enfonça dans les steppes du territoire scythe à la poursuite de ses ennemis, qui reculèrent en ravageant le pays afin d'affamer l'armée de Darius. Celui-ci envoya au roi des Scythes un héraut qui lui dit :

Prince des Scythes, pourquoi fuis-tu devant moi ? Que ne t'arrêtes-tu où pour me combattre, si tu es en état de me résister, ou pour te soumettre si tu es plus faible que moi ?

Les Scythes se moquèrent des bravades de Darius et continuèrent à reculer. Quand ils virent les Perses réduits, faute de vivres, à une grande extrémité, ils envoyèrent à Darius un héraut chargé de lui offrir un oiseau, une souris, une grenouille et cinq flèches. Darius crut d'abord que ces présents étaient un signe de soumission de la part des Scythes ; mais un de leurs officiers leur donna leur véritable sens : « *Si vous ne vous envolez dans l'air comme des oiseaux,* dit-il aux Perses, *ou ne vous cachez dans la terre comme des souris, ou ne vous enfoncez dans l'eau comme des grenouilles, vous n'échapperez point aux flèches des Scythes.*

Darius dut repasser le Danube et revenir dans ses États, après avoir chargé un de ses généraux de faire la conquête de la Thrace (508) et de s'emparer de Byzance, ce qui empêcha les Scythes de renouveler leurs attaques contre l'Asie pendant la domination des Perses.

d) A la fin de son règne, les villes principales de l'Asie-Mineure essayèrent de secouer le joug des Perses. Les Grecs de Milet appelèrent à leur secours ceux d'Athènes, qui, mécontents de ce que Darius avait reçu Hippias, qu'ils avaient banni autrefois, prêtèrent aux Ioniens vingt vaisssaux. Les Grecs incendièrent Sardes en Lydie.

Darius marcha contre les révoltés avec l'aide des Phéniciens. Les Grecs furent battus ; la ville de Milet prise d'assaut et les habitants vendus ou transportés, toutes les autres villes de l'Asie-Mineure, pillées et incendiées. Athènes seule avait échappé au châtiment. Darius résolut de marcher contre elle, et commença ainsi les guerres médiques. On a donné ce nom aux trois guerres que les Perses, unis aux Mèdes, firent aux Grecs, de 500 à 449 avant Jésus-Christ.

e) La première guerre médique se fit sous le règne de Darius ; la *seconde*, sous le règne de son fils Xerxès, et la *troisième*, sous le règne d'Artaxerxès-Longue-Main.

Darius envoya contre Athènes une flotte et une armée de terre sous les ordres de Mardonius, son gendre.

Cette flotte perdit trois cents vaisseaux par une tempête, près du mont Athos, où périrent en même temps plus de vingt mille hommes. Les peuples de la Thrace profitèrent de ce malheur pour tomber, pendant la nuit, au milieu du camp des Perses dont ils firent un horrible carnage. Mardonius, blessé, s'enfuit en Asie.

Darius, avant de recommencer cette expédition, envoya des émissaires dans la Grèce pour demander la terre et l'eau, c'est-à-dire la soumission des différents peuples. Presque toutes les villes grecques se soumirent, mais Sparte et Athènes jetèrent les hérauts perses l'un dans un puits, l'autre dans une fosse profonde, en leur disant de prendre eux-mêmes l'eau et la terre, qu'ils demandaient.

Les Spartiates se repentirent ensuite de cette violation du droit des gens, et obtinrent leur pardon de Darius; Athènes seule résista. Darius envoya contre elle une armée de cinq cent mille hommes avec une flotte de six cents vaisseaux sous les ordres de Datis et d'Artapherne. L'île de Naxos et toutes celles de la mer Égée furent prises et saccagées ; Érétrie eut le même sort.

Hippias conduisit les Perses au nombre de cent mille fantassins et dix mille cavaliers, dans les plaines de *Marathon*. Les Athéniens n'étaient que dix mille sous les ordres de Miltiade ; mais ils se battirent avec tant d'ardeur et de courage qu'ils forcèrent les Perses à chercher un refuge sur leurs vaisseaux. Les Athéniens les poursuivirent, prirent sept de leurs vaisseaux et incendièrent les autres.

Darius ne se découragea pas, il résolut d'aller lui-même venger cette défaite ; tout était prêt pour cette nouvelle expédition quand la mort vint le frapper après un règne de trente-six ans.

3° **Gloire de Darius ; faiblesse de ses successeurs.** — *a) Gloire de Darius.* — A la mort de Darius, l'empire des Perses était le plus vaste et le mieux organisé que le monde ait encore vu. Il avait pour limites, à l'ouest, la Méditerranée et le désert qui s'étend à l'occident de l'Égypte ; de ce côté Cyrène était indépendante, mais Barcé payait tribut. Au sud, la frontière était marquée par les pays qui se trouvent au-delà des cataractes de

Syène, l'Arabie et la mer des Indes; à l'est, par les régions situées sur la rive gauche de l'Indus et les montagnes d'où il descend; au nord, par *l'Ixartes*, la mer Caspienne, le Caucase et le Pont-Euxin. Au nord-ouest la limite allait en Thrace jusqu'au Danube et au mont Rodope, depuis l'expédition contre les Scythes.

Ainsi une partie de l'Europe et de l'Afrique, avec

Roi de Perse.

toute l'Asie occidentale, de la Méditerranée à l'Indus, appartenait aux Perses. Des millions d'hommes obéissaient au *grand roi*, maître absolu de leurs biens et de leur vie. Malheureusement, ses successeurs *tombèrent dans la faiblesse* et bientôt l'empire des Perses se précipita dans la décadence.

Huit rois de la dynastie de Cyrus régnèrent après Darius.

b) **Xerxès**, fils de Darius (486-465), se prépara à combattre la Grèce, mais auparavant il dut réprimer une révolte de l'Egypte. La cinquième année de son règne, il marcha contre la Grèce, à la tête d'une armée de deux millions sept cent mille hommes, tirés de quarante-six nations d'Asie, et une flotte de douze cents vaisseaux de guerre qui s'avancèrent le long des côtes de l'Asie-Mineure, vers l'Hellespont. Le mont Athos qui s'avançait dans la mer et gênait les vaisseaux fut percé. Xerxès fit construire un pont de bateaux sur l'Hellespont pour faire passer ses troupes d'Asie en Europe.

Une tempête ayant brisé une partie des vaisseaux de ce pont, Xerxès, dans un accès de folle colère, fit jeter des chaînes dans la mer, comme pour la mettre aux fers, et ordonna qu'on la frappât de trois cents coups de fouet. Les ouvriers qui avaient construit ce pont furent mis à mort, et deux autres ponts, l'un pour les hommes, l'autre pour les bagages, remplacèrent le premier.

L'approche de Xerxès jeta l'épouvante parmi les peuples grecs qui lui envoyèrent tous un acte de soumission, excepté *Sparte*, *Athènes* et *Platée*. Les Spartiates se chargèrent de défendre les Thermopyles où Léonidas, avec trois cents hommes, ne succomba qu'après avoir tué vingt mille Perses. Xerxès marcha sur Athènes qu'il trouva abandonnée par ses habitants, retirés tous sur leurs vaisseaux, prêts à combattre les Perses dans le détroit de *Salamine*. Xerxès perdit la plupart de ses vaisseaux, et dut lui-même s'enfuir vers l'Hellespont qu'il traversa à la hâte sur une barque de pêcheur pour retourner en Asie.

Mardonius, beau-frère de Xerxès, restait en Grèce avec trois cent mille hommes qui furent battus à *Platée*, en Béotie, pendant que leur flotte était détruite auprès du promontoire de Mycale. Xerxès, épouvanté de cette double défaite, quitta Sardes où il s'était arrêté et s'enfuit à Suse au fond de son empire, où il se laissa aller au découragement, puis à la mollesse et à la corruption.

Artaban, capitaine de ses gardes, l'assassina pendant son sommeil. Xerxès avait régné vingt ans. Quelques auteurs le regardent comme l'Assuérus de la Bible, il aurait épousé Esther après son expédition en Grèce.

c) Artaxerxès I, Longue-Main (465-425), troisième fils de Xerxès, fut placé sur le trône par Artaban, qui accusait du meurtre de Xerxès, Darius, le fils aîné de ce prince. Artaxerxès le fit mettre à mort. Artaban et ses complices voulant faire périr Artaxerxès, comme son père, furent condamnés au dernier supplice. Les Egyptiens s'étant révoltés de concert avec Athènes, Artaxerxès fit marcher contre eux une armée commandée par Achéménide, son frère, qui fut vaincu et tué.

En même temps, les Athéniens, sous les ordres de Cimon, allèrent attaquer les Perses dans l'Asie-Mineure. Après les avoir chassés de la Lycie et de la Carie, Cimon anéantit le même jour à l'embouchure du fleuve Eurymédon, sur les côtes de la Pamphylie, une armée de terre et une flotte de trois cent quarante vaisseaux du grand roi qui fut contraint de signer un traité connu dans l'histoire sous le nom de *traité de Cimon*, par lequel il rendait la liberté aux Grecs d'Asie, interdisait à ses vaisseaux l'entrée de la mer Egée, et s'engageait à ne pas faire approcher de troupes à plus de trois journées de chemin du littoral (449). Ce traité mettait fin aux guerres médiques.

d) Artaxerxès mourut après un règne de quarante et un ans, et laissa le trône à son fils, Xerxès II, qui fut assassiné quarante-cinq jours après, par son frère *Sogdien*, qui lui-même, dix mois après, fut précipité dans une tour remplie de cendres qu'on agita pour l'étouffer.

e) Le troisième fils d'Artaxerxès, Ochus, monta sur le trône sous le nom de Darius II, et régna vingt ans, sans cesse occupé à réprimer les révoltes de ses sujets et, en particulier, celle des Egyptiens, soulevés par Amyrtée. Il parvint aussi à imposer un nouveau tribut aux Grecs de l'Asie-Mineure.

f) Darius laissa, en mourant, le trône à son fils Arsace, qui prit le nom d'Artaxerxès II, et fut surnommé *Memnon*, à cause de sa mémoire prodigieuse. Ce prince régna quarante-trois ans. Il dut d'abord réprimer une révolte de son second fils *Cyrus le Jeune*, qui marcha sur Babylone où était le roi, à la

MONARCHIE DES MÈDES ET DES PERSES

tête de cent mille Asiatiques et de treize mille Grecs mercenaires. Artaxerxès fut vaincu à la bataille de Cunaxa, mais son fils révolté fut tué.

Les Grecs qui échappèrent à la mort, au nombre de *dix mille*, gagnèrent le Pont-Euxin sous les ordres de Xénophon, sans être inquiétés, tant la faiblesse des Perses était grande. Néanmoins Artaxerxès annula le

Guerrier persan étouffant un lion.

traité de Cimon et les Grecs d'Asie redevinrent les sujets des Perses par le *traité d'Antalcidas* (387). La fin du règne de ce prince fut troublée par les révoltes de ses enfants. Le plus jeune, Ochus, fit périr tous les princes et princesses de la famille royale pour arriver au trône sous le nom d'*Artaxerxès III Ochus* (361-340).

g) Ce prince réprima les révoltes de l'Egypte, de la Phénicie, de l'île de Chypre. L'Egypte fut très maltraitée, ses temples détruits ou pillés, le bœuf Apis égorgé et un âne mis à sa place. Artaxerxès avait été aidé dans ses victoires par le commandant égyptien *Bagoas* qui vivait dans la confiance du roi.

Irrité des insultes qu'avait reçues l'Egypte et surtout le bœuf Apis, Bagoas les vengea en faisant empoisonner Ochus et en donnant son cadavre en pâture aux chats. *Arsès*, le plus jeune fils d'Artaxerxès, fut placé sur le trône à l'exclusion de ses frères qui furent mis à mort. Ayant voulu se défaire de Bagoas, qu'il redoutait, Arsès fut lui-même assassiné par les partisans de ce dernier qui plaça sur le trône un parent des Achéménides, Codoman, gouverneur d'Arménie, qui prit le nom de Darius.

h) **Darius-Codoman** (338-330) fut le dernier roi de Perse, il ne régna que huit ans. Bagoas voulut l'empoisonner dès le début de son règne, mais Darius le força de boire lui-même la coupe qu'il lui présentait et qui lui donna la mort. A peine débarrassé de cet ennemi, il dut prendre les armes pour s'opposer à la marche d'Alexandre, roi de Macédoine, qui avait entrepris la conquête de l'Asie. Darius fut défait dans trois batailles : sur les bords du *Granique* en Asie-Mineure (334), à *Issus* en Cilicie (333) et à *Arbèle* (331).

S'étant sauvé à Ecbatane, il voulait encore combattre, mais Bessus et Mabazane, deux seigneurs de sa cour, s'emparèrent de lui, le couvrirent de chaînes d'or et l'emmenèrent du côté de la Bactriane. Alexandre, arrivant cinq jours après à Ecbatane, envoya ses soldats à la poursuite de Darius. Mais au moment où il allait être pris, Bessus, ayant voulu l'enlever de son char pour le faire monter à cheval, le roi refusa.

Bessus le perça de flèches et l'abandonna dans le désert où il mourut.

Avec lui finissait l'Empire des Perses qui avait duré de 560 à 330 avant Jésus-Christ.

La Perse devint une province du vaste empire d'Alexandre.

V. — Résumé de l'histoire moderne et contemporaine de la Perse.

1° La Perse, après la mort d'Alexandre (323), fit partie du royaume de Syrie gouverné par les Séleucides dont le chef fut Séleucus Ier, général d'Alexandre. Elle resta sous ce gouvernement jusqu'à ce qu'Arsace, fondateur du royaume des Parthes (256 av. J.-C.), la prit sous son autorité. La dynastie des **Arsacides** lutta victorieusement contre les Romains ; mais elle traita si durement les Perses que ceux-ci, sous la conduite d'Artaxerxès, se révoltèrent contre Artabas IV et le déposèrent.

2° Artaxerxès fonda le second empire persan et fut le chef de la dynastie des **Sassanides** qui dura 426 ans (226 av. J.-C., — 652), et donna trente et un monarques parmi lesquels il faut citer les Sapors, les Bahram ou Varane, les Horm et les Chosroès. Sapor Ier combattit les Romains au temps de Valérien qu'il fit prisonnier et traita cruellement ; il persécuta les chrétiens de ses États. *Chosroès Ier*, le Grand, soutint contre Justinien deux grandes guerres dans lesquelles il combattit Bélisaire et ravagea la Mésopotamie, la Syrie et la Cappadoce. Il obtint qu'on lui payât un tribut de trente mille pièces d'or. Il lutta aussi contre les empereurs grecs Justin II et Tibère II.

La Perse, sous la dynastie des Sassanides, devint d'abord très florissante ; puis le désordre se mit dans l'administration, l'armée devint mercenaire, et se laissa subjuguer par les Arabes (652 après J.-C.). Ils gouvernèrent cette province par leurs califes jusqu'au commencement du xi° siècle. Pendant ce temps-là, l'histoire ne signale qu'un fait important en Perse, c'est l'émigration des disciples de Zoroastre et l'établissement de petits États indépendants sur divers points du pays par les dynasties des *Tahérides*, des *Soffarides*, des *Samanides*, des *Bouides* et des *Ghazévides*.

3° **Togrul**, chef de tribu, se révolta contre le dernier Ghazévide, Mas-Oud, et le battit à Zeudé-Kan ; il renversa ensuite les autres dynasties indépendantes, s'empara de Bagdad, prit le titre de Sultan et s'établit à Ispahan. Il fut le fondateur de la dynastie turque des *Seldjoucides*, du nom de son grand-père *Seldjouk*. Cette dynastie dura en Perse depuis 1038 jusqu'à 1197.

Elle fut renversée par un Sultan du Kharizm dont les successeurs régnèrent en Perse jusqu'à l'arrivée du Mongol ou Chinois *Gengis-Kan* (1225) qui s'empara de la Perse. Son petit-fils Houlagou fonda la dynastie des Gengis-Kanides, laquelle régna de 1229 à 1335.

4º Après un temps d'anarchie, la Perse fut envahie et conquise par **Tamerlan**, descendant de Gengis-Kan. Ce barbare la couvrit de ruines ; il fonda la dynastie des Turcomans qui régnèrent jusqu'en 1499, époque où apparut la dynastie des Sophis ou Mystiques dont le fondateur Ismaël était fils d'un Sophis célèbre du temps de Tamerlan. Cette dynastie donna à la Perse treize souverains qui prirent le titre de *Schah* qui veut dire roi ou empereur.

5º **Abbas Ier le Grand**, le septième souverain de cette dynastie, se fit remarquer par ses guerres et son administration. Le onzième souverain de la dynastie des Sophis, Thamasp II, qui régna de 1722 à 1734, fut attaqué de tous côtés par les Anglais, les Turcs et les Russes. Il se mit sous la protection d'un aventurier, nommé Nader Chah, qui le rétablit sur le trône, puis le déposa pour prendre sa place qu'il maintint de 1736 à 1747. Il fut tué par ses généraux dans une expédition contre les Kurdes.

La Perse fut en proie à la guerre civile qui ne cessa qu'à l'avènement d'Aga Mohammed-Kan en 1794, le fondateur de la dynastie des Kadjars, aujourd'hui régnante. En 1807, Napoléon Ier conclut un traité d'alliance offensive et défensive avec le Schah de Perse.

6º **Perse contemporaine.** — En 1827, la Perse dut soutenir une guerre contre la Russie à laquelle elle a cédé, en 1828, par le traité de Tourmanschaï, deux provinces, et s'est engagée à lui payer soixante-deux millions de francs. En 1860, la Perse a obtenu le territoire qui porte ses frontières jusqu'à la rivière de Pouhra. En 1865, après avoir battu les Turcs, elle s'étendit jusqu'à l'Etrek et aux environs de Merou. En 1867, elle a repris à l'Iman de Mascate les îles Kischus, Ormuz et la côte du Paristan qu'elle lui avait louée. En 1878 et en 1889, le Schah de Perse est venu à Paris pour visiter l'Exposition universelle.

Aujourd'hui, la Perse est divisée en dix-neuf provinces. Sa superficie est évaluée à mille six cent quarante-huit kilomètres carrés, et sa population à sept millions six cent cinquante-trois mille habitants. Le Coran est la base de la législation. Le roi désigne pour son héritier le fils aîné de son fils aîné. L'armée persane s'élève à cent quatre-vingt mille hommes. Les revenus montent à cent onze millions de francs. La plupart des nations européennes ont des ambassadeurs à la cour de Téhéran, ville de cent vingt mille habitants, capitale de la Perse.

QUESTIONNAIRE. — Quels furent les premiers rois des Mèdes ? — Qu'est-ce que Cyrus ? — Parlez de ses conquêtes. — Qu'est-ce que Cambyse ? — Comment Darius monta-t-il sur le trône de la Perse ? — Quelles furent ses conquêtes et ses guerres ? — Résumez l'histoire de la Perse depuis sa conquête par Alexandre jusqu'aujourd'hui.

CHAPITRE II

(56° Leçon)

CIVILISATION DE LA PERSE

RÉSUMÉ. — I. La religion des Perses fut d'abord la vraie religion, puis l'idolâtrie connue sous le nom de Sabéisme ou adoration des astres. Les prêtres s'appelaient Mages.

II. Le monarque s'intitulait *grand roi*, son autorité était absolue. Les Perses étaient de bons soldats.

III. Les sciences et les arts firent beaucoup de progrès en Perse.

IV. L'éducation des enfants chez les Perses était très soignée.

V. Les productions de la terre sont très variées, grâce au climat qui est excellent.

I. — Religion.

1° Dieu. — Comme les descendants de Japhet en général, les Mèdes et les Perses avaient une religion plus spirituelle que celle des autres peuples de l'antiquité.

Ils n'adorèrent d'abord qu'un seul Dieu. Plus tard,

Inscriptions cunéiformes.

ils adorèrent les astres, surtout le soleil levant, et le feu, idolâtrie connue sous les noms de *Mazéisme* et de *Sabéisme*, introduite en Perse par Zoroastre. Ce personnage célèbre dont la vie nous est inconnue, a publié l'*Avesta* ou livre de la loi, rédigé dans la langue Zend qui n'est plus parlée aujourd'hui. On possède quelques fragments de ce livre. Zoroastre proclame un Dieu, principe du bien et créateur de l'univers, c'est *Ormuzd*, et un Dieu, principe du mal, c'est *Ahriman*.

Au-dessous de ces dieux des génies bons et des génies mauvais sont ministres. Les bons génies sont en lutte perpétuelle avec les mauvais. A la fin du monde, les bons seront vainqueurs. Alors les morts ressusciteront en corps et en âme pour jouir d'un bonheur, ou pour être punis d'un châtiment éternel.

2° **Culte**. — L'homme, s'étant dégradé par l'oubli de Dieu, doit se purifier par des prières et des sacrifices. Les prières, les ablutions, l'aumône, la protection accordées aux animaux utiles, la destruction des animaux nuisibles font partie du culte. Les Perses avaient peu de temples et ces temples ne renfermaient aucune idole. Les mages chefs de la religion, étaient les dépositaires de la science. Aux III° et IV° siècles de notre ère, il y eut en Perse beaucoup de chrétiens, mais à partir du V° siècle, ils furent persécutés et mis à mort. Aujourd'hui, la religion dominante en Perse est le mahométisme. Il y a cependant encore quelques disciples de Zoroastre, connus sous le nom de *Parsis* dans le nord-ouest de l'Indoustan et dans quelques autres provinces.

II. — Gouvernement.

1° Le roi de Perse avait un pouvoir absolu ; il s'intitulait le **grand roi**, le *roi des rois*. Son palais portait le nom de *Porte* comme celui des Turcs aujourd'hui. Le pouvoir était héréditaire dans la même famille. Une multitude d'officiers étaient attachés à la personne royale. Un conseil permanent administrait les affaires nationales.

2° La Perse se divisait en dix-neuf provinces ou **satrapies** administrées par un satrape qui exerçait le pouvoir militaire, financier et politique, comme un véritable souverain.

3° Les **revenus** du roi consistaient en impôts prélevés dans les provinces, en dons gratuits, en biens confisqués sur des fonctionnaires infidèles ; le revenu en métal était de plus de six cent soixante millions de notre monnaie. L'or en lingots était déposé dans le trésor royal ; Darius, le premier, en fit frapper une partie, on appela ces monnaies *dariques*.

4° L'empire Perse se divisait aussi en **districts militaires** ; une partie des troupes était sédentaire dans les villes et les forteresses ; une autre, ambulante, était exercée aux grandes manœuvres. En temps de guerre, le roi ordonnait la levée en masse où l'on voyait des enfants et des femmes. Dans les batailles, derrière les archers et les frondeurs qui formaient la troisième ligne, on plaçait des tours roulantes garnies de quinze à vingt hommes ; on plaçait sur le front ou sur les côtés des chariots armés de faux.

Pour prendre les places, les Perses en faisaient d'abord le blocus en les environnant d'un mur et d'un fossé, puis on battait les murailles d'une grosse poutre à tête de fer, suspendue par le milieu, et appelée Bélier, ou enfin on sapait et on minait les remparts pour les faire tomber et on escaladait.

III. — Sciences et arts.

Les seuls arts pratiqués par les Mèdes et les Perses étaient l'*architecture* et la *sculpture*. Darius fit construire à Suse un magnifique palais, ainsi qu'à Persépolis dont on vient de découvrir les ruines ; le sentiment de l'élégance était beaucoup plus développé chez les Perses que chez les Assyriens et les Égyptiens.

Ce qui caractérise l'architecture des Perses, c'est l'élévation et la légèreté des colonnes qui s'élèvent parfois jusqu'à treize fois leur diamètre ; on en voit des spécimens remarquables dans les belles ruines de Persépolis, appelées aujourd'hui les *Quarante colonnes*.

L'*agriculture* était pour les Perses une occupation sacrée que les rois encourageaient par tous les moyens. Cyrus établit la poste : entre Suse, Ecbatane, Babylone et Persépolis qui étaient les diverses résidences des rois, des courriers étaient sans cesse en courses pour porter aux princes les dépêches.

IV. — Mœurs et coutumes.

L'*éducation* chez les Perses a été très vantée ; elle consistait, d'après Hérodote, à monter à cheval, à tirer

Salle du musée assyrien au Louvre.

de l'arc et à dire la vérité. L'*instruction* comprenait seulement quelques notions sur la religion et l'histoire de la nation, afin de développer le sentiment de l'honneur, le désir de la gloire et le goût militaire. Le *courage* dans les batailles et la *fidélité* au roi étaient très appréciés en Perse.

L'étiquette et la séparation des classes étaient rigoureusement observées. Le roi se tenait au-dessus et à une grande distance de tous ses sujets ; quiconque l'approchait devait se prosterner devant lui ; plus on s'éloignait du roi, moins on était considéré. Le jour le plus solennel pour les Perses était l'anniversaire de leur naissance. Les mariages entre parents, au lieu d'être défendus, étaient recommandés, des rois épousèrent leurs sœurs, et même leur mère, ce qui fut une des causes de la décadence des races royales.

V. — Climat et productions.

En Perse, les chaleurs sont accablantes en été et montent jusqu'à quarante degrés au-dessus de zéro; en hiver, les froids sont aussi rigoureux et descendent à quarante degrés au-dessous de zéro.

La terre n'est fertile que sur les rives des rivières et des fleuves dont la plupart se perdent dans des lacs salés. Quand elle est bien cultivée, cette terre produit le blé, l'orge, le millet, le riz, les melons, les pastèques, le raisin, des dattes, des grenades et des figues. Les oranges, les poires, les pommes, les coings y ont une saveur délicieuse.

Tous les animaux domestiques de l'Europe existent en Perse ; il y a de plus des lions, des tigres et surtout des serpents en quantité. Le plomb seul s'exporte ainsi que les turquoises, tirées des mines de Nichapour.

L'empire persan fut condamné à disparaître parce qu'après s'être élevé au premier rang par sa religion et ses vertus militaires qui lui permirent de mettre fin à la captivité des Juifs à Babylone, il se laissa envahir par l'orgueil qui le poussa aux guerres médiques, par un luxe effréné qui le corrompit, et par la cupidité qui le rendit injuste et de mauvaise foi dans les traités et les relations.

QUESTIONNAIRE. — En quoi consistait la religion des Perses ? — Comment s'appelaient leurs prêtres ? — Quelle était l'autorité du roi ? — Comment s'intitulait-il ? — Quel fut l'état des sciences et des arts chez les Perses ? — Comment l'éducation des enfants se faisait-elle ? — Dites ce que vous savez du climat et des productions de la Perse.

Les Indiens et les Chinois.

CHAPITRE I

GÉOGRAPHIE DE L'INDE ET DE LA CHINE

RÉSUMÉ. — Au sud-est de l'Asie se trouvent deux contrées immenses que nous appelons l'*Inde* et la *Chine*.

I. — L'Inde.

1° Aspect général. — L'Inde ou Indoustan est une vaste péninsule presque aussi étendue que les deux tiers de l'Europe. Elle est comprise entre l'Himalaya au nord et à l'est, et l'Océan Indien au sud et à l'ouest. Elle se divise en deux régions : la partie continentale qui forme l'Inde proprement dite ou pays des Aryas, et la partie péninsulaire ou de Khau à laquelle se rattachent l'île de Ceylan et les archipels des Maldives et des Laquedives.

2° Les **fleuves** principaux qui arrosent l'Inde sont l'*Indus* qui prend sa source dans l'Himalaya et se jette dans l'Océan indien, en se partageant en onze branches; le *Gange* qui descend également de l'Himalaya et se termine comme l'Indus par un Delta. Sa branche principale à l'Est se mêle aux eaux du Brahmapoutre, autre fleuve qui sort aussi de l'Himalaya et suit la même direction que les deux premiers. Les Hindous appellent le Delta du Gange *Benga*, d'où le nom de Bengale, qui est remarquable par sa fertilité. Chaque année, au mois de juillet, la vallée du Gange est inondée par des eaux impétueuses qui couvrent toute la vallée.

3º **Produits**. — Le règne végétal est très riche dans l'Inde et fournit, outre nos céréales, le coton, le safran, les épices, l'opium et les plantes tinctoriales et odoriférantes, ainsi que des bois d'essences précieuses. On y trouve l'or, l'argent, le cuivre et l'étain, le zinc, le sel et surtout les diamants les plus beaux du monde. Dans le règne animal, l'Inde produit des oiseaux de toute espèce, des éléphants, et les animaux les plus dangereux, comme les tigres, les lions, les panthères, les serpents, les léopards. Les Anglais y ont acclimaté nos animaux domestiques. Tous les produits sont exploités aujourd'hui par les Européens, qui ont des établissements ou comptoirs dans le pays.

4º **L'industrie** de l'Inde fournit surtout des tissus très recherchés, comme les cachemires, les indiennes, les soieries brochées d'or et d'argent. Malgré son incomparable fertilité, l'Inde endure souvent d'épouvantables famines.

5º Le **climat** varie suivant les *moussons*, ou vents périodiques, qui soufflent du sud-ouest d'avril à septembre, et du nord-est de novembre à mars. Ces vents font, tour à tour, l'humidité et la chaleur extrêmes, ou la sécheresse et le froid selon leur direction. Ils déchaînent souvent des ouragans ou des cyclones, dont les orages de l'Europe ne peuvent donner l'idée.

II. — **La Chine**.

1º La Chine est le plus **vaste empire** du monde après la Russie. Elle est bornée aujourd'hui : au nord par la Sibérie et le Turkestan russe, à l'ouest par le Turkestan indépendant, au sud par l'Himalaya, à l'est, par le Grand-Océan. Sa population est de quatre cent quatorze millions d'habitants agglomérés dans des villes immenses ou dans des bourgs très populeux. Une vingtaine de millions de Chinois vivent dans des maisons flottantes sur les fleuves et les canaux qui sont au nombre de quatre cents.

2° De nombreux et importants **cours d'eau** traversent la Chine. Les principaux sont : le Peï-Ho, affluent du golfe Petchili, le Hoang-Ho ou fleuve Jaune ; le Yang-tse-Kiang ou fleuve Bleu ; le Si-Kiang ou rivière de Canton. Les côtes de la Chine, très découpées, forment des baies et des golfes considérables ainsi que des presqu'îles importantes.

3° Les **montagnes** nues et sans forêts présentent des masses gigantesques dont les sommets sont perpétuellement couverts de neige. Sous le rapport du climat comme des productions, la Chine peut se diviser en trois parties : 1° Celle des montagnes à l'ouest, stérile et froide, mais riche en mines ; 2° celle des collines au sud-est, et 3° celle des plaines, au nord, tempérées et très propres à l'agriculture.

4° Il est **très important** de bien connaître l'histoire des Chinois et des Indiens, parce que ces peuples n'ont pas, comme les autres peuples de l'antiquité, disparu de la terre. Ils existent aujourd'hui tels qu'ils étaient il y a trois mille ans, et les relations que nous pouvons avoir avec eux s'étendent et se développent chaque jour davantage, parce que leur civilisation a servi à la nôtre dans quelques découvertes, et enfin, parce que nous sommes de la même race que les Aryens dont le langage est la source du nôtre.

CHAPITRE II

LES INDIENS. — LES CHINOIS

RÉSUMÉ. — L'histoire des Indiens est peu connue ; on sait seulement que leur religion et leur littérature exercèrent une grande influence.

I. — Les faits historiques.

1° Origine des Indiens. — Le sanscrit, langue sacrée des Indiens, prouve que les habitants de l'Inde sont des descendants de Japhet ou Aryas, comme ceux qui peuplèrent l'Iran et l'Europe. Ces Aryas, en envahissant l'Inde, se mêlèrent aux Kouschites de race Chamique qui formèrent le fond de la population.

Avant les Kouschites, des peuples de race Drasidienne, descendants de Magog, fils de Japhet, avaient déjà pénétré dans l'Inde, où ils occupent encore aujourd'hui quelques régions.

Enfin, avant les Kouschites, des races noires, dont on retrouve encore des restes aujourd'hui dans l'Océanie et dans les montagnes centrales de l'Inde, s'étaient établies dans cette vaste région.

2° Histoire de l'Inde. — On ne peut dire à quelle époque les Aryas arrivèrent jusqu'à l'embouchure de l'Indus; ce qu'on sait, c'est que du temps de Salomon, c'est-à-dire de 1019 à 978 avant Jésus-Christ, les flottes juives et phéniciennes entrèrent en relations commerciales avec eux. Darius Ier, roi des Perses au VIe siècle, et Alexandre le Grand poussèrent leurs conquêtes jusque dans les Indes. Séleucus Nicator, roi de Syrie, pénétra jusqu'au Gange, d'où il fut repoussé par l'Indien Sandrocoltes.

Après ces expéditions, les Grecs entrèrent en relations commerciales avec les Indes par leurs ports de la mer Rouge. Quand les Romains remplacèrent les Grecs, ces relations continuèrent. Chaque année, ils rapportaient en Europe de la soie, des perles, des parfums, de l'ivoire, pour plusieurs millions de francs.

Jusqu'à la conquête de l'Inde par les Musulmans, 707 après Jésus-Christ, l'histoire se tait. Au commencement du XIe siècle, Mahmoud le Ghazenévide fit invasion dans l'Inde et lui imposa le culte de Mahomet. Les Mongols succédèrent aux Turcs et se maintinrent jusqu'au dernier siècle, sous le nom de *Grands Mongols*. Au XVe siècle, la découverte du cap de Bonne-Espérance par Vasco de Gama et son entrée à Calicut permirent à l'Europe de communiquer directement avec les Indiens. Les Anglais règnent aujourd'hui dans tout le pays et y comptent deux cents millions de sujets.

3° **Littérature indienne.** — L'Inde mérite surtout d'être étudiée dans sa littérature qui nous permet de juger sa vie religieuse et politique.

La littérature des Indiens peut se diviser en trois époques qui correspondent aux trois phases de leur civilisation ; son caractère général est la grandeur des sentiments, la beauté de l'expression qui dénote une imagination exubérante et une richesse inouïe de langage.

a) La première époque est l'époque védique qui a produit le *véda* ou recueil d'hymnes religieux et de prières, les uns en vers, les autres en prose écrits en sanscrit par près de trois cents poètes et réunis par un compilateur anonyme. Les védas sont au nombre de quatre : le *Rigvéda* est la plus ancienne collection, elle date peut-être de quinze ou seize cents ans avant l'ère chrétienne, le *Samavéda* ou rituel des cérémonies, le *Yajurvéda* ou formulaire de prières et l'*Atharvavéda*, recueil de sept cents hymnes en l'honneur des superstitions grossières.

b) La deuxième époque est l'époque brahmanique que nous connaissons par quatre écrits : Les lois de *Manou*, ou du premier législateur, datent du XI° ou X° siècle avant Jésus-Christ. Ce code a trois grandes divisions. La formule des prescriptions religieuses ; il expose des préceptes politiques et des règles de gouvernement ; il récapitule les lois civiles.

La loi religieuse est la loi suprême, elle enveloppe la société tout entière. Le *Mahabahrata* et le *Ramayana* sont deux épopées énormes, qui contiennent, la première plus de deux cent mille vers formant dix-huit chants ; la deuxième quarante-huit mille vers. L'objet de ces poèmes, ce sont des guerres ou des scènes fantastiques de légendes ou de traditions qui permettent d'étudier sur le vif la société et la civilisation brahmaniques. Les *Pouranas* sont des poèmes mythologiques et historiques au nombre de dix-huit renfermant seize cent mille vers.

c) Au v⁰ siècle avant l'ère chrétienne, un prince qui prit le nom de Bouddha ou le sage opéra une révolution religieuse et sociale que l'on peut étudier dans les livres Bouddhiques divisés en trois classes : 1° Les *Sutras* simples qui représentent la doctrine Bouddhique telle qu'elle fut fixée dans des assemblées tenues par les disciples de Bouddha. 2° Les *Sutras* développés ou commentés. 3° Les *Teutras* qui sont remplis de formules magiques.

Par ces ouvrages nous pouvons connaître la religion, la constitution ou vie sociale des peuples de l'Inde.

4° **Société religieuse et civile des Indiens.** — *a)* Divinité. — La religion qui domina d'abord dans l'Inde fut, comme chez tous les peuples primitifs, le *monothéisme* ou la croyance à un seul Dieu créateur et maître du monde. Cette croyance s'étant obscurcie fut remplacée par le panthéisme qui regarde comme Dieu toutes les créatures.

En même temps, la croyance à l'immortalité de l'âme et à l'expiation dans une autre vie s'altéra par la foi à la transmigration des âmes d'un corps dans un autre, même dans le corps d'un animal, c'est ce qu'on appelle la *métempsycose*. En résumé la religion des Indiens est panthéiste dans son essence, polythéiste dans son culte, et spiritualiste dans sa morale.

Le Panthéisme des Indiens s'appela Brahmanisme, à cause du nom de leur principale divinité, *Brahma*, qui a trois émanations principales formant la trinité ou Trimourti Indienne : *Brahma*, le Créateur présidant à la terre; *Vichnou*, le conservateur préposé à l'eau; et *Schiva*, le destructeur qui a pour attribut le feu. Après la trimourti, viennent les dévas ou dieux, représentations symboliques des puissances morales ou naturelles, la déesse de la science, de l'éloquence, de l'abondance, de la mort, le dieu de l'eau, des eaux, du vent, de la guerre. Cette multitude de dieux se rapporte à trois séries dont les noms sont synonymes du feu, de l'air, du soleil.

Au-dessous des dieux viennent les hommes qui peuvent, par leur vertu et leur science, s'élever au rang des dieux et après la mort se perdre dans Brahma.

b) Culte. — Pour arriver à ce but suprême, il faut pratiquer le *culte* qui consiste à purifier l'âme de ses souillures, afin de la dégager des entraves du corps, d'où : importance extrême du culte. Le but étant de s'identifier à Brahma, toutes les actions de l'homme doivent tendre vers ce but, aussi la dévotion, la méditation sont les vertus les plus recommandées. Tous les êtres animés doivent être aimés et respectés. La cérémonie essentielle du culte est le sacrifice dont les éléments sont le feu, qu'on tire du bois par le frottement, le lait, le beurre et le sôma ou liqueur fermentée qui active le feu.

c) L'organisation sociale reposait sur cette doctrine religieuse. Le grand Dieu Brahma, disent les Livres des Indiens, divisa le peuple en quatre classes : Les *brahmanes* ou prêtres qu'il tira de sa bouche, les *Kchatryas*, ou guerriers, de son bras ; les *vécyas* ou laboureurs et marchands, de sa cuisse ; et les *coudras* ou esclaves, de son pied.

Les Brahmanes sont à la fois prêtres, médecins, juges et poètes ; chefs des êtres créés, ils doivent être traités avec plus de respect que les rois même.

Les Kchatrias ou guerriers commandent les armées et gouvernent les provinces, le roi est pris parmi eux. Ils sont intimement liés avec les prêtres.

Les Vécyas forment la classe agricole, commerçante et industrielle de la nation.

Les Coudras servent les autres castes, surtout les Brahmanes.

d) Justice. — Dans la société indienne, le châtiment est considéré comme le grand moyen de gouvernement, il y régnait un despotisme effréné. Tout est codifié : prières, habits, repas, et chaque infraction est punie. En haut, la royauté et les brahmanes despotes ; en bas, les castes inférieures réduites à une servitude inouïe avec le châtiment toujours en perspective. Le Brahmanisme est donc l'organisation sociale, religieuse et politique qui se développa parmi les Aryas de la vallée du Gange sous l'influence des Brahmanes (1).

e) Les sciences brahmaniques nous sont peu connues,

---

(1) Van den Berg.

La science du langage fut celle qui se développa le plus. Panini, qui vivait au XIe siècle avant l'ère chrétienne, est l'auteur d'une *grammaire*. On cite encore un vocabulaire des traités de rhétorique et de poésie qui remonte très haut. Ce sont les Aryas qui inventèrent les chiffres décimaux, l'algèbre, transmis à l'Occident par les Arabes. Leur médecine fut peu développée, mais leur chirurgie était hardie. Ils possédaient cent vingt-sept instruments dont quelques-uns étaient très perfectionnés.

Les Aryas cultivèrent la *philosophie*, qui compta six écoles, et la littérature avec le plus grand succès. Nous avons déjà cité leurs épopées célèbres du Mahabahrata et du Ramayana. Les drames furent en grand honneur chez les Indiens, ainsi que la poésie lyrique, les fables et les contes. Les monuments des Indiens sont des montagnes creusées, des salles immenses, des galeries taillées dans le roc, ainsi que des sculptures bizarres et monstrueuses.

5° **Le Bouddhisme.** — *a*) Au cinquième siècle avant notre ère, le despotisme des Brahmanes provoqua une révolution religieuse, qui fut opérée par un Kchatrya de la race des Çakias et qu'on appela Çakiamouni, c'est-à-dire le *solitaire des Çakyas*. Çakiamouni naquit vers l'an 600 avant l'ère chrétienne ; son père était roi ou radjah de Kapilavastu. A l'âge de vingt-neuf ans, ayant rencontré un vieillard cassé et décrépit, puis un malade dévoré par la fièvre, sans asile et sans soins, et enfin une famille entourant un cercueil, il s'écria : « *Malheur à la jeunesse que la vieillesse peut détruire, malheur à la santé que tant de maladies ruinent, malheur à la vie qui est si courte.* » Il quitta ensuite sa famille, sa femme et son enfant, ses richesses et la royauté, à l'âge de trente-six ans ; il parcourut l'Inde en mendiant pour aller s'instruire aux plus célèbres écoles des Brahmanes ; il se retira ensuite dans le désert. Lorsqu'il crut avoir trouvé la vérité, il s'intitula *Bouddha*, ou le sage, et se disposa à convertir les hommes à sa doctrine.

b) Son enseignement en paraboles remua profondément le peuple et lui amena une foule d'âmes opprimées qui avaient faim et soif de l'égalité. Bouddha, en effet, prêchait l'égalité de tous les hommes et par conséquent l'abolition des castes et du despotisme.

Brahmanes, Coudras, riches ou pauvres, savants ou ignorants étaient appelés par Bouddha à participer aux bienfaits de la vie religieuse. Les Brahmanes essayèrent de résister à cette révolution qui ruinait leur autorité, mais leurs efforts furent inutiles ; Bouddha mourut triomphant à l'âge de quatre-vingts ans, vers l'an 540 avant Jésus-Christ.

c) Les progrès du Bouddhisme furent merveilleux. Les disciples de Bouddha recueillirent ses discours et convoquèrent la *première* assemblée bouddhique à laquelle assistèrent cinq cent religieux qui fixèrent la doctrine comprise dans le Tripitaka ou livre des trois corbeilles, lesquelles comprennent les paroles du maître, la règle pour les laïques, et la règle monastique pour les religieux. Une *seconde* se réunit un siècle plus tard, afin de condamner les hérésies et de définir la trinité bouddhique ; la *troisième* eut lieu au premier siècle de l'ère chrétienne, mais déjà le bouddhisme déclinait.

Il finit, dès le premier siècle de l'ère chrétienne, pour faire place, dans l'Inde, au Brahmanisme, mais il se conserva dans l'île de Ceylan et dans quelques cantons de l'Inde, puis dans la Chine et autres pays voisins. Aujourd'hui, les Bouddhistes se distinguent en deux groupes : ceux du sud dont le total s'élève à trente millions, et ceux du nord, au nombre de quatre cent quatre-vingt-dix millions.

d) Bouddha ne conserve qu'un seul dogme du Brahmanisme, celui de la transmigration des âmes, qui devint la base de sa doctrine. L'homme ne vit que pour souffrir, mourir et renaître afin d'expier ses fautes jusqu'à ce qu'il puisse parvenir au néant ou *nirvanah*. Pour arriver à ce néant, il faut connaître des vérités et pratiquer des devoirs. Ces vérités et ces devoirs, on arrivait plus facilement à les connaître et à les remplir, en renonçant au monde et en se faisant mendiants, en un mot, en se faisant *moine* ou Bhixou et Cramana. Ces moines bouddhiques devinrent très nombreux et s'enfermèrent dans des couvents pour y vivre en communauté et y pratiquer certaines vertus.

c) Le culte de Bouddha était tout individuel, chacun pouvait prier, méditer à son aise, mais peu à peu les pratiques superstitieuses se multiplièrent. Bouddha, au lieu d'être honoré, fut divinisé et adoré. Ses cendres furent partagées en quatre-vingt-quatre mille parties et envoyées à chaque ville ou village.

Aujourd'hui, les dévots passent la journée à réciter des prières qu'ils ne comprennent pas ; il y en a même qui se servent d'une machine à prières.

II. — Les Chinois et les Mongols.

1° Origine des Chinois. — Les Chinois se donnaient autrefois quatre-vingts ou cent mille ans d'existence. Aujourd'hui, ils déclarent et l'histoire avec eux, que les premiers habitants de ce grand pays furent une centaine de familles qui vinrent s'y fixer au premier siècle après la dispersion des peuples.

Jusque vers l'an 2600, tout est obscur et fabuleux ; à partir de cette époque, les chefs ou monarques qui devaient jusque-là leur autorité à l'élection, se transmirent le pouvoir par droit d'hérédité. Les chefs les mieux connus de ce temps fabuleux sont : *Hoang-Pi*, *Yao* et *Chim* qui s'occupèrent activement de l'agriculture et du commerce.

2° Les vingt-deux dynasties chinoises. — La première des vingt-deux dynasties chinoises, dont la dernière est encore sur le trône aujourd'hui, fut celle des *Hia*, fondée par Ju, qui régna avec gloire. Ses successeurs, au nombre de dix-huit, entreprirent de grands travaux d'irrigation et favorisèrent l'agriculture. Cette dynastie fut détrônée et remplacée par celle de *Chang*, prince de la province de Chang (1766 av. J.-C.).

Cet empereur est célèbre par la confession publique qu'il fit de ses péchés pour obtenir du ciel la fin d'une sécheresse et d'une famine qui duraient depuis sept années. Cette pratique a été imitée par ses successeurs dans des circonstances analogues. La tyrannie des derniers Changs qui donnèrent trente empereurs à la Chine amena la chute de cette dynastie (1122 av. J.-C.).

Wou Wang, prince de Tchéou, s'étant révolté contre le dernier des Changs, devint le chef de la troisième dynastie qui donna à la Chine trente-huit empereurs (1122-248 av. J.-C.). Wou Wang accorda des terres aux grands et créa des Etats feudataires qui firent de la Chine un gouvernement féodal. De là naquirent des guerres intestines et une immense anarchie, dans laquelle succomba la dynastie des Tchéou. Elle fut remplacée par celle des *Thsins*, dont le chef fut Thsin-Hoang-Ti, un des plus grands souverains de la Chine. Il renversa tous les Etats feudataires, fit construire des routes nombreuses, ainsi que la *Grande Muraille*, longue de deux mille cinq cents kilomètres, pour empêcher les Tartares de pénétrer en Chine. Enfin, pour faire dater l'histoire de son pays, il fit brûler tous les livres et persécuter les lettrés.

A la mort de ce monarque, la société chinoise fut troublée. Elle ne reprit le calme qu'à l'arrivée de la dynastie des *Tsan* (202 av. J.-C., — 220 après). La Chine arriva alors à l'apogée de sa puissance, ses lettrés reprirent leur influence, et ses armées pénétrèrent jusqu'aux frontières de l'empire Romain.

3° **Les Mongols en Chine.** — Les Mongols qui occupaient les vastes pays qui s'étendent depuis la grande muraille de la Chine jusqu'à la mer Caspienne, essayèrent continuellement de pénétrer en Chine et de faire dans cet empire ce qu'ils firent en Europe. Jusqu'au treizième siècle après Jésus-Christ, les Mongols ne réussirent qu'à inquiéter la Chine, sans y pénétrer pour y régner.

« A ce moment, un de leurs chefs, Temoudgin, surnommé Tchin ghez Khan, ou le chef des chefs, mena ses Barbares à la conquête de la Chine septentrionale. Il se retourna ensuite sur l'Europe en dévastant la Perse, la Russie et la Pologne, dont il devint le maître. A sa mort, son empire fut partagé en quatre royaumes : la Chine, le Turkestan, la Perse et la Russie. Au xiv° siècle, un de ses descendants, *Timour*, surnommé Leuk ou le boiteux, réunit aussi tous les Mongols et parcourut avec eux toute l'Asie, qu'il mit à feu et à sang, mais à sa mort, il ne laissa que l'empire du grand Mongol dans la presqu'île du Gange.

Au XVII⁰ siècle, les Tartares Mandchoux ayant pénétré en Chine, y fondèrent la dynastie de Tsing qui règne encore aujourd'hui à Pékin.

4⁰ **La Chine moderne.** — La dynastie des Tsing qui règne depuis 1644, a fait les conquêtes de la Mongolie, de Formose, du Thibet, elle a multiplié les villes fortifiées, les arcs de triomphe, les temples et toutes sortes de monuments. Ils n'ont rien changé à l'administration intérieure qui est la même depuis plusieurs siècles. Ils se déclarèrent ennemis du Christianisme dont ils persécutèrent les missionnaires qu'ils chassèrent même à plusieurs reprises.

Ils inquiétèrent aussi les commerçants européens et, en particulier, les Anglais dont quelques-uns furent faits prisonniers en 1839, sous prétexte qu'ils favorisaient l'entrée de l'opium en Chine. La guerre éclata, elle fut faite avec succès pour les Anglais qui imposèrent aux Chinois le traité de Nanking (1842), qui ouvrait aux Européens les portes de l'empire chinois, où pénétrèrent une foule de missionnaires et de commerçants.

Ces traités ayant été violés en 1856, par les Chinois, qui insultèrent un navire anglais et firent mourir des missionnaires français, la guerre éclata de nouveau. Canton fut bombardé et pris par les troupes françaises et anglaises. Pékin était menacé; les Chinois demandèrent la paix qui fut signée à Tien-Tsin (1858), ainsi qu'une convention commerciale favorable à l'Europe.

Ces traités devaient être ratifiés à Pékin dans le délai d'un an, mais quand les envoyés de l'Angleterre se présentèrent en 1859, à l'embouchure du fleuve Peï Ho, ils le trouvèrent barré; il fallut de nouveau déclarer la guerre. Pékin fut pris et les traités de Tien-Tsin, confirmés avec une indemnité de soixante millions à payer à chacune des deux puissances européennes.

Depuis 1874, vingt-quatre ports chinois sont ouverts au commerce européen. En 1885, la Chine fit la guerre avec la France, qui voulait s'emparer du Tonkin et punir l'empereur d'Annam qui refusait d'exécuter un traité signé en 1874. Au mépris de ce traité, cet empereur s'était reconnu, en 1883, le vassal de la Chine et lui a demandé des secours pour résister à la France. L'armée française fut placée sous les ordres du général Brière de l'Isle, et la flotte, sous ceux de l'amiral Courbet. Après des luttes pendant lesquelles nos troupes ont beaucoup souffert, la paix fut signée en juin 1885. Malheureusement, l'amiral Courbet succomba peu après.

5° **La civilisation en Chine.** — *a*) La Religion des Chinois fut d'abord celle du premier homme, c'est-à-dire l'adoration d'un seul Dieu. Plus tard, l'idolâtrie et le Polythéisme firent invasion en Chine comme dans les autres pays de l'antiquité.

Les philosophes *Lao-Tseu* et *Confucius* furent impuissants à combattre cette erreur. *Lao-Tseu* (c'est-à-dire fils de l'antiquité), né vers l'an 604 avant Jésus-Christ, voyant la corruption générale de ses concitoyens, se retira dans la solitude, où il se livra à la méditation. Nommé historiographe d'un prince chinois, il étudia les doctrines antiques et les rites de la Chine, il accepta même une place de mandarin. Il fut aussi, dit-on, le premier sage de la Chine qui voyagea en Occident. Il passe pour l'auteur d'un livre intitulé *Taoté-King* (c'est-à-dire la raison primordiale) que les Chinois ont mis au nombre de leurs livres canoniques.

Lao-Tseu enseigna la *métempsycose*, et il prétendait se souvenir d'avoir habité successivement divers corps d'hommes et d'animaux. On trouve dans les écrits du philosophe chinois des passages où il semble parler de la Sainte-Trinité. Est-ce un débris de l'antique tradition, ou bien est-ce l'idée chrétienne interpolée plus tard dans les ouvrages de Lao-Tseu ?

Les disciples de Lao-Tseu formèrent une secte nombreuse appelée *Tao-Tsée* (c'est-à-dire docteurs célestes) rivale de celle de Confucius ; elle se subdivisa bientôt en deux sectes : les *yang*, qui donnèrent pour principe moral aux actions un égoïsme destructeur de toute vertu et de toute bienveillance, et les *mé*, qui, anéantissant l'amour de soi-même et l'intérêt personnel, prétendirent que les hommes devaient s'aimer sans distinction d'amitié, de parenté et de rang. Les partisans du Lao-Tseu se mêlèrent ensuite avec les Bouddhistes.

Le savant orientaliste Abel Rémusat a traduit en français un des principaux livres de la secte Tao-Tsée, celui qui est intitulé : *Livre des récompenses et des peines*.

b) Confucius, dont le véritable nom est Kong-fou-tseu ou Kong-tsée, né vers l'an 551 avant Jésus-Christ, remplit pendant sa jeunesse les fonctions administratives les plus importantes, surtout à la cour du roi de Lou, son pays natal. Il profita de sa position élevée pour corriger les mœurs, réformer la justice, encourager l'agriculture et le commerce. Puis, abandonnant ses charges, il s'appliqua à réformer ses semblables en les ramenant à l'enseignement des anciens.

Il donna pour base à sa morale pratique l'amour filial envers les parents, envers le roi et envers Dieu, dont il parla cependant si vaguement, ainsi que de l'autre vie, que ses sectateurs sont tombés, les uns dans l'athéisme, d'autres dans le panthéisme. La morale de Confucius ne reposant sur aucun dogme, se trouve dépourvue de sanction ; elle se réduisit à un pur mécanisme, où tout est disposé officiellement. Cette morale froide comprima tout élan généreux et tout progrès.

Confucius réforma, dans le sens de ses idées, les Kings ou livres canoniques des Chinois, dont les principaux sont : y King, la cosmogonie ; Chi king, les chants populaires ; Chou King, le livre des annales rédigées par Confucius ; Li Ki, le livre des rites et cérémonies religieuses ; Tchum Tsiou, chronique du royaume de Lou, patrie de Confucius et le Tao te King de Lao-Tseu (1).

Outre la religion de Confucius qui est celle de l'État et des lettrés, et la religion de Lao-Tseu, on rencontre aussi le Bouddhisme, sous le nom de religion de Fô, l'islamisme, le judaïsme et le christianisme.

c) Le gouvernement de la Chine est une monarchie absolue héréditaire dans la ligne masculine, mais sans ordre déterminé. Le prince, fils du ciel, réside à Pékin. Son conseil est composé de vieux mandarins ou fonctionnaires. Les provinces sont au nombre de dix-huit ; chaque province a un gouverneur général, chaque ville a un Kouang-fou ou un mandarin. Il n'y a pas de

---

(1) J.-C. Mathieu.

castes privilégiées ni de places héréditaires. La population se partage officiellement en quatre classes : les lettrés ou la noblesse, les agriculteurs, les industriels et les commerçants.

d) Mœurs. — Les Chinois ont le visage large, les yeux, le nez et la bouche petits, les pommettes très saillantes, le teint jaune, les pieds et les mains rapetissés. Ils sont doux, polis, pacifiques, mais peureux et enclins à l'ivrognerie, à la fraude, à la vengeance, à un orgueil national intolérable. La famille en Chine est généralement bien constituée ; malheureusement la polygamie est dans les mœurs et autorisée ; la coutume barbare de jeter les enfants en pâture aux chiens et aux porcs tend peu à peu à disparaître.

e) Les maisons n'ont qu'un rez-de-chaussée, elles sont couvertes en tuiles jaunes pour les demeures impériales, rouges pour celles des princes, grises pour les autres ; le papier remplace les vitres aux fenêtres. Il n'y a ni jardins, ni parterres, ni parcs ; les Chinois ne se promènent pas. Les hommes prennent pour leurs vêtements des étoffes de couleur, bleu, violet ou noir ; le vert et le rose sont réservés aux femmes et le jaune à la famille impériale.

f) Les routes et les voitures n'existent pas, des brouettes surmontées d'une voile servent à conduire les objets, on voyage surtout par eau.

Il n'y a pas d'*impôts* sur les productions du pays. Les marchands et les artisans paient une taxe volontaire pour le culte et les édifices publics. Les contributions foncières se paient moitié en argent, moitié en nature. Des droits sont prélevés sur le sol, les étoffes de soie, de coton et le charbon. Tous les hommes de vingt à soixante ans paient une capitation. Les *confiscations, les présents, la douane sont aussi des sources de revenus.*

g) La monnaie d'or et d'argent n'existe pas ; les métaux circulent au poids, il n'y a qu'une petite monnaie de cuivre valant un dixième de notre sou.

h) La justice se vendant très cher, on peut se faire droit par la violence. Les prisons sont dures et les tortures effroyables. La peine du bambou ou bastonnade est assez fréquente, ainsi que le supplice de la cangue qui consiste à emboîter le cou du condamné dans deux planches échancrées, pesant quelquefois quarante kilogrammes et qu'il faut garder nuit et jour. La pendaison est aussi très fréquente.

i) L'armée régulière se compose de huit cent vingt mille hommes qui sont enrôlés dans les régiments stationnés près de leur province. Ils ne servent qu'une partie de l'année ; les grades sont donnés au concours. Leurs armes sont peu perfectionnées. Depuis quelques années, ils adoptent les fusils et les canons européens. Les villes sont entourées de murailles et de palissades. La marine se compose de huit cent vingt-six bâtiments et de cinquante-huit mille marins.

j) L'agriculture que les lois et les coutumes élèvent au-dessus des autres professions est une grande source de richesses et très perfectionnée. Elle a utilisé presque toutes les plantes. Les légumes, le coton, le thé, la vigne, le mûrier, le tabac, l'indigo, la canne à sucre sont les principaux objets de la culture.

k) L'industrie se borne aux objets de porcelaine, au papier, à l'encre, à la tabletterie en ivoire et en nacre, ainsi qu'aux tissus de soie. Ils fabriquent leurs ustensiles de ménage avec du cuivre blanc. Les Chinois connaissent depuis longtemps l'imprimerie, mais ils n'ont pas de caractères mobiles. La poudre leur servait depuis longtemps pour les feux d'artifice.

l) Le commerce extérieur n'a jamais été favorisé, parce que la Chine peut se suffire à elle-même. Néanmoins, au XIX° siècle, il s'est développé considérablement.

Les articles exportés sont le thé, la soie, le sucre, le riz, les plantes médicinales, les épices, l'ivoire, la porcelaine, le nankin, les ouvrages en laque et en écaille. Les articles importés sont l'opium, les tissus de coton, les draps, les lainages, les objets en cuivre, en laiton, les fourrures, les fils d'or et d'argent, les glaces et les verres, l'acier, le plomb, l'étain, le corail, la cochenille. Le commerce intérieur se fait par les fleuves et les canaux. Les nations qui entretiennent les plus grandes relations commerciales avec la Chine sont les Anglais, les Russes et les Américains du Nord.

m) La littérature est très honorée et très répandue en

Chine; c'est par elle qu'on arrive aux dignités et à la fortune. Pour être de la classe des lettrés, il faut avoir subi trois examens publics. La langue écrite n'est pas comprise de tous, elle contient trente-six mille sept cent quatre-vingt-cinq caractères et cent vingt-quatre lettres mères servant à former les autres. La langue parlée varie selon les provinces. La littérature chinoise est la plus riche de toute l'Asie.

En 1773, un empereur ordonna d'imprimer une bibliothèque générale des ouvrages les plus estimés en Chine. En 1818, il y avait déjà soixante-dix-huit mille sept cent trente et un volumes ; on y trouve d'importants ouvrages de législation, de philosophie, d'histoire, de géographie, de jurisprudence, des critiques, des encyclopédies, beaucoup de livres bouddhiques, des romans et des pièces de théâtre. Un certain nombre de ces ouvrages sont traduits en français.

n) Sciences. — En Chine, les sciences sont peu cultivées. On y connaît cependant depuis longtemps le système décimal. La chimie, la physique, l'astronomie sont presque nulles. Inventeurs de la boussole, ils ne savent pas s'en servir. Ils comptent le temps d'après un cycle de soixante années dont chacune a un nom particulier ; l'année commence au printemps, se partage en douze mois divisés en décades. La semaine de sept jours est inconnue.

o) Les arts se manifestent par les grands travaux d'endiguement des fleuves, de canaux, de ponts et de fortifications, ainsi que dans la *grande muraille* qui est vraiment merveilleuse. Cette muraille a deux mille quatre cents kilomètres d'étendue, dix mètres de haut et trois d'épaisseur. Elle est flanquée de tours éloignées d'une portée de flèche ; dans chacune étaient logés quatre soldats avec leurs femmes et leurs enfants. Aujourd'hui, des soldats se tiennent à chaque porte pour faire le service des douanes. La muraille suit toutes les inégalités de la chaîne de montagnes qui sépare la Chine de la Tartarie. Presque partout elle est bâtie en pierres. Les portions construites en terre ont roulé et ont comblé le fossé qui est creusé en avant. Le reste subsiste aujourd'hui comme autrefois (1).

(1) Désobry.

L'*architecture* chinoise est légère et sans grandeur; les maisons sont en bois ou en briques, et les palais, des amoncellements de bâtiments. La *peinture* et la *sculpture* sont primitives. Les paysages n'ont aucune perspective; ils ne représentent que des scènes vulgaires et sensuelles.

Génie pratique tout occupé de la terre qu'il a domptée par l'agriculture et l'industrie, le malheureux Chinois ne s'occupe pas du ciel qu'il croit vide et désert (1).

(1) Duruy.

Tableau chronologique de toute l'Histoire ancienne

De la dispersion des hommes (2907) à l'an 2500 avant Jésus-Christ.

Fondation de Babylone et de Ninive. — Les Chananéens dans la terre de Chanaan. — Les Phéniciens inventent la navigation. — Misraïm en Egypte. — Fondation de Memphis. — Construction des grandes pyramides. — Le lac Mœris. — Fondation de Thèbes. — Le Labyrinthe. — Invasion des Hycsos. — Les Pélasges en Grèce et en Italie.

De l'an 2500 à l'an 1650.

Vocation d'Abraham, 2366. — Domination des Chaldéens. — Joseph en Egypte. — Expulsion des Hycsos, vers l'an 1700. — Thoutmosis Ier et Thoutmosis III; conquêtes en Asie. — Les Hellènes dans la Grèce, vers l'an 1600.

De l'an 1650 à l'an 1300.

Ramsès II ou Sésostris. — Les Hébreux sortent d'Egypte. — Josué fait la conquête de la terre de Chanaan. — Avénement de la xxe dynastie égyptienne, vers 1311. — Fondation du premier empire assyrien, 1314.

De l'an 1300 à l'an 1000.

Les temps héroïques de la Grèce. — Expédition des Argonautes, vers 1226. — Guerre des sept chefs et guerre des *Epigones*. — Les Philistins détruisent Sidon, 1209. — Prise de Troie, 1184. — Usurpation du grand prêtre d'Ammon sur la xxe dynastie égyptienne. — Fin de la domination égyptienne en Asie. — Conquêtes de Teglath-Phalasar Ier, vers 1100. — Retour des Héraclides ou invasion des Doriens dans le Péloponèse, 1104. — Le roi Saül,

1095-1054. — David, 1054-1015. — Mort de Codrus, 1045. — Etablissement de l'archontat à Athènes. — Salomon, 1015-976. — Dédicace du temple de Salomon, 1005.

De l'an 1000 à l'an 800.

Schisme des dix tribus, 976. — Guerre de Sésac contre Roboam, 971. — Apogée du premier empire assyrien sous Sardanapale III et Salmanasar IV. — Législation de Lycurgue, vers 885. — Fondation de Carthage, 872. — Jonas à Ninive, vers 825.

VIIIe siècle avant Jésus-Christ.

Fin du premier empire assyrien, 789. — Phul impose tribut au royaume d'Israël. — Commencement de l'ère des Olympiades, 776. — Fondation de Rome, 753. — Ere de Nabonassar, 747. — Fondation du second empire assyrien, 744. — Première guerre de Messénie, 744-724. — Les rois éthiopiens en Egypte, 725. — Prise de Samarie et ruine du royaume d'Israël, 718. — Déjocès, roi des Mèdes, 710. — Guerre de Sennachérib contre Ezéchias, roi de Juda.

VIIe siècle.

Deuxième guerre de Messénie, 684. — Combat des Horaces et des Curiaces, 667. — Les douze rois d'Egypte, 665. — Psammétichus, 650. — Apogée du second empire assyrien sous Assar-Haddon et Sardanapale VI. — Défaite et mort de Phraorte, 635. — Ruine de Ninive, 625. — Lois de Dracon, 624. — Avènement de Tarquin l'Ancien. — Bataille de Maggeddo, 610. — Bataille de Circésium, 604.

VIe siècle.

Fondation de Marseille, 600. — Bataille de l'Eclipse, 595. — Lois de Solon, 593. — Fin du royaume de Juda, 587. — Prise de Tyr par Nabuchodonosor, 574. — Usurpation de Pisistrate à Athènes, 561. — Victoire de Cyrus sur les Babyloniens, 555. — Bataille de Thymbrée, 544. — Prise de Babylone par Cyrus, 538. — Edit en faveur des Juifs, 536. — Conquête de l'Egypte par Cambyse, 525. — Avènement de Darius Ier, fils d'Hystaspe, 521. — Prise de Babylone, 518. — Les fils de Pisistrate sont chassés d'Athènes, 510, et les Tarquins de Rome, 509. — Expédition malheureuse de Darius Ier contre les Scythes. — Révolte de l'Ionie.

V⁰ siècle.

Incendie de Sardes, 500. — Etablissement de la dictature à Rome, 498. — Retraite des plébéiens sur le mont Sacré, 493. — Expédition de Mardonius, 492. — Bataille de Marathon, 490. — Léonidas aux Thermopyles; Batailles d'Himère et de Salamine, 480. — Batailles de Platée et de Mycale, 479. — Victoire de Cimon à l'embouchure de l'Eurymédon, 470. — Mort de Thémistocle, 466. — Troisième guerre de Messénie, 464. — Edit d'Artaxerxès Longue-Main pour la reconstruction des murs de Jérusalem, 454. — Les décemvirs à Rome, 450. — Fin des guerres médiques, 449. — Etablissement des tribuns militaires à Rome, 444. — Guerre du Péloponèse, 431. — Peste d'Athènes ; mort de Périclès, 428. — Expédition des Athéniens en Sicile, 415. — Batailles des îles Arginuses, 406. — Bataille d'Ægos-Potamos, 405. — Prise d'Athènes, 404. — Thrasybule délivre Athènes des trente tyrans, 403. — Bataille de Cunaxa, 401. — Retraite des Dix mille, 401-400.

IV⁰ siècle.

Mort de Socrate, 400. — Expédition d'Agésilas en Asie, 397-395. — Echec d'Imilcon devant Syracuse, 396. — Victoire d'Agésilas à Coronée, et de Conon à la hauteur de Cnide, 394. — Prise de Rome par les Gaulois, 390. — Traité d'Antalcidas, 387. — Les Spartiates à Thèbes, 382. — Affranchissement de Thèbes, 378. — Bataille de Leuctres, 371, et de Mantinée, 363. — Avènement de Philippe, 360. — Naissance d'Alexandre, 356. — Guerre sacrée contre les Phocidiens, 355. — Succès de Timoléon en Sicile, 345-343. — Bataille de Chéronée, 338. — Avènement d'Alexandre le Grand, 336. — Ruine de Thèbes, 335. — Batailles du Granique, 334, d'Issus, 333, et d'Arbelles, 331. — Les Fourches Caudines, 331. — Mort de Darius, 330. — Mort d'Alexandre, 323. — Guerre lamiaque, 322. — Mort de Phocion, 317. — Ere des Séleucides, 312. — Expédition d'Agathocle en Afrique, 311-307. — Les cinq rois, 306. — Siège de Rhodes, 304-303. — Bataille d'Ipsus, 301.

III⁰ siècle.

Fondation d'Antioche, 299. — Mort de Cassandre, 298. — Démétrius Poliorcète, roi de Macédoine, 294. — Les Romains soumettent les Samnites, 290. — Pyrrhus, roi d'Epire, s'empare de la Macédoine, 286. — Défaite et mort de Lysimaque, 282. — Mort de Séleucus Iᵉʳ et de Ptolémée

Céraunus, 280. — Pillage du temple de Delphes par les Gaulois, 279. — Les Galates dans l'Asie Mineure, 278. — La version des Septante, 275. — Pyrrhus est défait par les Romains à Bénévent, 275. — Mort de Pyrrhus à Argos, 272. — Commencement des guerres puniques, 264. — Régulus en Afrique, 256. — Fondation de l'empire des Parthes sous les Arsacides, 255. — Aratus délivre Corinthe, 244. — Bataille de Sellasie, 222. — Philippe, roi de Macédoine, 221. — Annibal remporte les victoires du Tésin et de la Trébie, 218, et de Cannes, 216. — Victoire de Philopœmen à Mantinée, 206. — Victoire de Scipion à Zama, 202.

IIe siècle.

Bataille de Cynocéphales, 197. — La liberté des Grecs est proclamée, 196. — Défaite d'Antiochus aux Thermopyles, 191, et à Magnésie, 190. — Mort de Philopœmen, 183. — Bataille de Pydna, 168. — Le cercle de Popilius. — Persécution d'Antiochus, 170. — Les Machabées, 167. — Soumission de la Gaule Cisalpine, 163. — Ruine de Corinthe et de Carthage, 146. — Destruction de Numance, 133. — Jugurtha est livré aux Romains, 106. — Victoires de Marius sur les Teutons, à Aix, 102, et sur les Cimbres à Verceil, 101.

Ier siècle avant Jésus-Christ.

Mort de Marius, 86. — Dictature de Sylla, 82. — La Bithynie est réduite en province romaine, 75, ainsi que la Syrie, 64. — Mort de Mithridate le Grand, 63. — Avènement de Cléopâtre, 52. — Conquête de la Gaule par César, 58-50. — Bataille de Pharsale, 48. — Hérode usurpe le trône de Judée. — Mort de Cléopâtre, 30. — La Cappadoce devient province romaine, 18. — L'empereur Auguste fait fermer le temple de Janus. — Naissance de Notre-Seigneur Jésus-Christ.

TABLE DES MATIÈRES

HISTOIRE ANCIENNE

Peuples de l'Orient. — Temps primitifs.

CHAPITRE I. — La Création	2
CHAPITRE II. — Le Déluge et la dispersion des peuples.	12
CHAPITRE III. — Monde connu des anciens	20

Les premiers peuples. — Les Egyptiens.

CHAPITRE I. — Géographie de l'Egypte	27
CHAPITRE II. — Le premier empire ou l'ancien empire	32
CHAPITRE III. — Le moyen empire	35
CHAPITRE IV. — Le nouvel empire	39
CHAPITRE V. — L'Egypte sous les dominations étrangères.	47
CHAPITRE VI. — Religion, gouvernement, mœurs, lettres, sciences et arts des Egyptiens	56

Assyriens et Babyloniens.

CHAPITRE I. — Premier empire d'Assyrie, capitale Ninive	73
CHAPITRE II. — Second empire d'Assyrie, capitale Ninive.	78
CHAPITRE III. — Troisième empire d'Assyrie, capitale Babylone	81
CHAPITRE IV. — Civilisation des Assyriens.	84

Les Juifs.

CHAPITRE I. — Géographie de la Palestine	93
CHAPITRE II. — Abraham et Isaac, son fils	98
CHAPITRE III. — Jacob et Joseph, son fils	104
CHAPITRE IV. — Moïse	112

CHAPITRE V. — Les Israélites dans la terre promise . . . 122
CHAPITRE VI. — Saül, David et Salomon 128
CHAPITRE VII. — Royaume d'Israël 139
CHAPITRE VIII. — Royaume de Juda 147
CHAPITRE IX. — La captivité 153
CHAPITRE X. — Les Juifs sous la domination des Perses . . 159
CHAPITRE XI. — Civilisation des Juifs. 173

Les Phéniciens.

CHAPITRE I. — Les cités phéniciennes 181
CHAPITRE II. — Les colonies phéniciennes 186
CHAPITRE III. — Civilisation phénicienne. 191

Les Mèdes et les Perses.

CHAPITRE I. — Monarchie des Mèdes et des Perses. . . . 196
CHAPITRE II. — Civilisation de la Perse 215

Les Indiens et les Chinois.

CHAPITRE I. — Géographie de l'Inde et de la Chine. . . . 221
CHAPITRE II. — Les Indiens. — Les Chinois 223

Bar-le-Duc. — Imprimerie Comte-Jacquet

Contraste insuffisant

NF Z 43-120-14

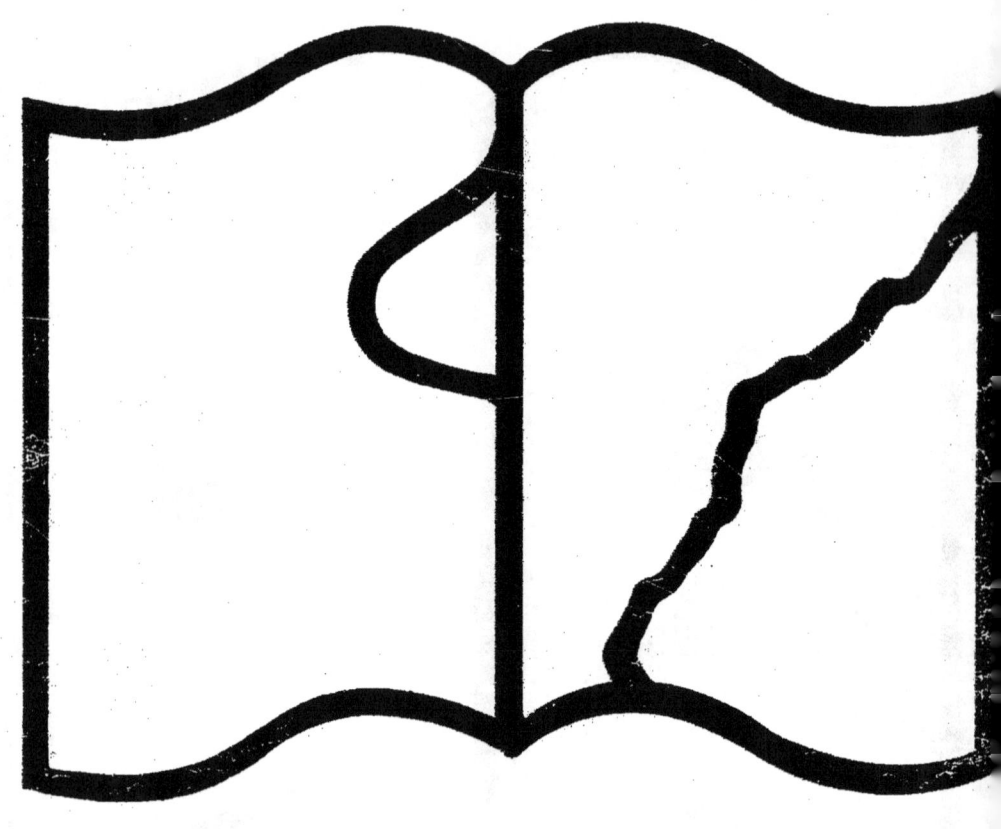

Texte détérioré — reliure défectueuse

NF Z 43-120-11